高校文科教师科研生产率及其影响因素分析

王 彬 著

中国科学技术大学出版社

内容简介

为研究我国高校文科教师科研生产率状况及其影响因素,本书基于2013—2017年我国人文社科研究统计数据和高校文科教师科研调查数据,采用数据包络分析(DEA)、层次分析法、Malmquist指数、Tobit回归模型和结构方程模型等技术,分析了我国省级、校级和个体层面的高校文科教师科研生产相对效率及其影响因素。研究高校文科教师科研生产率水平及其影响因素对于改进科研管理、提高高校科研资源利用效率和科研竞争力、促进人文社科健康发展和高校文科教师专业发展具有重要意义。

图书在版编目(CIP)数据

高校文科教师科研生产率及其影响因素分析/王彬著. -- 合肥:中国科学技术大学出版社,2024.12. -- ISBN 978-7-312-06108-0

Ⅰ.G644

中国国家版本馆CIP数据核字第2024HH3805号

高校文科教师科研生产率及其影响因素分析
GAOXIAO WENKE JIAOSHI KEYAN SHENGCHANLÜ JI QI YINGXIANG YINSU FENXI

出版	中国科学技术大学出版社 安徽省合肥市金寨路96号,230026 http://press.ustc.edu.cn http://zgkxjsdxcbs.tmall.com
印刷	安徽省瑞隆印务有限公司
发行	中国科学技术大学出版社
开本	710 mm×1000 mm 1/16
印张	13.75
字数	276千
版次	2024年12月第1版
印次	2024年12月第1次印刷
定价	69.00元

前　言

中国特色社会主义进入了新时代,新时代的社会主义现代化建设进入了新常态,开启了从"数量追赶"转向"质量追赶"的新征程。新时代我国社会主要矛盾已经转化为人民日益增长的美好生活需要和不平衡不充分的发展之间的矛盾。新时代我国改革开放进程已经进入深水区和攻坚期,政治、经济、社会、文化等领域的各种认识与实践问题交错重叠出现,各种深层次矛盾逐步凸显,各类风险和挑战日益增多。在高校人文社科研究领域,同样存在着国家对高贡献、创新性文科研究成果的需求与高校教师文科研究的效率低、效益差之间的矛盾。只有大力提升高校人文社科研究与知识生产水平,聚集高校人文社科专业优秀教师的智慧,形成智库,全程跟踪介入国家战略预判、经济社会发展前瞻以及政府决策过程,高校才能为新时代社会主义建设提供智力支撑和人才智慧。一流高校文科教师可以充分发挥专业、组织和资源优势,在挖掘总结历史经验和教训的基础上,深入研究分析新时代社会主义现代化建设所呈现的新形势、新问题、新矛盾,找到解决问题、化解矛盾、摆脱困境、跨越陷阱的新思路、新模式、新战略。

科研工作者特别是高校教师面临着更加艰巨的任务和更大的责任与使命。高校人文社科教师(下文简称"高校文科教师")作为人文社科研究的主力军,其科研生产行为与水平直接决定着我国优质人文社科研究成果的质量、贡献与影响。在科研资源既定的约束条件下,高校文科教师如何才能做出更多高质量研究成果,对于顺利完成上述使命至关重要。所以说,在当前的社会大发展、大变革的宏伟背景下,我国文科科研如何利用好既定的优势和有限的资源走出一条高质量和高效的科研之路,对于新时代建设尤为重要。

按照马克思主义社会关系意义上的扩大了的生产劳动概念来考察,教师的科研活动不是自娱自乐的消费性活动,而是有目的、有计划、有投入、有产出,能创造交换价值或新价值的生产劳动,因此,科学研究是一种生产活动,且是一种精神生产活动,可以称之为科研生产活动,简称科研生产。高校文科教师的科学研究活动亦是一种科研生产活动。科研生产与其他物质生产活动一样,需要投入一定的人力、物力、财力和信息资源,经过加工运作,产出满足一定社会所需要的产品或服务。近年来,随着我国经济的快速发展,我国的科研经费也随之水涨船高,科研单位和科研工作者获得了更多的科研经费支持,同时我国高校文科科研成果也在与日俱增。但是,大量的科研资源和人力的投入,并没有换来大量高质量的研究成果，人文社科科研仍然属于一种粗放型的生产活动，以大量资源的消耗换来量的增长。这种低效率的科研生产活动，一方面造成了科研资源的极大浪费，另一方面也降低了我国的科研竞争力。因此当前在科研领域，无论是国家、学校，还是教师个体，都应该树立科研生产观念，重视科研生产效率的提升。

但是，当前学术界对科研生产效率仍然不够重视，一些有关科研生产效率的研究也主要集中在科技生产领域，专门研究人文社科科研生产率的成果较少，而且现有的一些有关人文社科科研生产率的研究往往只关注宏观领域，较少有以教师个体为对象的微观分析，从教师个体角度分析人文社科科研生产率影响因素的相关研究更少。

本书基于2013—2017年我国人文社科研究统计数据和高校文科教师科研调查数据，综合运用数据包络分析（DEA）、层次分析法、Malmquist指数、Tobit回归模型和结构方程模型等多种分析技术，从省级、校级和个体三个层面系统分析了我国高校文科教师科研生产率的相对效率及其影响因素。这在国内研究中比较少见，具有一定的开创性价值。

本书的研究成果对于提高我国高校文科教师的科研生产效率、优化资源配置、促进教师专业发展具有重要的意义。首先，本书通过对各省域之间以及各高校之间的文科教师科研生产率的比较分析，揭示了各地区、各高校文科科研生产的优势和劣势，为高等教育管理部门提供决策依据，也为相关学科建设和科研规划提供参考。其次，本书从省级、校级和个体三个层面出发，深入分析了影响高校文科教师科研生产率的各种因素及其作用机制，为制定针对性的政策和改革措施提供理论支持。最后，本书探讨了如何通过优化资源配置和提高教师专业发展水平来提升高校文科教师科研生产率的问题，提出了一系列政策建议，为高等教育管理部门和高校提供了有益的参考。

本书为安徽省教育厅科学研究重大项目"安徽高校科研绩效评估及融入长三角科研一体化的障碍与机制研究"（2022AH040147）、国家社科基金一般项目"中美科研合作态势及绩效研究"（21BGL206）、教育部人文社会科学研究青年基金项目"新时代背景下大学文科教师科研生产力评价及影响因素分析"（19YJC880081）的研究成果。本书深入探讨了高校科研效率的现状及其影响因素，并分析了国际科研合作与交流对于科研生产率的重要影响。本书的出版展示了我国人文社科科研生产率研究的最新成果，将为我国高等教育科研评价与科研绩效提升提供重要的理论支撑和科学建议。在此，期待本书能在学术界和教育界产生广泛的影响，为推动我国高等教育事业的高质量发展作出更大贡献。

王　彬
2024年6月

目　　录

前言 ·· (i)

第1章　绪论 ··· (1)
  1.1　研究目的 ··· (1)
  1.2　研究意义 ··· (2)
    1.2.1　理论意义 ·· (2)
    1.2.2　实践意义 ·· (3)
  1.3　本书框架 ··· (4)
  1.4　研究现状 ··· (4)
    1.4.1　我国当前高校文科教师生产率研究趋势与主要研究者
          群体特征 ··· (4)
    1.4.2　我国高校文科教师科研生产率水平研究现状 ··············· (7)
    1.4.3　我国高校文科教师科研效率影响因素研究现状 ············ (10)
    1.4.4　文科科研特征及评价体系研究现状 ·························· (12)
    1.4.5　国外文科科研生产效率水平评价研究现状 ·················· (14)
    1.4.6　国外高校文科科研生产率影响因素研究现状 ··············· (15)

第2章　高校文科教师科研生产率理论 ······································ (20)
  2.1　概念界定 ··· (20)
    2.1.1　高校文科教师 ·· (20)
    2.1.2　科研生产率 ··· (23)
    2.1.3　科研生产率相关、相近概念辨析 ······························· (25)
    2.1.4　高校文科教师科研生产率 ······································· (27)
  2.2　高校文科教师科研生产的基本属性分析 ··························· (27)
    2.2.1　高校文科教师科研生产属于精神领域的生产 ··············· (28)
    2.2.2　高校文科教师科研生产的社会生产力功能 ·················· (28)
    2.2.3　高校文科教师科研生产的教育价值 ·························· (29)
  2.3　高校文科教师科研生产特征分析 ···································· (30)
    2.3.1　高校文科教师科研生产的投入特征 ·························· (30)
    2.3.2　高校文科教师科研生产的过程特征 ·························· (31)
    2.3.3　高校文科教师科研生产的产出特征 ·························· (32)

2.4 理论基础 ··· (32)
2.4.1 生产率理论的发展脉络 ··································· (32)
2.4.2 生产率测算方法 ··· (35)
2.5 科研生产绩效评价方法 ······································· (44)
2.5.1 同行评议法 ··· (45)
2.5.2 德尔菲法 ··· (46)
2.5.3 文献计量法 ··· (47)
2.5.4 数理统计法 ··· (48)
2.5.5 层次分析法 ··· (49)
2.6 国内学者评价高校文科教师科研生产率的方法 ················· (50)
2.7 评价理论模型和方法 ··· (51)
2.8 实证研究指标选择原则 ······································· (52)

第3章 省域高校文科教师科研生产率 ······························ (56)
3.1 评价方法与模型选择 ··· (56)
3.2 评价指标 ··· (57)
3.2.1 投入指标的选择 ··· (57)
3.2.2 产出指标的选择 ··· (58)
3.2.3 评价指标的检验 ··· (58)
3.3 数据来源 ··· (59)
3.4 省域高校文科教师科研生产率水平静态分析 ····················· (59)
3.4.1 省域高校文科教师科研生产技术效率 ······················· (60)
3.4.2 省域高校文科教师科研生产纯技术效率 ····················· (61)
3.4.3 省域高校文科教师科研生产规模效率 ······················· (62)
3.4.4 省域高校文科教师科研生产的DEA超效率及区域差异 ········· (63)
3.4.5 省域高校文科教师科研生产的DEA投影分析 ················· (65)
3.5 省域高校文科教师科研生产率动态分析 ························· (73)
3.5.1 省域高校文科科研全要素生产率整体变化趋势 ·············· (74)
3.5.2 省域高校文科教师科研生产率分解 ························· (75)
3.5.3 省域高校文科教师科研生产率的区域动态分析 ··············· (76)
3.5.4 省域高校文科教师科研生产率的动态分析 ··················· (77)
3.6 省域高校文科教师科研生产率影响因素 ························· (79)
3.6.1 研究假设与数据来源 ····································· (80)
3.6.2 模型建构 ··· (81)
3.6.3 结果分析 ··· (82)

第4章 校级文科教师科研生产率——以41所一流大学为例 ········· (87)
4.1 评价方法与模型选择 ··· (87)

4.2 评价指标 …………………………………………………………（88）
　4.2.1 投入指标的选择 ………………………………………………（88）
　4.2.2 产出指标的选择 ………………………………………………（88）
　4.2.3 评价指标的检验 ………………………………………………（89）
4.3 数据来源 …………………………………………………………（89）
4.4 校级文科教师科研生产率静态分析 ……………………………（90）
　4.4.1 校级高校文科教师科研生产技术效率 ………………………（91）
　4.4.2 校级文科教师科研生产纯技术效率 …………………………（92）
　4.4.3 校级文科教师科研生产规模效率 ……………………………（93）
　4.4.4 校级文科教师科研生产DEA超效率值及区域差异 …………（95）
　4.4.5 校级文科教师科研生产的DEA投影分析 ……………………（96）
4.5 校级文科教师科研生产率动态分析 ……………………………（105）
　4.5.1 校级文科教师科研全要素生产率整体变化趋势 ……………（106）
　4.5.2 校级文科教师科研生产率分解 ………………………………（107）
　4.5.3 校级文科教师科研生产率的动态分析 ………………………（108）
4.6 校级文科教师科研生产率影响因素 ……………………………（110）
　4.6.1 研究假设与数据来源 …………………………………………（111）
　4.6.2 模型构建 ………………………………………………………（113）
　4.6.3 结果分析 ………………………………………………………（113）

第5章 高校文科教师个体科研生产率 ………………………………（117）
5.1 研究对象的描述性统计 …………………………………………（117）
5.2 研究思路与方法 …………………………………………………（119）
5.3 高校文科教师个体科研产出评价指标体系的构建 ……………（120）
　5.3.1 科研产出评价指标体系构建的思路 …………………………（120）
　5.3.2 科研产出评价指标体系构建的目标 …………………………（121）
　5.3.3 科研产出指标评价体系构建的过程 …………………………（121）
　5.3.4 科研产出评价指标体系构建结果 ……………………………（129）
　5.3.5 本书科研产出评价指标体系的特点 …………………………（129）
5.4 科研投入指标综合指数的计算 …………………………………（130）
5.5 研究工具 …………………………………………………………（131）
　5.5.1 项目分析 ………………………………………………………（132）
　5.5.2 信度分析 ………………………………………………………（134）
　5.5.3 效度分析 ………………………………………………………（135）
　5.5.4 信度再分析 ……………………………………………………（139）
5.6 数据来源与处理 …………………………………………………（140）
5.7 高校文科教师个体科研生产率指数计算 ………………………（140）

5.8 高校文科教师科研生产率个体差异分析 …………………………… (141)
　　5.8.1 变量的描述性统计 ………………………………………… (141)
　　5.8.2 不同特征的高校文科教师科研生产率分析 ……………… (142)
5.9 高校文科教师个体科研生产率因果模型 …………………………… (155)
　　5.9.1 假设模式设定 ………………………………………………… (155)
　　5.9.2 统计方法的选择 ……………………………………………… (155)
　　5.9.3 参数估计方法的选择 ………………………………………… (156)
　　5.9.4 参数估计结果与模型修正 …………………………………… (157)
　　5.9.5 最终模型及其参数估计结果 ………………………………… (165)
5.10 高校文科教师个体科研生产率影响因素 ………………………… (166)

第6章 主要结论与建议 …………………………………………………… (170)

6.1 我国高校文科教师科研生产率状况 ………………………………… (170)
　　6.1.1 科研生产技术效率整体上不佳,规模效率不佳是主因 …… (170)
　　6.1.2 高校文科教师科研全要素生产率整体不佳,技术进步不足
　　　　　是主因 ……………………………………………………… (171)
　　6.1.3 高校文科教师科研生产率在区域、校际和个体间差异明显 … (171)
　　6.1.4 高校文科教师科研高质量成果产出不足 ………………… (172)
6.2 高校文科教师科研生产率主要影响因素 …………………………… (172)
　　6.2.1 影响高校文科教师科研生产率的宏观因素 ……………… (172)
　　6.2.2 影响高校文科教师科研生产率的学校因素 ……………… (173)
　　6.2.3 影响高校文科教师科研生产率的教师个体因素 ………… (173)
6.3 提升高校文科教师科研生产率的建议 ……………………………… (174)
　　6.3.1 针对教师个人的建议 ………………………………………… (174)
　　6.3.2 学校应创设良好的科研环境 ………………………………… (176)
　　6.3.3 创新教师科研生产评价体系与方法 ………………………… (177)
6.4 研究展望 ………………………………………………………………… (183)

附录 ……………………………………………………………………………… (184)

附录1　各省文科科研投入与产出数据 ……………………………………… (184)
附录2　41所大学2013—2017年人文社科科研统计数据 ………………… (190)
附录3　高校文科教师科研生产率及其影响因素调查问卷 ……………… (198)

参考文献 ……………………………………………………………………… (203)

第1章 绪　　论

1.1　研究目的

本书研究的主要目的是评估我国高校文科教师科研生产率状况,分析其影响因素,并探讨如何提高科研生产率。具体目标如下:

(1) 评估我国各省高校文科教师科研生产率状况。利用 2013—2017 年我国人文社科研究统计数据,采用数据包络分析(DEA)等方法,分析各省高校文科教师科研生产率水平及结构,发现各省之间的差异和特点。

(2) 分析我国高校文科教师科研生产率的影响因素。利用 Tobit 回归模型、结构方程模型等分析技术,分析地区国际研究交流与合作、地区文化教育政策、地区高等教育机构数量等对省域高校文科教师科研生产率的影响,揭示影响各省高校文科科研生产率的关键因素。

(3) 分析我国主要高校文科教师科研生产率状况。利用 41 所一流大学的文科科研统计数据,采用 DEA 等方法,分析这些高校文科教师科研生产率整体水平、结构与发展趋势,为提高高校文科教师科研生产率提供参考。

(4) 分析我国高校文科教师个体科研生产率及其影响因素。通过问卷调查获取数据,采用结构方程模型等分析技术,探讨高校文科教师个体科研生产率在个体特征上的差异及其影响因素,为提高教师个体科研生产率提供依据。

(5) 提出改进高校文科教师科研生产率的对策与建议。基于以上研究结果,总结提高高校文科教师科研生产率的对策与建议,为相关管理部门、高校及教师提供参考。

通过以上研究目标的实现,本书旨在深入了解我国高校文科教师科研生产率的状况及其影响因素,为提高我国高校文科教师的科研生产率和科研能力提供理论支持和政策建议。

1.2 研究意义

社会主义现代化建设目标实现的前提应该是人的现代化，具体地讲应该是人的道德、思想、观念和行为的现代化。人的现代化的实现首要途径便是教育，而且首推人文学科和社会学科方面的教育。所以，当前我们力图要实现社会文明、经济转型、机构调整等目标时，高校人文社科的发展与研究水平的提升的重要性日益凸显。由于历史原因，我国在相当长的一段时间内侧重于强调自然科学的发展与研究，而轻视人文社科的发展与研究。近年来，我国研究与开发机构研究与试验发展（R&D）经费内部支出中，自然科学所占比例为15%～17%，而人文社科所占比例仅为2%。由此可见，我国在知识创新过程中对人文社科不够重视，研发经费投入不足。"学好数理化，走遍天下都不怕"的顺口溜便是对这种现象的形象反映。然而，随着经济的快速发展，人的文明素质并没有与财富同步提高，社会上仍有很多不文明行为，各种违法违规等现象屡见不鲜。在当下的社会转型历史关口，要想解决社会文化、文明发展滞后的问题，亟须重新重视对人文社会学科的教育与研究工作。

人文社科在促进社会文明的进程中扮演着重要角色，国家与政府也认识到其重要价值，每年在人文社科的研究方面投入了大量的资源，全国高校也有大量的文科教师投入到科研过程中，这些物力与人力资源是如何使用的，人文社科研究的效率、效益如何等问题，日益受到学术界和社会的关注。以往的研究发现，由于我国高校普遍重视对教师科研量化指标的考核，许多高校教师把主要精力放到科研项目申请和科研成果申报上，这样就可以获得更多的资助资金、发表更多的成果、获得更多的奖项、获得更多的晋升机会，这就导致我国人文社科的研究效率和效益并不高，投入多，有价值的成果少；数量多，质量低；重复研究多，创新研究少；成果多，成果转化为社会影响少。那么，如何才能改变过去粗放式的科研生产方式呢？高校人文社科的教师在人文社科的研究工作中具有重要地位，因此要使人文社科科研从粗放型向集约型转变，有必要探明高校文科教师科研生产率的基本状况，以及影响高校文科教师科研生产率的因素。

1.2.1 理论意义

首先，客观地分析我国高校文科教师科研生产率水平，可为学术界对此问题的理论探讨提供支持。一直以来，学术界对高校文科教师的科研效率问题一直存有怀疑，普遍认为高校文科教师科研效率低，是一种粗放式科研生产。本书通过实证分析各个层面上的高校文科教师科研生产率状况,向学术界提供高校教师科研生产率的客观量化结果,加深学术界在此问题上的认识,有助于学术界根据此结果进一步深入探讨科研效率问题。

其次,丰富高校文科教师科研生产率影响因素研究。影响高校文科教师科研生产率的因素有多种,但是以往对高校文科科研影响因素的相关研究往往仅从一个层面(比如省级)进行研究,只分析某一层次的影响因素。本书通过对高校文科教师科研生产率的省级、校级和个体层面的分析,多层次系统探讨影响高校文科教师科研生产率的因素,力图形成一个相对全面的解释框架,为完善高校文科教师科研生产理论作出贡献。

最后,推动高等教育研究的发展。通过对高校文科教师科研生产率及其影响因素的研究,可以进一步丰富高等教育学的理论体系,加深对高等教育活动规律的认识,为提高高等教育质量提供理论指导。

1.2.2 实践意义

首先,研究高校文科教师科研生产率评价及因素对于改进科研管理具有重要意义。通过探索人文社科科研生产率水平、结构特征和发展趋势,分析其各种影响因素,为高校提高科研资源配置水平、改善科研管理、完善科研制度建设提供支持。

其次,研究高校文科教师科研生产率对于提高高校的科研资源利用效率和科研竞争力具有重要意义。建设一流高校和一流学科是党中央在教育方面作出的重大战略布局,对于提高国家综合竞争力特别是高科技竞争力具有重大意义。多年来,国家相继提出并实施了"211工程""985工程""优势学科创新平台"和"特色重点学科项目",极大提高了我国高等教育办学水平和科研能力。近年来提出的创建"双一流"大学是国家在新的历史条件下作出的高等教育方面的最新战略决策,为了实施上述战略,国家投入大量的人力、物力和财力资源。经过多年的建设,当前我国已经有一批高校和学科处于或接近世界一流水平。与此同时,高等教育资源配置效率也一直备受关注。研究高校文科科研生产率,可以发现低效率的问题所在,进而为提高高校科研资源利用效率和科研实力提供有针对性的建议。因此,研究高校文科教师的科研生产率能够从提高科研效率效益角度提高高校的办学水平和竞争力。

再次,研究高校文科教师科研生产率对于人文社科学科的发展具有重要意义。文科教师科研生产效率效益的提高,会使人文社科研究成果对社会产生更为积极的影响和贡献,这样能进一步调动政府科研投入的积极性,增加科研经费投入,改善科研条件,从而进一步提高科研产出水平,促进人文社科研究的进一步繁荣。

最后,研究高校文科教师科研生产率评价及因素对于高校文科教师专业发展具有重要意义。科研工作是高校文科教师的一项基本工作,科研成果的考核工作关系到每个高校文科教师的职业发展、福利待遇。根据人文社科的自身发展规律,探索一套适合人文社科的考评机制,有利于激发广大文科教师的科研积极性,促进他们的专业成长。

1.3 本书框架

根据研究问题的需要,本书的框架结构安排如下:

第1章论述了本书的研究背景、研究目的、研究意义、研究对象、研究内容、研究思路和研究综述。

第2章分析和论述了本书的核心概念、高校文科教师科研生产的基本属性、生产率测算理论、科研绩效评价方法、国内外学者常用的科研生产率评价方法、本书采用的评价理论模型与方法以及本书评价指标选择原则,以便为研究奠定坚实的理论基础。

第3章至第5章分别从省级、校级和教师个体层面研究了高校文科教师科研生产率状况,并分析了影响各个层面高校文科教师科研生产率的因素。探索高校文科教师在不同层面上的表现,进而探索影响这些表现的宏观、中观和微观因素,力图更全面地考察高校文科教师科研生产率问题。这3章是本书的主体部分,也是实证分析部分。

第6章对全书的研究进行了总结,并得出本书的研究结论。

1.4 研究现状

1.4.1 我国当前高校文科教师生产率研究趋势与主要研究者群体特征

笔者在中国知网的期刊资源中按照以下主题词进行检索:("人文社科"+"人文社会科学"+"文科"+"社科") AND "教师" AND ("科研效率"+"科研生产效率"+"科研生产率"+"研究生产率"+"研究生产效率"+"研究效率"),共搜索文科教师科研效率相关文献4篇,经内容检视,其中只有2篇论文与本研究相关。

由此发现,直接研究文科教师科研效率的文献较少,故在第二次搜索时去除"教师",按照主题词("人文社科"+"人文社会科学"+"人文"+"社科"+"社会科学")AND("科研效率"+"科研生产率"+"科研生产效率"+"研究效率"+"研究生产率"+"研究生产率")进行检索。共搜索相关文献71篇,通过逐篇检查后,去除相关度不高的文献6篇,共保留相关文献65篇。然后本书利用CNKI文献可视化工具进行可视化分析,以便更清晰地了解高校文科教师科研效率研究的趋势与特征。

1. 我国高校文科教师科研生产率研究趋势分析

图1-1提供了人文社科科研效率的总体研究趋势,可以发现,我国高校文科教师科研生产效率研究的论文最早出现于2009年,在这一年杨洪涛发表了《基于DEA的科研机构科技资源配置效率评价》的论文,论文运用DEA方法,以上海市人文社会科学科研机构为例,开启了学术界对人文社科领域科研生产效率的研究。2010年至2015年,发表的相关论文逐渐增多,至2015年达到第一个高潮,这一年共发表了7篇文献;2016年回落到1篇,然后2017年至2020年又逐渐增加,在2020年达到第二个研究高潮,这一年有8篇相关论文发表,随后经过2021年、2022年短暂回落,在2023年达到研究的第三个高潮,这一年有9篇相关论文发表。整体来看,近年来有关高校文科教师科研生产率相关问题的研究逐渐成为热点。

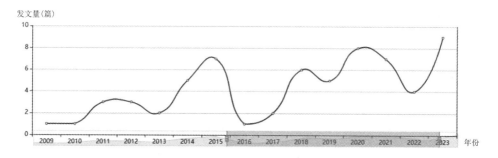

图1-1 我国高校文科教师科研生产效率总体趋势图

从图1-2所呈现的关键词聚类分析可知,人文社科科研效率可以分为三个研究大类,分别是效率研究、中部地区效率研究、人文社科效率研究。其中,从2021年开始,人文社科效率研究成为研究热点,且一直持续到2023年。

关键词	年份	强度	开始年份	结束年份	2009—2023
效率	2011	1.71	2011	2012	
中部地区	2018	1.83	2018	2018	
人文社科	2014	2.17	2021	2023	

图1-2 关键词时间线聚类分析

由图1-3可知,有关科研效率主题的研究近年来也呈快速增长趋势,从2022年的2篇增加到2023年的8篇,受到越来越多的人的关注。

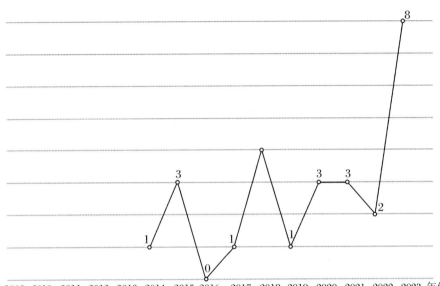

图 1-3　科研效率主题研究发展趋势

2. 有关高校文科教师科研生产率研究的重点论文分析

在 30 篇文献中,有 6 篇文献共同引用了姜彤彤 2014 年发表的论文《我国各省高校人文社科科研效率评价及区域差异研究》,有 5 篇文献共同引用了徐超 2015 年发表的论文《基于 SFA 模型的中国高校人文社科科研效率评价研究》,有 4 篇文献共同引用了陈俊生等人 2015 年发表的《高校人文社会科学科研投入产出效率评价——基于 DEA 二次相对效率和超效率模型的实证分析》和黄炜等人 2016 年发表的论文《我国人文社会科学学科学术论文产出的效率研究》,有 4 篇文献共同引用了 Chuen Tse Kual 等人 2011 年发表的论文"Efficiency assessment of universities through data envelopment analysis",有 4 篇文献共同引用了 Andrew C. Worthington 2007 年发表的论文"Efficiency, technology and productivity change in Australian universities",可见上述 6 篇论文在该领域中影响力较高。30 篇文献中被引用率最高的文献是韩海彬、李全生 2010 年共同发表的论文《基于 AHP/DEA 的高校人文社会科学科研效率评价研究》,被引 35 次;其次是王灵芝 2012 年发表的论文《中国高校人文社科研究的绩效评价》,被引 15 次;再次是李瑛、任珺楠 2016 年发表的论文《高校人文社会科学科研效率评价研究》,被引 11 次。除此之外,陈俊生、姜彤彤、徐超、梁文艳等发表的论文也有较高的引用率。总体来看,上述作者发表的文献影响力较大。

3. 高产作者、研究群体和研究机构分析

经可视化作者分布分析,在高校人文社科科研生产率领域发文较多的有王彬、刘海涛、邱均平、陵端新、姜彤彤、张明妍、阚高校、尚虎平、吕连菊等人,其中王彬发文最多,共发表了4篇论文;其次是邱均平、刘海涛,他们分别发表了3篇论文;陈诚、周平、姜彤彤、阚高校、尚虎平、汪俊瑛、谭涛、贾冰、张明妍、凌端新、余澄、吕连菊、陈俊生分别发表了2篇论文。作者合作网分析发现,目前在高校文科科研生产率研究领域且有合作的群体有王彬、刘海涛群体,邱均平、陈诚等6人组成的群体,王慧敏、李博文、许敏、傅亚平组成的群体,陵端新、孙雨婷、王潇战组成的群体,周群、陈俊生、张明妍组成的群体,余澄、刘文斌、孟澈组成的群体等。不过,大部分作者合作次数都在3次以下,且很多都是单独发文。这说明有关高校人文社科科研效率的研究仍然以学者单独研究为主,合作研究不多。

由机构分布可视化分析可知,滁州学院、杭州电子科技大学和南昌工程学院发文最多,为3~4篇;东南大学、南通大学、山东师范大学、西安交通大学分别发表论文2篇;东南大学、北京师范大学、南京科技职业学院、南通大学、山东师范大学、广西大学、重庆医科大学分别发表论文2篇;其余高校发表论文1篇。

1.4.2 我国高校文科教师科研生产率水平研究现状

近年来,学术界对于高校人文社科科研效率的关注逐渐增加,相应的研究成果也逐渐丰富起来,但是研究结论差异较大。

从全国整体来看,我国高校人文社科科研效率整体不高。[①] 王灵芝从科技产出、投入要素贡献、投入产出效率三个角度构建了我国高校人文社科科研生产率评价分析框架,采用生产函数和DEA方法研究发现,我国高校人文社科科研效率偏低。[②] 姜彤彤采用DEA的Malmquist分析方法对我国30个省份高校2004—2010年人文社科研究全要素生产率及其分解情况进行分析,发现上述省份高校人文社科科研全要素生产率呈下降趋势。[③] 徐超基于我国九大类型高校2010—2012年人文社科研究数据,利用对数随机前沿模型估计科研生产效率,发现我国人文社科研究存在无效率现象,投入的增加确实换来更多课题项目,但是论文和报告产出增加相对较少。[④] 黄炜、程慧平等人利用随机前沿模型评估了我国2001—2013年文科领域20门学科的学术论文产出的效率,发现我国文科学术论文产出效率整体较低下,经济学、管理学、教育学、图书馆、情报与文献学5门学科学术论文产出效率较高。[⑤] 我国人文社科大部分学科处于课题资助低、学术论文产出效率低的模式。但也有部分学者得出了不同结论,例如,伍海泉等人运用数据包络分析方法研究我

---

① 王彬,刘海涛.新时代我国高校人文社科科研效率及其制约因素研究[J].安徽理工大学学报(社会科学版),2023,25(4):88-100.
② 王灵芝.中国高校人文社科研究的绩效评价[J].软科学,2012,26(4):67-70,81.
③ 姜彤彤.高校人文社科研究全要素生产率评价及分析[J].研究与发展管理,2013,25(5):90-97.
④ 徐超.基于SFA模型的中国高校人文社科科研效率评价研究[J].科技与经济,2015,28(3):16-19.
⑤ 黄炜,程慧平.我国人文社会科学学科学术论文产出的效率研究[J].情报杂志,2016,35(4):137-140.

国2015—2019年间高校人文社科的研究效率,发现总体状况良好[①];王甲旬和邱均平的研究也显示,我国高校人文社科研究的整体技术效率处于中等偏上水平。[②]

在重点高校的科研效率方面,陆根书、刘蕾采用数据包络分析方法对教育部直属68所高校2000—2003年人文社科科研生产率和发展变化趋势进行了分析,发现上述高校人文社科科研生产率呈逐年递增的变化趋势,不过总体水平仍然不高。[③] 韩海彬、李全生采用层次分析法和数据包络分析法相结合的两阶段评价模型,分析教育部直属的11所综合大学科研生产率,发现在被评价的11所高校中,5所高校的人文社科科研纯技术效率和规模效率状况相对较好,其他6所高校的科研效率没有达到DEA有效。[④] 李瑛、任珺楠利用2007—2012年统计的110所"211工程"高校人文社科研究数据,采用DEA-Malmquist指数法研究发现,所研究的"211工程"高校科研生产效率在2007—2012年呈下降趋势,主要是因为技术退步,变动趋势的区域差异不大。[⑤]

在区域科研效率方面,区域差异明显,东部地区高校总体上高于中部和西部地区高校。例如,姜彤彤的研究发现,东部地区高校人文社科全要素生产率高于西部和中部地区。[⑥] 何小清利用SSCI和A＆HCI分析了新中国成立以来各学术机构人文社科文献产出,根据文献产出把学术机构分成三个层次,第一层次有5所高校,全部位于北京,第二层次有11所高校,第三层次主要是师范院校。[⑦] 王彬、刘海涛的研究进一步发现,东部高校在人文社科科研综合技术效率和纯技术效率方面表现最佳,西部次之,中部最低,而规模效率三大区域差异不大,其中北京、上海、江苏、湖北等教育资源较丰富的省份,高校人文社科科研效率相对较高,而西藏、湖南、贵州、安徽等相对较低。[⑧] 这种研究结果得到了针对部分区域和省份研究结果的呼应。例如,马晓军利用CSSCI相关数据,运用统计分析和综合分析法,对1998—2004年江苏省高校研究发现,江苏人文社科科研效率位于全国前列。[⑨] 许敏等人运用DEA方法对"十三五"时期江苏省46所公办本科高校的人文社科科研

---

① 伍海泉,李天峰,付城.如何提升高校人文社会科学的研究效率?:基于31个省级面板的混合分析[J].现代大学教育,2021,37(6):73-82,112.
② 王甲旬,邱均平.中国省域高校人文社会科学研究效率评价:基于Bootstrap-DEA分析[J].重庆大学学报(社会科学版),2019,25(4):113-125.
③ 陆根书,刘蕾.高校人文社会科学之研究效率及趋势[J].开放教育研究,2006(1):29-35.
④ 韩海彬,李全生.基于AHP/DEA的高校科学研究效率评价研究[J].高教发展与评估,2010,26(2):49-56,122.
⑤ 李瑛,任珺楠.高校人文社会科学学科研效率评价研究[J].科研管理,2016,37(S1):571-577.
⑥ 姜彤彤.高校人文社科研究全要素生产率评价及分析[J].研究与发展管理,2013,25(5):90-97.
⑦ 何小清.新中国成立以来大陆学术机构人文社会科学研究国际化学术产出定量分析:基于SSCI、A&HCI(1956—2006)的定量分析[J].清华大学学报(哲学社会科学版),2008(4):145-153.
⑧ 王彬,刘海涛.新时代我国高校人文社科效率及其制约因素研究[J].安徽理工大学学报(社会科学版),2023,25(4):88-100.
⑨ 马晓军.从CSSCI看江苏省人文社会科学学术研究的绩效和能力[J].江海学刊,2007(5):218-222.

效率进行评价也发现,江苏省高校人文社科总体科研效率水平较高。① 相比较而言,阚大学利用 TOPSIS 法研究发现,我国中部地区高校文科科研产出整体表现不佳,科研投入对文科科研产出的贡献不高。②

在变化趋势方面,我国人文社科科研效率存在下降趋势。例如,李瑛、任珺楠对我国 110 所"211 工程"高校的人文社科科研效率进行了分析,发现在 2005—2012 年间整体呈下降趋势,主要原因是技术退步③;俞立平也发现近年来我国高校人文社科科研效率总体呈下降趋势④;邱均平等人进一步发现 2010—2019 年我国 31 省区市的高校人文社科科研的全要素生产率总体表现为下降趋势,平均下降 7.1%⑤;王彬、刘海涛的研究也显示,2012—2020 年呈波动变化趋势,尤其 2018—2020 年逐年下降⑥。不过,王忠等人对我国"双一流"高校的研究表明,2012—2019 年这些高校人文社科科研效率在提高,且世界一流高校和人文社科类院校表现更好⑦。科研效率发展趋势存在区域差异。例如,梁文艳、唐一鹏利用 2006—2010 年面板数据,运用 Malmquist 指数计算了各区域高校人文社科科研效率,发现东部地区效率增长,中西部地区下降;在东部地区,京津冀"211 高校"科研生产率累积提升状况明显高于沪苏浙。⑧ 王彬、刘海涛的研究发现,长三角区域高校人文社科科研整体效率不高,变动不大,区域差异明显,不过差距在缩小。⑨

由上述研究分析可知,在研究对象上多以部分高校或省为对象,缺少以教师个体作为研究对象;所采用的数据要么是国家统计数据,要么是数据库数据,是一种被动搜集数据方式,局限性多,缺少根据研究目的主动通过调查搜集数据;在研究高校文科科研成果方面,主要使用 DEA 方法、DEA-Malmquist 指数法、随机前沿方法、TOPSIS 模型等。学者们得出主要结论可以概括为以下几个方面:第一,我国高校人文社科研究效率整体偏低,投入增加并没有换来相应产出的提升,学术论文产出效率整体较低下,科研产出的整体表现不佳,科研生产存在无效率现象,整

---

① 许敏,傅亚萍,王慧敏,等.江苏省高校人文社科科研效率评价研究[J].中国高校科技,2023(9):22-28.
② 阚大学.中部地区本科高校人文社会科学科研效率评价[J].江西广播电视大学学报,2018,20(1):78-86.
③ 李瑛,任珺楠.高校人文社会科学科研效率评价研究[J].科研管理,2016,37(S1):571-577.
④ 俞立平.回归盲点下高校人文社科研究效率影响因素研究:基于 BP 人工神经网络的分析[J].软科学,2021,35(11):130-137.
⑤ 邱均平,陈诚,陈仕吉.我国高校人文社科科研效率的影响因素与多元路径:基于 31 个省区市的模糊集定性比较分析[J].图书馆理论与实践,2021(5):1-8.
⑥ 王彬,刘海涛.新时代我国高校人文社科科研效率及其制约因素研究[J].安徽理工大学学报(社会科学版),2023,25(4):88-100.
⑦ 王忠,吕楠华,吴明宇.基于三阶段 DEA 的"双一流"建设高校人文社会科学科研效率评价[J].中国高校科技,2023(Z1):26-30.
⑧ 梁文艳,唐一鹏.高校人文社科科研生产效率区域比较研究:基于 Malmquist 指数的动态评估[J].重庆高教研究,2014,2(2):21-27.
⑨ 王彬,刘海涛.长三角区域高校人文社科科研效率动态变化及原因分析:基于非径向 DEA 超效率及 DEA-Malmquist 指数[J].沈阳师范大学学报(教育科学版),2023,2(1):81-92.

体趋势在上升,全要素生产率呈下降趋势;第二,区域差异显著,东部地区效率增长,中西部地区下降,东部地区高校人文社科全要素生产率高于中部和西部地区。效率不佳的原因主要是技术退步,纯技术创新效率低下是造成技术效率不高的主要因素。

1.4.3 我国高校文科教师科研效率影响因素研究现状

通过对相关研究成果整体分析发现,我国学者专门针对文科科研效率影响因素的研究相对较少,为了更好地了解当前我国科研生产效率影响因素的研究现状,本书除了综述文科科研效率影响因素相关研究文献外,也综述了近几年不同学科以及整体学科的高校教师科研生产效率研究状况。

1. 科研投入与产出的影响

很多学者探讨了科研投入与产出要素对科研效率的影响。谭涛通过分析全国人文社科类高校 2013—2019 年数据发现,人力资源投入和科研经费投入对科研效率产生显著的负面影响。① 方上玮的研究也显示,高校当年人文社科类课题项目的经费支出对人文社科研究效率呈负向影响。② 俞立平的研究发现,学术论文是影响人文社科效率的最重要因素;研发人员投入对人文社科效率的影响超过了研发经费;相比之下,学术著作和研究报告对人文社科效率的影响较小。③ 不过,黄炜、程慧平发现,R&D 课题是提升科研人员学术论文产出的重要因素,但他们发现我国大部分高校人文社科科研处于课题资助低、学术论文产出效率低的不良状态④。王彬、刘海涛对安徽高校的研究表明,产出不足是造成安徽高校社科科研效率不高的主要制约因素。科研投入与产出可能不是单向影响,而是相互影响,例如,俞立平、彭长生的研究显示我国高校人文社科研究投入产出具有明显的互动效益,科研经费投入、研发人员投入与科研产出之间存在双向格兰杰因果关系。⑤

王彬、刘海涛进一步区分了不同时期的人文社科科研生产率的主要制约因素,他们发现我国高校人文社科科研效率制约因素早期主要是科研产出的数量,后期逐渐转为质量和效益;此外,科研管理与技术水平、科研规模不适宜也是限制科研

---

① 谭涛.基于超效率 SBM 和 Tobit 模型的全国区域人文社科类高校科研效率测评及影响因素[J].科技和产业,2023,23(10):38-43.

② 方上玮."双一流"建设高校人文社会科学研究效率及其影响因素分析[J].上海教育评估研究,2023,12(3):25-30,39.

③ 俞立平.回归盲点下高校人文社科研究效率影响因素研究:基于 BP 人工神经网络的分析[J].软科学,2021,35(11):130-137.

④ 黄炜,程慧平.我国人文社会科学学科学术论文产出的效率研究[J].情报杂志,2016,35(4):137-140.

⑤ 俞立平,彭长生.高校人文社科投入与产出互动关系研究:基于 PVAR 模型的估计[J].科研管理,2013,34(11):147-153.

效率提升的原因。① 省份间、区域间的科研效率制约因素也有所差异,例如,王彬、刘海涛对制约长三角三省一市人文社科科研效率因素的研究发现,上海高校投入经费相对过多,江苏高校课题经费投入偏多,浙江和安徽高校人员投入较多;在产出方面,上海和浙江的高校整体表现不足,江苏高校在 CSSCI 论文方面产出不足,而安徽高校的产出不足问题相对较不明显。②

2. 外部环境的影响

区域经济发展水平、学科结构、国际交流与合作、地方教育支出等对人文社会科学研究效率有影响。罗杭、郭珍利用"985 高校"2010—2012 年的面板数据,采用 DEA-Tobit 二阶段模型分析"985 高校"科研效率影响因素发现,经济发展水平对自然科学研究效率有显著影响,但对社会科学研究效率影响不大。③ 不过,也有研究发现高校所在地的经济发展水平对高校人文社科科研效率有正向影响。例如,陈露等采用 DEA 三阶段模型,对江苏 35 所本科高校人文社会科学的科研效率进行评价,发现地区经济水平、政府资金投入对科研效率的提升有正向影响,而地区教育水平、非政府资金投入以及学术交流情况等对科研创新效率的提升有负向影响。④ 也有研究发现,地区经济发展水平对科研效率的影响并不显著⑤。另外,学科结构对人文社科科研效率有影响,例如,罗杭、郭珍的研究显示,社会科学研究成果占比对文科科研效率有正向作用,但对自然科学科研效率影响较弱。③ 方上玮对 2012—2019 年我国 41 所"双一流"建设高校人文社科研究研究表明,学校类别为综合型高校对人文社科研究效率呈负向影响。⑥ 对外开放程度对科研效率产生显著的正面影响。⑦ 邱均平等的研究发现,影响高校人文社科科研效率的外部因素包括区域发展水平、成果奖励、产学研合作等,不过,人文社科科研效率能否高质量发展取决于能否对人力资源、研究机构、学术环境、区域发展水平、成果奖励、产学研合作 6 个变量进行很好的组合。⑧

---

① 王彬,刘海涛.新时代我国高校人文社科科研效率及其制约因素研究[J].安徽理工大学学报(社会科学版),2023,25(4):88-100.

② 王彬,刘海涛.长三角区域高校人文社科科研效率动态变化及原因分析:基于非径向 DEA 超效率及 DEA-Malmquist 指数[J].沈阳师范大学学报(教育科学版),2023,2(1):81-92.

③ 罗杭,郭珍.2012 年中国"985"大学效率评价:基于 DEA-Tobit 模型的教学-科研效率评价与结构-环境影响分析[J].高等教育研究,2014,35(12):35-45.

④ 陈露,凌端新,孙雨亭.基于三阶段 DEA 模型的江苏高等学校人文社科科研效率研究[J].科技与经济,2018,31(3):6-10.

⑤ 谭涛.基于超效率 SBM 和 Tobit 模型的全国区域人文社科类高校科研效率测评及影响因素[J].科技和产业,2023,23(10):38-43.

⑥ 方上玮."双一流"建设高校人文社会科学研究效率及影响因素分析[J].上海教育评估研究,2023,12(3):25-30,39.

⑦ 谭涛.基于超效率 SBM 和 Tobit 模型的全国区域人文社科类高校科研效率测评及影响因素[J].科技和产业,2023,23(10):38-43.

⑧ 邱均平,陈诚,陈仕吉.我国高校人文社科科研效率的影响因素与多元路径:基于 31 个省区市的模糊集定性比较分析[J].图书馆理论与实践,2021(5):1-8.

通过对上述学者研究成果的梳理可知,科研效率影响因素分析所采用的最常用的模式是 DEA-Tobit 二阶段模型,除此之外,还有学者偶尔用到三阶段 DEA 模型、随机前沿分析模型和普通多元回归模型。投入与产出对科研效率的影响仍然不够明确,可能就需要进一步区分不同学科、不同地区做进一步澄清。从外部影响因素类型来看,有地区经济发展水平(或人均 GDP)、地区教育发展水平、人力资源(人力资本类型、职称结构、人口素质)、交流与合作(国际交流、校企合作)、政策环境(政府政策、政府支持)、资源投入(经费投入、教育投入、政府资助)、科研环境(创新氛围、科研环境)、学科结构(学科类型、学科分布),此外还有创新能力、课题数、科研力量聚集程度等。总的分析来看,当前我国学者对高校科研效率影响因素的研究以宏观研究为主,多以省、区域或某一类型的高校作为研究对象,对高校文科教师个体的研究较少,对文科教师的研究更少。

1.4.4 文科科研特征及评价体系研究现状

在人文社科与自然科学关系上,蔡曙山认为人文社会科学具有学科特殊性,但认为这种特殊性是在科学系统规律性和同一性基础上的特殊性,与自然科学相比,人文学科具有内部复杂多元性、本土性、民族性、真理检验的直观性、价值实现的潜在性和间接性、成果多样性及引文周期长等特点,社会科学则介于两者之间。因此,应该设计适合人文社科特征的指标体系。[①] 郑德俊、高凤华调查了 101 位教育部人文社会科学委员会的专家委员,超过 50%的专家认为人文社会科学的评价周期长,创新需要宽松的环境,而过度频繁的绩效评价对人文社会科学成果创新影响很大。[②] 叶蓬指出人文社会科学成果的量化评估,应重点关注成果学术价值和社会价值、科学性和逻辑性、难度和创新性、解决问题的完备性等指标。[③] 在成果形式上,人文社科也有其特点。黄慕萱指出人文社会科学研究具有产出成果种类多元、图书与期刊均是非常重要的产出,且图书引用率较高、研究内容本土性强及引用文献数据较旧等特性,因此人文社科研究评价不能仅依靠文献计量法,应结合著作计量与同行评议等指标,同时考虑较长时间的出版物数量和质量。[④] 蔡曙山认为代表性学术成果能够反映人文社会科学领域学术水平和学术地位。[⑤] 郑德俊、高凤华也认为代表性学术成果评价有利于鼓励创新、鼓励求精,因此是人文社会科

[①] 蔡曙山.论人文社会科学的科学化、规范化管理:兼析《中华读书报》的不实报道及其错误观点[J].学术界,2001(6):98-109.

[②] 郑德俊,高凤华.高校人文社会科学科研绩效评价指标体系构建[J].科技进步与对策,2009,26(7):150-153.

[③] 叶蓬.人文社会科学研究成果评估指标体系分析[J].探求,2001(1):60-67.

[④] 黄慕萱.人文社会科学研究评鉴特性及指标探讨[J].清华大学学报(哲学社会科学版),2010,25(5):28-43,158.

[⑤] 蔡曙山."代表性学术成果"是哲学社会科学评价的重要指标[J].中国高等教育,2004(23):40-41.

学评价的重要指标。① 他们研究发现,在设置评价标准方面,多位专家比较重视科研成果的创新性、成果的被引次数、成果本身的科学性、科研成果的前沿性和科研成果的社会效益及经济效益等。针对人文社科评价很多依赖期刊文章的做法,王兰敬、杜慧平指出,评价人文社会科学者科研成果仅采用期刊论文计量的做法不合理,由于人文社科中子学科引用行为和规律也各不相同,因此宜根据不同学科的特点采用不同的评价指标体系。② 针对国内比较崇信 SSCI 和 A&HCI 收录文章,王兰敬、杜慧平还指出,非英语国家采用 SSCI 和 A&HCI 数据库计量评价学者科研成果收录情况不合适,因为社科研究成果以本国语言写作为主,往往是对本地区和本国的社会问题的研究,因此没有被上述两大引文数据库收录的人文社会科学研究成果不代表质量不高。

在评价主体上,蔡曙山建议应该由独立的第三方机构评价学术著作。③ 覃红霞、张瑞菁指出评价目标、内容、标准、参与主体等方面应该多元化。④ 徐良生建议评价主体由学校层面逐步下放到院系层面。⑤ 院系在执行学校社科研究评价体系的基础上,应发挥组织规模小、管理纵深短、组织管理灵活等优势,主动创新。评价标准要紧密结合本院系学科的设立和建设情况。

在成果时效性上,蔡曙山指出人文社会科学的成果(特别是学术著作)的评价需要有一定的积淀期。因此,可以将考核的时间域确定为两到三年,代表性的学术成果可以不定时限,这样比较容易形成稳定和客观的评价。⑥

林春丽针对当前科研评价陷入论文和科研经费的崇拜旋涡的问题,提出强化质量指标,淡化数量指标;建立独立的学术组织,推进学术自评自律;取消期刊等级制,建立文章同行评价机制。⑦ 仲伟民指出学术创新性或原创性是学术评价的实质性标准。⑧ 但当前我国人文社科评价过度依赖著作数量、期刊或出版社级别及影响因子等唯科学主义的评价指标,这对人文学科发展非常不利。为此,他建议实行代表作制度、权威认定或同行评议、学术评奖三个路径改革人文社科学术评价制度。在借鉴欧美经验的基础上,他指出构建自律的学术共同体既是学术评价存在

---

① 郑德俊,高凤华.高校人文社会科学科研绩效评价指标体系构建[J].科技进步与对策,2009,26(7):150-153.

② 王兰敬,杜慧平.欧美人文社会科学评价的现状与反思[J].南京大学学报(哲学·人文科学·社会科学版),2010,47(1):111-118.

③ 蔡曙山.论人文社会科学的科学化、规范化管理:兼析《中华读书报》的不实报道及其错误观点[J].学术界,2001(6):98-109.

④ 覃红霞,张瑞菁.SSCI 与高校人文社会科学学术评价之反思[J].高等教育研究,2008(3):6-12.

⑤ 徐良生.高校人文社科研究评价体系的自主创新探索[J].高校教育管理,2015,9(2):48-53.

⑥ 蔡曙山.论人文社会科学的科学化、规范化管理:兼析《中华读书报》的不实报道及其错误观点[J].学术界,2001(6):98-109.

⑦ 林春丽.高校人文社科科研绩效评价方式的科学性探讨[J].高校教育管理,2011,5(2):42-45.

⑧ 仲伟民.关于人文社会科学学术评价的几个问题:从学术评价的实质性标准谈起[J].学术界,2014(7):41-52,308.

的前提,也是其良性运作的基础。钱蓉针对目前的学术评价中存在过于强调量化考核和文献计量等问题,强调评价目的创新和质量导向,完善公正开放的同行评议制度。①

在评价的方法论方面,杨玉圣指出单纯的定量评价不仅可能会导致学术泡沫,也不能反映真理性认识的阶段性和相对性,因此建议应把定量评价与定性评价结合起来。② 郑德俊、高凤华调查了教育部人文社会科学委员会的 101 位专家,多数专家建议采用定性与定量相结合的方法评价人文社会科学科研成果。③ 蔡曙山强调应根据学校发展的战略目标制定各个时期侧重点有所不同而又保持其结构相对稳定的科研业绩考核指标体系。④ 陈巧玲针对人文社科科研特征,建议把以科研成果的创新和质量指标作为核心指标构建多维的人文社科研究评价体系。⑤

综上,学者普遍认为人文社会科学研究周期较长、引文周期也较长,内容上具有民族性、本土性、价值潜在性等特征,人文社科的成果形式多种多样,图书占比很大。因此学者普遍建议应该根据人文社科研究的特点进行评价:在评价目的上强化评价的质量和创新导向;在评价内容与标准上重视代表作评价,强调学术研究的科学性和逻辑性、难度、创新性、前沿性、社会效益及经济效益;在评价方法上强调定量评价与定性评价相结合,文献计量与同行评议相结合;在评价周期上要适当放宽评价周期;在评价标准上应根据学科特征设置多元评价指标体系;在评价主体上强调建立中立评价机构,建议评价主体多元化,构建自律的学术共同体。

1.4.5 国外文科科研生产效率水平评价研究现状

国外对高校文科科研效率评价方面研究较早,比如 G. Johne 和 J. Johnes 早在 1993 年就运用 DEA 方法对 1984—1988 年英国部分高校的经济学学科科研效率进行过研究,他们发现与同行评议相比,DEA 方法在绩效评价指标设立上有着积极的作用⑥;Waring 对德国不同类型的高校的文科科研效率进行过测算;在人文社

---

① 钱蓉.基于同行评议的复合型人文社科学术评价:以复印报刊资料为例[J].河南大学学报(社会科学版),2016,56(5):138-144.
② 杨玉圣.为什么必须改革目前的学术评价机制?[J].社会科学论坛(学术评论卷),2009(4):73-75.
③ 郑德俊,高凤华.高校人文社会科学科研绩效评价指标体系构建[J].科技进步与对策,2009,26(7):150-153.
④ 蔡曙山.论人文社会科学的科学化、规范化管理:兼析《中华读书报》的不实报道及其错误观点[J].学术界,2001(6):98-109.
⑤ 陈巧玲.高校人文社科研究管理工作的困境与对策研究[J].国家教育行政学院学报,2016(9):52-57.
⑥ Johnes G, Johnes J. Measuring the research performance of UK economics departments: an application of data envelopment analysis[J]. Oxford Economic Papers,1993(2):332-347.

科与自然科学区别方面[1]，Henk F. Mode 分析了人文学科与自然科学各自的差别，他指出人文学科在研究对象、研究方法、观点、语言、组织、知识增长、研究单元、研究活动、信息传播速度、出版物类型、出版语言和合著情况等方面都有各自的特点。[2] 特别指出，人文社会学科学科结构和成果具有多样性特征，人文学科的影响很难辨识和测量，这就要求其评价体系不能照搬自然科学标准，而是要依据自身特点建立相应的评价体系。[2] Mazlish 把科学质量分为两部分，由学术同行对研究成果价值与影响的评价称为"内部质量"，研究成果对国民生活质量贡献的评价被称为"外部质量"。[3] 由于研究周期长，荷兰学者 Anthony 建议人文社科成果引文计量应该采用一般不少于5年的较长的时间跨度。由于自然科学与社会科学的各自特性，Kaya 和 Weber 把自然科学称为"硬科学"，而人文社科被称为"软科学"。[4] Kyvik 指出，相对于硬科学，软科学缺少联系紧密的学者团队共同发表文章。[5] 澳大利亚学者 Worthington 对澳大利亚35所高校1998—2003年科研生产率进行分析发现，技术进步率的变动是全要素生产率增长的主要推动因素。[6] 综上所述，可知国外学者对文科生产率的研究可以分为对文科特征的研究和对文科科研生产率的研究。他们应用的主要方法是 DEA 方法，测算技术效率或全要素生产率，以高校为对象的研究多，而对教师个体生产率的研究较少。

1.4.6 国外高校文科科研生产率影响因素研究现状

相较于国内学者比较关注区域和机构科研生产率的影响因素，国外学者对科研人员个体生产力（生产率）影响因素的研究较多。"productivity"这个英文词汇既指"生产力"，也指"生产率"，这两种含义在指涉个人科研评价时往往是一致的，因为个人科研投入的主要要素是科研时间的投入，而在衡量个人生产力时一般都是衡量一定时间段（比如近3年）的科研产出，等于是在同样的科研投入的前提下比较科研产出，即科研生产率。总结以往的研究，教师个体科研生产率影响因素可

---

① Warning S. Performance differences in German higher education: empirical analysis of strategic groups[J]. Review of Industrial Organization, 2004(24):393-408.

② Mode H F, Burger W J, Frankfort J G, et al. A comparative study of bibliometric past performance analysis and peer judgement[J]. Scientometrics, 1985(8):149-159.

③ Mazlish B. The quality of "The Quality of Science": an evaluation[J]. Science, Technology & Human Values, 1982, 7(38):42-52.

④ Kaya N, Weber M. Faculty research productivity: gender and discipline differences[J]. Journal of Family and Consumer Sciences, 2003, 95(4), 46-52.

⑤ Kyvik S. Changing trends in publishing behavior among university faculty, 1980—2000[J]. Scientometrics, 2003, 58(1):35-48.

⑥ Worthington A C, Lee B L. Efficiency, technology and productivity change in Australian universities, 1998-2003[J]. Economics of Education Review, 2008(3):285-298.

以分为个人特征和机构体制特征。① 在国外众多的研究中,学者们首要关注的是个人特质,例如人口统计特征和心理特征。国外对于教师科研生产率影响因素个体特征方面的研究相对丰富,涵盖了年龄、性别、性格、能力、精力、经验、职称、教育背景等方面。

例如,Cole 等人分析了研究生培训质量、交流网络对科研生产率的影响②;Creswell 研究了精力、能力、性格、性别、年龄、经验③;Tien 和 Blackburn 分析了年龄、性别、社会经济地位和教育背景等个体特征④。

下面从各个因素介绍具体的研究成果:

在学位方面,Jung 研究发现,在学术期刊的出版物方面,具有博士后经验的教授的研究生产率高于没有博士经验的教授,没有博士学位的研究者相对于有博士学位的研究者往往发表更少的出版物,得到的引用更少,研究的商业价值也更少⑤。

在学位授予单位级别方面,有研究发现博士授予单位的质量与科研生产率有正向关系。⑥ 因为声誉高的高校能给予学生更高水平和更多的学术资本。高校的地位和声誉往往与高质量联系。与声誉低的学校相比,声誉高的学校能向学生传授更多的知识和更好的研究技能。⑦ 地位较高的机构也倾向于向学生提供更多的社会资本,使他们能够与该行业的各种"看门人"建立个人联系和网络联系。⑧ 然而早前在社会科学领域研究得出与此不一致的结论,博士培训的质量对未来的研究生产率没有什么影响。⑨ Long 等人在管理领域进行了一项类似的研究,也没有发现学术起源与研究生产率之间有明显的关系。⑩

---

① Jung J. Faculty research productivity in Hong Kong across academic discipline[J]. Higher Education Studies,2012(2):1-13.

② Cole J R,Cole S. The Ortega Hypothesis[J]. Science,1972,178,11(27):368-375.

③ Creswell J W. Measuring Faculty Research Performance. New Directions for Institutional Research[M]. San Francisco:Jossey-Bass,1986.

④ Tien F F, Blackburn R T. Faculty rank system, research motivation, and faculty research productivity[J]. Journal of Higher Education,1996,67(1):2-22.

⑤ Jung J. Faculty research productivity in Hong Kong across academic discipline[J]. Higher Education Studies,2012(2):1-13.

⑥ Judge T A, Cable D M, Boudreau J W, et al. An empirical investigation of the predictors of executive career success[J]. Personnel Psychology,1995(48):485-519.

⑦ Useem M,Karabel J. Pathways to top corporate management[J]. American Sociological Review,1986(51):184-200.

⑧ Cable D M,Murray B. Tournaments versus sponsored mobility as determinants of job search success[J]. Academy of Management Journal,1999,42(4):439-449.

⑨ Clemente F,Sturgis R. Quality of department of doctoral training and research productivity[J]. Sociology of Education,1974,47:287-299.

⑩ Long R G,Bowers W P,Barnett T,et al. Research productivity of graduates in management:effects of academic origin and academic affiliation[J]. Academy of Management Journal,1998,41(6):704-714.

在职称方面，Zhou 等学者研究发现，终身教授比非终身教授发表更多的论文。① 副教授在科研生产率方面大约比教授低 20%～30%，博士后的科研生产率在某些领域明显低于副教授，而又在某些领域高于副教授，博士生的研究生产率最低。②

工作负担对科研率也显示出影响。一般情况下，工作负担是指教师的课业负担，即教师承担本科生教学的课时数。Teodorescu 研究指出，教师花费在教学上的时间与科研生产率呈负相关，而教师花费在科研上的时间与科研生产率呈正相关。③ 这好像也符合日常认识。Hottenrott 最近的研究也发现，教学负担对科研生产率有负面影响。④ 然而，也有相反的结论，一些学者（如 Ramsden 和 Moses）根据经验数据研究指出，教学与研究相关联。⑤ 甚至有学者（如 Wanner 等）发现教学的投入可能不会阻碍研究的产出，而教学的有效性实际上可能会补充研究的生产力。⑥

在学者所在单位方面，很多研究（如 Fowler 和 Bushard⑦；Long 和 Bowers⑧）普遍证实了学者所属机构的质量与其科研产出有正向的关系。Long 等人研究发现，科研产出无论是在数量（以出版物数量衡量）还是在质量（以引用数量衡量）方面，学术归属是研究生产率的一个重要决定因素。⑨

在学者性别方面，早期的研究中，有相当多的研究（如 Bellas 和 Toutkoushian⑩；

---

① Zhou Y, Volkwein J F. Examining the influences on faculty department intentions: A comparison of tenured versus non-tenured faculty at research universities using NSOPF-99[J]. Research in Higher Education, 2004, 45(2): 139-176.

② Rorstad K, Aksnes D W. Publication rate expressed by age, gender and academic position-a large-scale analysis of Norwegian academic staff[J]. Journal of Informetrics, 2015(9): 317-333.

③ Teodorescu D. Correlates of faculty publication productivity: a cross-national analysis[J]. Higher Education, 2000, 39(2): 201-222.

④ Hottenrott H, Lawson C. Fishing for complementarities: research grants and research productivity[J]. International Journal of Industrial Organization, 2017(51): 1-38.

⑤ Ramsden P, Moses I. Associations between research and teaching in Australian higher education[J]. Higher Education, 1992, 23(3): 273-295.

⑥ Wanner R A, Lewis L S, Gregorio D I. Research productivity in academic: a comparative study of the Sciences[J]. Social Sciences and Humanities. Sociology of Education, 1981, 54(4): 238-253.

⑦ Fowler A R, Bushardt S C, Brooking S A. An analysis of the authorship of managementoriented journals: The relationship between school status, article type, publication outlet, and author academic position[J]. The Journal of Business Communication, 1986, 22(3): 25-36.

⑧ Long R G, Bowers W P, Barnett T, et al. Research productivity of graduates in management: effects of academic origin and academic affiliation[J]. Academy of Management Journal, 1998, 41(6): 704-714.

⑨ Long R, Crawford A, White M, et al. Scientometrics[J]. 2009, 78: 231.

⑩ Bellas M L, Toutkoushian R K. Faculty time allocations and research productivity: gender, race and family effects[J]. The Review of Higher Education, 1999, 22: 367-390.

Hamovitch 和 Morgenstern[①]）发现女性研究产出低于男性,有学者进一步研究指出,在社会科学领域,男性除了在职业末期外,其他年龄段出版物生产力都高于女性,甚至有学者估计出女性的研究生产力一般为男性的 70%～80%,即女性总体上一般比男性低 20%～30%,不过在不同的领域和学者职位上有所差别。[②] 还有研究发现,性别差距随着时间发展出现收敛。[③] 也有学者研究指出,没有发现科研生产率在性别方面存在明显的差别。[④]

在学者年龄方面,对以往研究分析可知,有关年龄与教师科研生产率之间的关系的研究并没有一致的结论。有研究发现科研生产率随年龄的增加而下降[⑤],可能是由于年龄与科研生产率和筹集资金的能力呈负相关[⑥]。但也有学者研究发现相反的结论,例如有学者对荷兰物理学家、化学家和经济学家的生产率数据进行的分析表明,35 岁以下的人生产率增长率高于 35 岁以上的人。[⑦] 有些研究显示,年龄与科研生产率之间并不是直线关系,而是呈轻微的曲线关系[⑧],有学者更进一步指出二者呈现倒 U 形曲线[⑨]。也有研究发现,无论是生理年龄还是"学术年龄"(获得博士学位之后的年数)都对科研生产率有影响。[⑩] 但有学者研究指出,年龄与科研生产率之间的关系并不明确,因为在一些学科(如工程与技术学科)科研生产率随着年龄的增加而下降,而在某些学科(如人文社科)高龄学者科研生产率没有下降。[⑪]

在职业年龄方面,有研究发现,学术经验(体现为职业年龄)对出版业绩产生了

[①] Hamovitch W, Morgenstern R D. Children and the productivity of academic women[J]. Journal of Higher Education, 1977, XL(Ⅶ):633-645.

[②] Rorstad K, Aksne D W S. Publication rate expressed by age, gender and academic position-a large-scale analysis of Norwegian academic staff[J]. Journal of informetrics, 2015(9):317-333.

[③] Ward K B, Grant L. Gender and academic publishing//Smart J(ed.). Higher Education: Handbook of Theory and Research, 1996, Ⅺ:172-212.

[④] Hottenrott H, Lawson C. Fishing for complementarities: research grants and research productivity [J]. International Journal of Industrial Organization, 2017, 51:1-38.

[⑤] Over R. High Educ. Does research productivity decline with age? [J]. Higher Education, 1982, 11 (5):511-520.

[⑥] Bonaccorsi A, Daraio C. Age effects in scientific productivity The case of the Italian National Research Council(CNR)[J]. Scientometrics, 2003, 58:49-90.

[⑦] Van Heeringen A, Dijkwel P A. The relationships between age, mobility and scientific productivity Part Ⅱ[J]. Scientometrics, 1987, 11(5/6):281-293.

[⑧] Cole S. Age and scientific performance[J]. American Journal of Sociology, 1979, 84:958-977.

[⑨] Costas R, van Leeuwen T N, Bordons M. A bibliometric classificatory approach for the study and assessment of research performance at the individual level: the effects of age on productivity and impact[J]. Journal of the American Society for Information Science and Technology, 2010, 61(8):1564-1581.

[⑩] Diem A, Wolter S C. The use of bibliometrics to measure research performance in education sciences[J]. Research in Higher Education, 2013, 54(1):86-114.

[⑪] Kyvik S. Age and scientific productivity. Differences between fields of learning[J]. High Educ, 1990, 19 (1):37-55.

积极影响。① 因为时间与成果积累成正比,所以新手文章发表率不如老手②,资深学者往往比初级学者具有更高的生产率。但也有研究指出,学术论文产出随着职业年龄的增加而下降,可能是由于高级学者在职业后期更倾向于出版专著。③

在研究生导师方面,教师承担研究生教学任务或担任导师,也可能影响科研生产率。Dundar和Lewis对此提出如下推论:较多的研究生教学或指导,一方面意味着较少的时间用于科研;另一方面也意味着教师和学生更多地合作研究,产生更多合作成果。教师承担研究生教学和指导工作对于科研的负面影响,社会科学领域要多于自然科学领域。④ Wood解释道,更多的研究生为更丰富的学术环境做出了贡献。⑤ 研究生数量的增加意味着更多的实验室工作、研讨会和研究项目。Blackburn等人发现,在研究生课程中专注于教学的教师比那些喜欢教授本科生的教师拥有更高的生产力。⑥

由以上综述可知,国外学者对于高校文科教师科研生产率影响因素的研究比国内学者研究得较为广泛和深入,但是缺少把影响高校文科教师科研生产率宏观影响因素与微观影响因素结合起来进行分析研究。

---

① Curado C, Henriques P L, Oliveira M, et al. A fuzzy-set analysis of hard and soft sciences publication performance[J]. Journal of Business Research, 2016, 69:5348-5353.

② Levin S G, Stephan P E. Age and research productivity of academic scientists[J]. Research in Higher Education, 1989, 30(5):531-549.

③ Fabel O, Hein M, Hofmeister R. Research productivity in business economics: an investigation of austrian, German and Swiss Universities[J]. German Economic Review, 2008, 9:506-531.

④ Dundar H, Lewis D. Determinants of research productivity in higher education[J]. Research in Higher Education, 1998, 39(6):607-631.

⑤ Wood F. Factors influencing research performance of university academic staff[J]. Higher Education, 1990, 19(1):81-100.

⑥ Blackburn R T, Behymer C E, Hall D E. Research note: correlates of faculty publications[J]. Sociology of Education, 1978, 51:132-141.

第 2 章 高校文科教师科研生产率理论

2.1 概念界定

2.1.1 高校文科教师

1. 文科

文科是一个体系庞杂的学科群,学术界对于文科至今没有一个公认和统一的定义和分类。我们经常提到的"文科"是一种"大文科",即与自然科学相对应的学科,或者说除了自然科学之外的学科。当前,随着现代科学知识向综合化发展,学科之间的融合成为一种趋势,由此出现了一大批交叉学科、综合学科、横断学科、边缘学科,使得这些新兴学科之间的边界更加模糊,很难简单地对此进行分类。但学术界一般都同意这样一种说法,即文科是人文学科与社会科学的简称。比如,有学者指出,通常所说的文科指自然科学之外的学科,往往包括人文学科和社会科学[1],"文科"是人文社会科学的简称,而"人文社会科学是人文科学和社会科学的统称,有时也被称为哲学社会科学、社会科学、文科等"。[2]蔡曙山指出,高校文科是对艺术与人文学科、社会科学的学科、科研和教学体系的总称。[3] 本书有选择地采纳上述学者的观点,即认为文科是人文社会科学的简称,包括人文科学与社会科学。

(1) 人文科学与社会科学

在中文里,"人文"这个词最早可以追溯到《易经》,在《易·贲卦·象传》中,有这样的表述:"刚柔交错,天文也。文明以止,人文也。观乎天文,以察时变;观乎人文,以化成天下。"此处的"人文"是与"天文"相对而提出的一个概念,如果天文指自然规律,那么人文就是人类社会的文明活动,即文治教化,在古代具体指诗书礼乐的教化。在西方,"人文"概念源于拉丁文 humanities,意思是人性、教养,"人文科

---

[1] 吴万伟.西方学者关于人文学科边缘化反思的述评[J].复旦教育论坛,2016,14(2):5-14.
[2] 刘大椿.人文社会科学的学科定位与社会功能[J].中国人民大学学报,2003(3):28-35.
[3] 蔡曙山.论我国大学文科的发展阶段及办学理念[J].学术界,2004(104):10.

学"则起源于古希腊 Paideia 教育传统,Paideia 教育在古希腊的意思是完人教育、自由民教育或文科教育。所以西方人文科学概念源于古希腊一种教育理念或一种课程体系。后来,这一术语的内涵逐渐演变为对古代经典的研修。所以从词源来看,无论是在中国还是西方,"人文"原指一种教育、教化思想体系。真正的人文科学概念的建立是近代以来的事情。19世纪末,自然科学研究范式成为科学研究的标准范式,也成为区分科学与非科学的标准,人文科学的科学性因此受到怀疑,人文科学的研究范式逐渐丧失自身的独特性向自然科学靠拢。在此背景下,以李凯尔特、狄尔泰等哲学家为代表的人文学者开始有意识地摆脱自然科学范式影响,构建人文科学的一般理论。到20世纪上叶,人文科学逐渐形成自己的研究范式,影响力也不断扩大,被欧美众多学者和高校接受。

"人文科学"这一术语在中国普遍使用起始于20世纪50年代。不过,直到当前仍然有很多学者质疑人文科学的"科学性",认为其仅是一个学科分类,代表某些学科,并不是科学,也有学者认为"科学"与"人文"内涵对立,因此把 humanities 译作"人文学科"更为合适。本书认为"人文科学"具有双重含义,既可以指特定知识门类的学科,也可以指以特定内涵为对象、以特定范式进行研究的科学。人文科学是指以人类精神文化生活为研究对象,即对人的存在、信仰、情感、道德、价值和美感等精神现象进行自我反思并探究的学问。人文科学的研究成果系统化为人文学科,一般包括文学、历史学、哲学、艺术学、宗教学、伦理学等学科。

社会科学简称"社科",辞海把社会科学定义为研究各种社会现象、社会运动变化及发展规律的各门科学的总称。社会科学产生于近代。近代工业化、城市化引起了社会结构的急速变迁、各种文明的激烈碰撞和各种社会问题的涌现,人们需要对这种变化进行解释和预测,社会科学就是在这样的背景下产生的。社会科学作为一门独立科学体系产生于19世纪,到20世纪中叶在世界范围内兴盛。社会科学一般遵循某些普遍的研究范式来研究各种社会运行规律及问题。社会科学所涵盖的学科包括哲学、经济学、政治学、法学、社会学、人类学、历史学、考古学、地理学、心理学、教育学、管理学、新闻传播学、情报文献学、伦理学、美学、文学、宗教学、逻辑学、语言学、艺术学、体育学、军事学等。在上述所列学科中,有些学科具有交叉学科的性质,如心理学、考古学等是社会科学与自然科学的交叉,再如历史学是人文科学与社会科学的交叉。

(2) 人文科学与社会科学的同一性辨析

虽然人文科学与社会科学在诸如研究对象、研究内容、研究方法、价值形态和发展机制上存在显著的差异,但是相对于自然科学,它们也有明显的共同性。"从社会认识论角度来看,人与社会内在一体,人对社会的认识和社会总体的自我认识互为条件。"[①]正如马克思指出:"人的本质不是单个人所固有的抽象物,在其现实

---

① 欧阳康.人文社会科学哲学[M].武汉:武汉大学出版社,2001:2.

性上,它是一切社会关系的总和。"①人是生活在具体社会中的人,人的精神文化产生于一定的社会场景,又是在这一社会场景中展开的,反过来,人类一切社会现象和社会活动都源于人类精神文化活动的创造,所以说,人文现象与社会现象都是由人的活动及其活动产物构成的。因为无论是人文科学还是社会科学都是关于"人"的科学,是人类对自身的研究,这是它们在研究对象上一致性。如前所述,人文科学是研究人类精神文化现象的科学,而社会科学是研究人类社会现象及其运动变化规律的科学。人文科学与社会科学的研究对象是同一个社会现象的不同侧面,正是这种研究对象的同一性关系,奠定了人文科学与社会科学统一化的依据和基础。因此,当前学术界往往把人文科学与社会科学统称为人文社会科学,或称之为社会科学或哲学社会科学。

2. 高校教师

(1) 高校

高校,作为高等学校的简称,是教育体系中的高级阶段,专门提供高等教育服务。根据《中华人民共和国高等教育法》定义,高校是在完成高级中等教育后,为学生提供进一步学术和专业教育的机构。它不仅涵盖本科院校,还包括专门学院和专科院校。高校的核心使命在于塑造具有高度社会责任感、创新能力和实践操作技巧的高级专业人才,以此推动科学技术与文化进步,为社会主义现代化建设添砖加瓦。此外,高校也是学术研究的重要基地,通过各种科研活动,为社会发展和国家创新体系贡献力量。

(2) 高校教师

《简明教育词典》中给教师的定义是"向受教育者传递人类积累的文化科学知识和进行思想品德教育,把他们培养成一定社会需要的人才的专业人员"。②《中华人民共和国教师法》指出,教师是履行教育教学职责的专业人员,承担教书育人、培养社会主义事业建设者和接班人、提高民族素质的使命。③ 高校教师在这一框架下,除了履行基本的教育教学职责外,还承载着科研的重要任务。他们的工作不仅局限于课堂,更延伸到实验室、研究所,甚至社会各个角落。所以,本书把高校教师定义为在高校从事教学、科研工作的专业技术人员。

(3) 高校文科教师

根据以上分析,本书把高校文科教师定义为:在高校中从事人文社会科学领域教学与研究的专业技术人员。他们的工作不仅涉及系统传授人文社会科学知识,还包括对相关领域的深入研究,以及为社会提供专业化的服务。高校文科教师在培养学生人文素养、批判性思维以及社会责任感方面起着举足轻重的作用。同时,

---

① 马克思,恩格斯.马克思恩格斯全集:第1卷[M].北京:人民出版社,1972:60.
② 周德昌,等.简明教育词典[M].广州:广东高等教育出版社,1992:35.
③ 中华人民共和国教师法[EB/OL].[2005-05-25]. http://www.gov.cn/banshi/2005-05/25/content_937.htm.

他们还通过科研活动,不断推动人文社会科学领域的知识创新和理论发展,为社会的全面进步提供智力支持。

2.1.2 科研生产率

1. 科学研究与科研

科研,即科学研究的简称,源于英文"research",该词由"re"和"search"组合而成。"re"蕴含着反复、重复之意,"search"则意为探寻、搜索,二者结合,便形成了"反复探寻"的深层含义。这揭示了科学研究的本质:对特定问题或对象进行持续而深入的探索,以揭示其内在的本质规律或特性。

联合国教育科学及文化组织在1985年通过的《关于科技统计国际标准化建议案》中,对科学研究与试验发展给出了明确定义,即这是一种系统的、创造性的工作,旨在增进关于人类、文化和社会等多方面的知识,并利用这些知识去推动新的应用与实践。[①] 这一定义不仅强调了科学研究的系统性、创造性,还突出了其在实际应用中的价值。

在我国,教育部对科学研究的定义也体现了类似的观点:科学研究是通过系统的、创造性的工作来增进各类知识,包括关于人类文化和社会的知识,并利用这些知识去推动新技术的发明与发展。[②] 这一定义同样强调了科学研究的创新性、系统性及其实践意义。

当我们深入探讨科研的范畴时,会发现它有着广义与狭义之分。广义上的科研,不仅包括对新知识、新理论的探索与发现,还涵盖了为发明新应用而进行的创造性工作。而狭义上的科研,则更专注于前者,即发现或发展新知识和新理论。

在本书的研究背景下,我们聚焦高校文科教师的科研工作。值得注意的是,这一领域的科研往往更侧重理论或社会文化实践问题层面的探索与创新,而较少涉及发明创造。因此,本书把"科研"定义为:一种以探索、发现、发展新知识、新理论为目标的创造性活动,它不仅包括传统的学术研究,还涵盖为实际问题提供策略建议的应用研究。这类活动可以是基础理论性的探讨,也可以是针对具体社会、经济、文化等问题的分析与解决方案。这样的定义不仅符合文科科研的实际情况,也更能凸显其在学术领域中的独特价值与贡献。

2. 科研生产

科学研究活动,从本质上讲,是人类对未知领域的探索和对新知识的创造,可以被视为一种特殊的精神生产活动。若从马克思主义关于社会关系的视角去审视,生产劳动不仅包含物质资料的生产,还包含精神文化的生产。在这一理论框架

---

① 联合国教科文组织.关于科技统计国际标准化的建议案[EB/OL].http://www.niec.org.cn/.
② 360"科学研究"词条[EB/OL].https://baike.so.com/doc/5978478-6191439.html.

下,科学研究活动显然是一种高级形式的劳动,它扩大了传统生产劳动的概念。

当我们采用西方经济学的视角,尤其是关注其价值创造过程时,不难发现,教师的科研活动远非一种自我消遣的行为。相反,它是一种目标导向、计划周密、资源投入充足且能产出显著价值的生产性劳动。在这一过程中,研究者们投入大量的时间、技能和精力,以期获得新的科研成果。

正是基于这样的理解,我们将科学研究活动定义为一种"科研生产活动",或者简称为"科研生产"。对于高校文科教师而言,他们的研究活动不仅是对既有知识的梳理和解读,更是一种深度的思考和理论的创新,这种活动无疑属于科研生产的范畴。

与物质生产活动相似,科研生产同样需要投入人力、物力、财力和信息资源。然而,与物质生产不同的是,科研生产的"原材料"更多的是知识和信息,而产出的则是新的知识、观念、理论或方案。这一过程需要研究者进行深入地加工和运作,通过严谨的方法论和批判性思维,将原始资料转化为具有学术价值创新性成果。

因此,我们可以更为精确地界定"科研生产":它是一个由研究者主导,通过投入专业知识、研究技能和各类资源,借助科学的方法和先进的技术手段,以发展新知识、构建新观念、创新理论或新方案为目标的活动过程。这一过程不仅对个人学术成长至关重要,更是推动社会科技进步和文化繁荣不可或缺的力量。

3. 科研生产率

在科研活动中,科研生产率是一个核心的评价指标,它反映了科研主体在进行科研生产时的效率与效益。科研生产率不仅仅是科研成果数量与质量的简单体现,更是科研投入与产出之间比例关系的直接反映。这一指标对于衡量科研活动的经济效益、优化资源配置以及提高科研管理水平具有重要意义。

对科研机构而言,科研投入涵盖了人力资源、财务资源和物力资源的全方位投入。其中,人力资源涉及研究人员的数量、专业技能与知识水平;财务资源则是科研活动得以顺利进行的经济基础;物力资源包括实验设备、研究场地等硬件设施。这些投入共同构成了科研机构进行科研活动的基本条件。

在个体层面,尤其是针对高校文科教师,科研投入主要集中在时间、财力和有限的物力上。由于文科研究的特殊性,其科研生产活动往往更注重理论探讨与思辨,对物质设备的依赖相对较小。因此,文科教师的科研投入更多地体现在对研究主题的深入思考、资料搜集与分析以及论文撰写等方面的时间和精力上。

科研产出则是指科研活动所形成的研究成果,这些成果可以以论文、专著、研究报告等多种形式呈现。对于高校文科教师而言,其科研成果主要表现为学术论文、专著等理论化成果,这些成果的质量和数量体现了教师的科研能力和水平。

综上,科研生产率,简而言之,就是科研产出与科研投入的比例关系。这一比例关系不仅体现了科研活动的效率,也反映了科研主体的研究能力和资源利用效率。通过提高科研生产率,可以有效促进科研资源的优化配置,推动科研成果的产出和质量提升。

在计算科研生产率时,我们可以采用如下数学公式来表示:

$$科研生产率 = \frac{研究产出}{研究投入} \quad (2.1)$$

这一公式为我们提供了一个量化评估科研活动效益的工具,有助于我们更加科学地分析和改进科研生产过程。

针对高校文科教师的科研生产率评估,我们应特别关注其理论化科研成果的产出,并充分考虑到文科研究的特殊性。在评估过程中,不仅要注重论文、专著等成果的数量,更要关注其学术价值和社会影响力。同时,由于文科研究对物质设备的依赖性较低,我们在衡量投入时应重点考虑教师在研究上投入的时间和精力。

2.1.3 科研生产率相关、相近概念辨析

1. 科研生产力

在科研活动中,科研生产力是一个多维度、动态的概念,它涉及学者或研究机构在特定时间范围内的科研成果产出。这种生产力可以分为两个层面:集体科研生产力和个体科研生产力。

集体科研生产力指的是各类组织或团体,如学校、省市级科研机构、国家实验室等所有科研人员取得的科研成果的集合。这些成果多以理论化的形式呈现,包括但不限于学术论文、研究报告、技术文档等。而个体科研生产力,则更侧重于科技人员个体对某一问题的深入研究与探索所产出的成果,其研究成果可以是论文,著作,专利,标准,新品种、新产品设计图纸等。[①] 无论是集体生产力还是个体生产力,不仅体现在科研成果的数量上,更体现在这些成果的质量和影响力上。

值得注意的是,科研生产力和科研生产率在概念上并不等同。科研生产率更强调的是单位投入的产出效率,即投入与产出的比例关系。然而,在衡量个体科研工作者的生产力时,学术界通常会考虑单位时间内的科研产出。这是因为,对于文科学者来说,他们的主要投入往往是时间和精力,因此在这个特定语境下,个体科研生产力和科研生产率在实质上是相通的。

2. 科研生产效益

科研生产效益,作为一个综合性的评价指标,深刻反映了科研成果对学术进步和社会发展的实际推动作用。从广义角度来看,它涵盖了学术价值的提升和社会应用的实际效果两个方面。在科研活动中,这一指标是衡量研究者工作效果的关键要素,尤其对高校文科教师而言,其重要性不言而喻。

具体而言,科研生产效益在科学层面的体现,主要在于其是否能够提出创新性

---

① 魏志远,井明霞.对我国科技成果评价问题的认识[J].现代教育科学,2003(3):36-37.

的思想或观点，从而为特定科学领域作出理论贡献。这种贡献可能是推动了某一理论的深化，也可能是开创了全新的研究领域，或是为既有理论提供了新的视角或解释。

而在社会实践层面，科研生产效益则体现在科研成果能否有效地将理论与实际相结合，针对现实问题提出切实可行的解决方案，进而推动社会问题的解决。这种效益不仅要求科研成果具有实用性，更强调其在实际操作中的可行性和实践效果。

当评价科研产出时，我们应从产出的数量、质量和效益三个维度进行综合考量。数量反映了研究者的活跃度和产出能力；质量则体现了研究成果的学术水平和创新性；而效益则是衡量科研成果对学术和社会实际影响的标尺。在这三者之中，科研生产效益尤为重要，因为它直接关系到科研成果的理论价值和社会意义。

在本书的科研产出指标选择中，我们将特别关注科研产出的社会效益。这是因为，无论科研成果多么丰富和深刻，如果无法转化为对社会的实际贡献，那么其价值也就大打折扣了。

3. 科研绩效

《现代汉语词典》将绩效解释为"功绩、功效"。① 绩效在英文中的对应词是performance，《牛津高阶英汉双解词典》将绩效解释为表演、演出、表现、性能、业绩、工作情况、做、执行、履行等。② 可见，绩效包含了成绩和效果两方面的含义。其实，无论是在理论还是实践中，学术界和管理者对绩效含义的理解都有分歧，主要是因为绩效的含义非常丰富，不同的人从不同的学科视角，甚至同属一个学科的学者从不同观点出发，对绩效的理解也不同。

目前关于绩效的内涵主要有三种观点：第一种观点认为绩效就是结果。这一思想可以追溯到管理学泰斗泰勒时代，泰勒当时对工人绩效的考核就是依据工人完成目标程度。Bernardin 等学者秉承绩效是结果的思想，认为绩效就是一定时期内生产的产出。③

第二种是基于行为的观点。该观点认为绩效是行为的结果，Murphy 对绩效下的定义是："绩效是与一个人在其中工作的组织或组织单元的目标有关的一组行为。"④Campbell 也指出："绩效是行为，应该与结果区分开，因为结果会受系统因素的影响。"因此，他对绩效下的定义是："绩效是行为的同义词。它是人们实际的行为表现并能观察到。就定义而言，它只能包括与组织目标有关的行为或行动，能够

---

① 现代汉语词典[EB/OL]. https://cidian.911cha.com/MWtqdWs=.html,2019-05-27.
② 百度在线翻译.牛津词典[EB/OL]. https://fanyi.baidu.com/#en/zh/performance,2019-05-27.
③ Bernardin H J, Kane J S, Ross S, et al. Performance appraisal design, development, and implementation[M]. Handbook of Human Resource Management,1995.
④ México D F. Forest structure and productivity in Puerto Rico's Luquillo Mountains[J]. Biotropica,1990,22(1):234-258.

用个人的熟练程度(即贡献水平)来定等级(测量)。依据此观点,绩效不是行为后果或结果,而是行为本身。"[1]

第三种是基于能力的观点。该观点认为绩效是个人具备的完成工作的能力。这一观点最早由哈佛大学学者 McClelland 提出,在研究学生成就时,他发现学生成绩与能力密切相关,且能力决定学生成就。后来,有人修正了此观点,认为绩效是结果与行为的统一体,只关注一方面会以偏概全。

目前,对于科研绩效的界定还是倾向于基于结果的观点,即认为科研绩效是科研生产的成绩和成效。在公共管理学中,常用"3E"指标考察绩效,即经济(Ecomomics)、效率(Efficency)和效果(Effectiveness)。这里的"经济"是指在一定目标的产出质量和数量的前提下,投入资源最小化的问题,考察的是投入与产出比例的关系。效率是单位投入的产出问题,考察的也是投入与产出之间的关系。效果指标考察的是工作目标的达成度,是产出的实际影响力。

总的来说,绩效主要是指个人或组织活动的成果、效果、效率。成果即产出的质量和数量;效果是产出对主体目标的达成度;效率是投入产出比。

总结以上分析,科研生产绩效的主要内涵是指科研生产主体的研究成果、效率和效果。科研绩效可以分为三个下位概念,即科研生产力、科研生产效率、科研生产效益。所以科研绩效与科研生产效率具有包含、被包含关系,本书主要研究科研生产效率,下文简称科研生产率。

2.1.4 高校文科教师科研生产率

高校文科教师科研生产率是一个衡量在高等教育机构中从事文科教学与研究工作的专业技术人员在单位时间或单位资源投入下,所产出的科研成果数量与质量的综合指标。这一指标不仅反映了文科教师在科研活动中的工作效率,更体现了其科研成果的学术价值和社会影响力。

2.2 高校文科教师科研生产的基本属性分析

在深入探讨高校文科教师的科研生产活动时,不可避免地要触及生产劳动的本质。马克思与恩格斯的生产劳动及再生产理论为我们提供了宝贵的理论视角,

---

[1] Wolfe F, Smythe H A, Yunus M B, et al. The American College of Rheumatology 1990 criteria for the classification of fibromyalgia[J]. Arthritis & Rheumatism, 1990, 33(2):154-163.

尤其是关于扩大了的生产劳动及其承担者——生产工人的阐述,对于我们理解教师科研活动的生产属性具有重要的指导意义。

2.2.1 高校文科教师科研生产属于精神领域的生产

从马克思主义唯物史观的角度来看,社会生产力是人类实践能力的结果[①]。在人类社会早期,由于生产力水平相对较低,体力劳动与脑力劳动并未明显分工,人们的物质生产与精神生产活动紧密相连,共同寓于物质生产实践之中。然而,随着社会生产力的持续进步,一部分人得以从繁重的体力劳动中解脱出来,专门从事精神创造活动。这一转变标志着精神生产逐渐从物质生产中分离出来,成为一种独立且重要的社会生产活动。

马克思曾明确指出,科学研究是一种特殊的生产方式,它遵循生产的一般规律。[②] 他将科学知识视为生产力的一种构成要素,强调科学既是观念的财富,也是实际的财富。[③] 这一观点为我们理解高校文科教师的科研生产活动提供了重要的理论支撑。精神生产与物质生产一样,都是人类社会生活不可或缺的组成部分。马克思在多部著作中提及"科学生产",并将其纳入社会生产的整体框架中进行考察,明确将其归类于精神生产领域。

高校文科教师的科研活动,作为精神生产的一种重要形式,其本质在于创造和传播知识。通过深入的研究、分析和阐释,不断丰富和发展人文社会科学的知识体系,为社会的进步提供智力支持和精神动力。这种科研生产不仅具有深厚的学术价值,还对社会文化的发展产生深远影响。

因此,我们可以说,高校文科教师的科研生产活动属于典型的精神生产领域。他们的劳动成果——科研成果,是精神财富的重要组成部分,对于推动社会文化的繁荣和发展具有重要意义。同时,这种科研生产活动也遵循生产的一般规律,需要投入时间、技能和精力等生产要素,产出具有学术价值和社会意义的研究成果。

2.2.2 高校文科教师科研生产的社会生产力功能

科学研究,作为一种高深层次的人类探索活动,具有悠久的历史。然而,在漫长的岁月里,科研成果并未直接转化为推动社会物质生产的显著力量。科学知识,尤其是社会科学知识,它更多的是以一种精神生产力的形态存在,表现为一种潜在的、间接的对社会生产的影响。不过,这并不意味着它的作用可以被忽视。相反,社会科学知识与自然科学知识一样,都是人类文明的瑰宝,是人类在探索自身与世

[①] 马克思,恩格斯.马克思恩格斯全集:第 27 卷[M].北京:人民出版社,1972:477.
[②] 马克思.1844 年经济学哲学手稿[M].何思敬,译.北京:人民出版社,1956:83.
[③] 马克思.1844 年经济学哲学手稿[M].何思敬,译.北京:人民出版社,1956:34-35.

界过程中积累的宝贵财富。

高校文科教师的科研活动,就在这一知识传承与创新链条中扮演着至关重要的角色。他们的努力不仅提升了人类精神文明成果的传承效率与规模,更为社会科学知识的再生产奠定了坚实基础。这种再生产并非单纯的复制,而是在传承的过程中不断融入新的理解与诠释,使得社会科学知识得以与时俱进。

更为重要的是,文科教师在科研过程中,通过深入挖掘经济社会运行的内在规律和规则,不仅创造了新的知识,还开拓了新的研究领域。这些新知识、新领域不仅丰富了人类的知识宝库,更实现了科学知识的扩大再生产,为社会科学的繁荣发展注入了源源不断的活力。

此外,当文科教师拥有知识产权或承担政府、企事业单位的委托课题时,他们的科研成果有可能直接转化为社会生产力。通过知识产权的转让或许可,他们的研究成果能够在实际中得到应用,从而创造出交换价值、理论价值和实践效益。这一过程不仅体现了科研成果的社会价值,也进一步证明了文科教师科研活动的社会生产力功能。

总之,高校文科教师的科研活动不仅关乎知识的传承与创新,更在深层次上影响着社会生产力发展;不仅丰富了人类的精神文明,也为社会的进步与发展作出了不可或缺的贡献。

2.2.3 高校文科教师科研生产的教育价值

教师的科研工作和人才培养是相辅相成的,它们共同构成了教育教学的核心实践。高校作为高层次人才的培养基地,其首要职能便是通过系统的教育教学活动为社会输送合格的人才。这一点,自从中世纪大学诞生以来,就已成为学术界乃至公众的共识。

"高等学校"俗称"大学"。从字面意义上解读,"大学"一词中的"大"字,不仅指规模的庞大,更象征着学问的广博与深厚。大学不仅是传授知识的场所,更是探索未知、生产高深知识的殿堂。在这一过程中,科研活动扮演着举足轻重的角色。它鼓励学生和教师共同探索学术的边界,挑战现有的知识体系,从而推动学术的不断进步。

特别是当高校教师将科研与日常教学紧密结合,引导学生参与到科研活动中时,这种教育模式所带来的价值是无可估量的。它不仅能够激发学生的学习兴趣,培养其独立思考和解决问题的能力,还能为他们提供实践操作的平台,使其理论知识与实践技能相结合。更重要的是,科研活动的开放性和前瞻性为学生展示了一个更加广阔的学术世界,有助于培养他们的创新意识和批判性思维。

对于文科教师而言,他们的科研活动同样具有深远的教育价值。文科教师的科研工作,不仅丰富了教学内容,提升了教学质量,更重要的是培养了学生的创新思维和实践能力。通过参与科研活动,学生学会了如何发现问题、分析问题并寻求解决方案,这种能力是他们未来职业生涯中不可或缺的宝贵财富。

此外,科研活动作为一种特殊的生产劳动,需要投入时间、精力等资源,并通过合理的组织和规划来确保产出的学术价值。从生产的角度来看待科研活动,有助于我们更加关注其效率和效益,从而推动高校科研工作的持续优化。

由上论述,科学研究具有生产劳动的一般属性,与其他生产活动一样,科研生产需要投入一定的资源,通过合理组织生产过程,产出具有学术和社会价值的成果。本书从生产角度界定科研活动,目的是强调科研活动效率和效益。

2.3　高校文科教师科研生产特征分析

人文社会科学与自然科学之间存在着诸多差异,因此,高校文科教师的科研生产与自然科学教师的科研生产之间也存在明显差异,这种差异体现在科研投入类型、研究方式和方法、科研成果形式与价值等方面。

2.3.1　高校文科教师科研生产的投入特征

任何科研活动都需要投入多种要素,主要包括人力资源、物资资源和财力资源。然而,与自然科学研究相比,高校文科教师在科研生产中的投入呈现独有的特征。

首先,从物资资源的角度来看,人文社会科学研究通常不需要像自然科学那样投入大量的实验设备、材料和检测工具。文科研究更侧重于理论探讨、文献分析和实证研究,因此,其主要的物质投入往往是计算机、数据处理软件以及音视频记录设备等。这些设备在数据收集、处理和分析过程中发挥着重要作用。

其次,人力资源的投入在文科科研中占据核心地位。高校文科教师在研究中往往身兼数职,既是研究者,也是研究工具的一部分。他们可能会通过参与特定的社会文化活动,以亲身体验诠释其中的价值和意义。这种投入方式不仅要求教师具备深厚的专业知识,还需要他们拥有敏锐的观察力和分析力。

再次,时间资源的投入对文科教师来说尤为关键。由于人文社会科学的研究周期通常较长,且研究过程中需要持续的跟踪和时间投入,因此,教师的可支配时间以及他们的知识积累对于科研生产的效率和质量具有重要影响。

最后,除了上述的人力、物力和时间投入外,制度投入也是不可忽视的一环。鉴于文科研究的自主性和灵活性,高校应为文科教师提供更加宽松和灵活的科研环境和制度支持。例如,可以放宽评价周期,允许教师在一定时期内免于考核压力,从而更加专注于科研工作。同时,建立科研合作与交流平台,鼓励并支持文科教师进行协同创新,这也是提高科研生产率的重要途径。

2.3.2 高校文科教师科研生产的过程特征

高校文科教师的科研生产过程呈现独特且鲜明的特征,这些特征在很大程度上影响其科研生产率的评价方法与方式。

首先,文科科研具有明显的"小科学"属性,这主要体现在其研究方法的多样性、研究主题的广泛性以及研究成果的非标准化上。与自然科学相比,文科研究更侧重于主观性分析和经验性解读,这使得每位研究者都能依据自身的知识背景和研究兴趣,从不同角度深入探讨问题。

进一步讲,文科科研生产的主观性和经验性表现在研究者对研究对象的解读和理解上。这种解读和理解不可避免地会融入教师的个人价值判断,这是与自然科学追求价值中立原则的一个显著差异。此外,文科研究还常常以特定社会、文化背景下的具体问题为研究对象,因此具有鲜明的区域性和民族性。这种特性使得研究成果往往与特定的社会文化环境紧密相连,所使用的语言也常是富有民族特色的表达方式。

值得注意的是,人文社科知识的更新速度通常不如自然科学那样迅速,这就要求文科教师在科研生产中更加注重知识的长期积累和深沉思考。这种积累和思考往往需要多年的时间和持续的努力,才能形成有深度和广度的研究成果。因此,文科教师的科研生产往往呈现出厚积薄发的特点。

在文科教师的科研活动中,个体化研究方式占据重要地位。读书、思考、实践、反思等方法对于形成独特的研究视角和观点至关重要。这种特殊的研究方式导致很多文科研究成果往往是教师长期独立思考的结果,相比之下,合作研究在文科领域中并不如在自然科学领域那样普遍。

其次,文科科研生产的范式也呈现多样化的特点。不同学科甚至同一学科内部,研究者采用的研究方法和范式都可能存在显著差异。这种差异不仅体现在具体的研究技术上,还体现在理论框架和研究视角的选择上。而且,在文科领域,关于哪种范式或方法更为优越的争论一直未有定论,这反映了文科研究的复杂性和多元性。

最后,文科研究往往需要较长的研究周期。一些重大课题可能需要教师或学者花费十几年甚至几十年的时间进行深入研究和思考,才能形成有影响力的研究成果。这种长期性和深度性使得文科研究不适合采用短期效益的"短、平、快"研究方式。

综上所述,高校文科教师的科研生产过程是一个深受个人价值观、经验、地域和民族文化影响,注重知识积累,依赖个体化研究,并需要长期持续努力的复杂过程。这些特征共同塑造了文科科研生产的独特性和丰富性。

2.3.3 高校文科教师科研生产的产出特征

科研活动的核心目的在于创造并分享具有学术价值和应用价值的成果。在这一过程中,高校文科教师的科研产出呈现其独有的特征,这与自然科学领域的产出存在显著差异。

首先,就成果形式而言,自然科学的科研成果多以学术论文和专利为主,这些形式便于量化评估和知识产权保护。相对而言,文科科研的产出则显得更为多元化,包括但不限于学术论文、学术专著、咨询报告,甚至包括艺术作品和文学作品等。值得注意的是,在人文社科领域,学术专著往往被视为更具影响力的成果形式,其深度和广度通常超出学术论文的范畴。

进一步探究文科科研成果的内容特性,我们可以发现它们通常具有较强的民族性、阶级性、政治性和本土性。这些属性反映了文科研究与社会文化背景的紧密联系。此外,文科科研成果的真理检验往往更依赖于直观性和解释性的分析方法,而非自然科学中常用的实验验证手段。

在价值实现方面,文科科研成果的价值往往是潜在和间接的。它们可能不会立即产生显著的经济效益或技术进步,但从长远来看,对社会文化的理解、人类行为的解释以及政策制定等方面都具有深远影响。

从时间维度考量,文科科研成果的知识更新速度相对较慢。这并非意味着其缺乏创新或进步,而是反映了人文社科领域知识累积和演进的特性。与此相关,文科科研成果的引文周期和生产周期也相对较长,传播速度不及自然科学成果迅速。这种慢热性意味着文科科研成果的效益和效果需要更长时间才能显现,同时也增加了对其价值进行判断和评价的复杂性。

综上,高校文科教师的科研产出在形式、内容、价值实现和时间维度等方面均表现出独有的特征。这些特征不仅反映了文科研究的复杂性和多元性,也提示我们在进行科研成果评价时应具有更为全面和长远的视角。

2.4 理论基础

2.4.1 生产率理论的发展脉络

1. 生产率理论萌芽阶段

探索生产率内涵,是厘定科研生产率内涵的逻辑前提,也是实证分析科研生产率的理论基础。据美国迈阿密大学学者 Sumanth 考证,法国重农学派创始人魁奈于 1766 年在《关于手工业劳动》的对话中首次提出并使用"生产率"这个术语。他在谈到手工业劳动与财富和工人的价格关系时指出:生产效率简称生产率。① 他所指的生产率内涵是劳动生产率。魁奈认为只有农业劳动才是生产劳动,并将其劳动生产率仅应用于农业生产领域,因此他将生产率概念囿于农业劳动生产率之内。虽然后面重农主义学派进一步拓展了生产率概念的外延,不过并未超越在农业生产领域对生产率的理解。

经济学家斯密将生产率外延拓展到整个生产领域。古典学派的另一位大师李嘉图继承和发展了斯密的观点,但仍未超越劳动生产率范畴。总之,这一时期的生产率理论发展仍然处于孕育或萌芽期,此时的生产率内涵实质上是指劳动生产率。②

2. 近代边际生产率阶段

19 世纪初庸俗政治经济学创始人萨伊提出了"生产三要素说",他指出劳动、资本和土地是所有社会生产所必需的"三个要素",创立了基于"生产费用论"为基础的西方经济学庸俗的价值论。基于这一价值理论,推导出劳动生产率和资本生产率。随着研究的深入,从 19 世纪 70 年代起,庸俗经济学理论代表人物奥地利的门格尔、庞巴维克和维塞尔又提出了边际效用价值论。1826 年,德国经济学家杜能首次提出边际生产率概念,并应用于生产和分配领域。其后,美国经济学家克拉克、英国经济学家马歇尔对边际生产率理论做了发展性论述。总之,边际生产率论成为这一时期生产率理论的主流。

3. 当代全要素生产率阶段

美国经济学界普遍认为是丁伯根通过把时间趋势加入到生产函数中,首次建立了全要素生产率理论模型,分析了全要素生产率的动态变动过程。丁伯根的全要素生产率理论所指的投入要素只包括劳动和资本投入,并没有包含现代经济学认为非常重要的投入要素诸如科研、教育、训练等无形要素的投入。柯布-道格拉斯生产函数的提出标志着生产率研究开始由定性研究阶段迈入定量研究阶段。Stigler 首次测算了工业的全要素生产率。约在同一时期,巴顿和库珀分析了农业的全要素生产率。Davis 首次明确了全要素生产率的内涵,并认为全要素生产率应包括所有的投入要素,即包括劳动力、资本、原材料和能源等,他还建议在引入美元作为度量投入与产出指标时,应考虑折旧率,因为美元的价值随时间而变化,他还首次尝试了静态生产率和动态比较。Fabricant 进一步发展了生产率理论,认为生产率是以各种经验数据为依据投入与产出的比率。全要素生产率包括劳动生产率和资本生产率,并建议在平均或边际价值水平上考察生产率。肯德里克同样认为生产率是产出与投入的比率,但他认为,产出量与诸如劳动和资本这种单一投入

---

① 张德霖.论生产率的内涵[J].生产力研究,1990(6):19-26.
② 马延亮.生产率理论进展及生产率的内在关联性研究[J].宏观经济研究,2017(11):180-187.

量之比不能准确衡量生产率,因此他建议应该把产出量与全部要素投入的数量及其结构综合起来进行分析,以便反映生产效率的全部变化,因为投入要素数量和投入要素结构都会影响生产率。Solow 在《技术进步与总量生产函数》中提出全要素生产率是生产率增长值中无法被劳动和资本生产率中所解释的部分,即"索洛余值"。因此,全要素生产率等于生产率减去劳动生产率和资本生产率。在此基础上,他建立了全要素生产率增长率测算的可操作模型,首次将技术进步引入到经济增长模型中,从而为定量分析产出增长率、全要素生产率增长率和资本要素、劳动要素增长率的投入产出之间的关系提供了理论基础。这就是著名的索洛模型。[1] Danison 在索洛模型的基础上,把全要素生产率增长率定义为产出增长率减去各生产要素投入增长率后的"余值",提出了全要素生产率的"索洛余值"的测算方法。20 世纪 70 年代后美国经济学家 Jorgenson 对全要素生产率的测算有两点突破,一是采用了超越对数生产函数的形式,在部门和总量两个层次上对全要素生产率进行了测算;二是为了保证产出和投入数量的精确计量,他把总产出、资本投入与劳动投入进行了细致分解。Jorgenson 的研究进一步深化了生产率理论和全要素生产率计量方法,为生产率研究开拓了新思路和视角。

至此,西方经济学界对生产率的研究从劳动生产率延伸到边际生产率再到全要素生产率,是对生产率内涵和外延认知逐渐加深的过程。但是对生产率定义仍有许多争议。1967 年芬斯克曾对当时各类研究者所提出的 15 种生产率的不同定义作了辨析。当前,各种版本的生产率定义更多。在西方经济学界,认为生产率是投入与产出之比,或是所生产的产出与所运用的资源之比的观点逐渐成为主流。

4. 马克思生产率观点

马克思对生产率也有论述,他在《资本论》(第一卷)中在讨论生产率(力)概念时指出:"生产力当然始终是有用的具体的劳动的生产力,它事实上只决定有目的的生产活动在一定时间内的效率。"[2]在法文版《资本论》中,马克思把这句话改为:"有用劳动在一定时间内的效率取决于它的生产力"[3],马克思在这里所说的"在一定时间内的效率",无疑是指劳动生产率。马克思的劳动生产率的内涵是指总体劳动过程的最终效率,而非某一种或几种投入要素的效率。[4] 可见,马克思对生产率的定义实质上也是投入与产出之比,只是对投入与产出所涵盖内容范围与西方经济学界有所差异。

上述不同流派或学者对生产率定义在表述上各不相同,但对其基本内涵的规定基本一致,即所有定义的基本要素集中于投入与产出之比上,只是对投入与产出

---

① 刘建国,李国平,张军涛.经济效率与全要素生产率研究就进展[J].地理科学进展,2011,30(10):1263-1275.

② 马克思,恩格斯.马克思恩格斯全集:第 23 卷[M].北京:人民出版社,1975:59.

③ 马克思,恩格斯.马克思恩格斯全集:第 49 卷[M].北京:人民出版社,1975:185.

④ 杨衍江.马克思的生产率理论再考察[J].肇庆学院学报,2012,33(3):68-73.

质的规定性和量的关系上的界定有不同理解。上述各种有关生产率内涵的观点为我们准确地剖析科研生产率的内涵提供了一个相对可靠的理论参照系。本书认为生产率的本质是产出与投入之比值,生产率包括劳动生产率、资本生产率、全要素生产率。

2.4.2 生产率测算方法

生产率测算的经济理论始于丁伯根(Jan Tinbergen)和索洛(Robert Solow)对经济增长的开创性研究,他们采用生产函数建立了生产率测算公式,并利用测算公式分析了经济增长。此后,格里利切斯(Zvi Griliches)、肯德里克(Kendrick)和乔根森(Dale Jorgenson)等相继改进了生产率测算方式并作了大量实证分析,极大地促进了生产率测算理论的发展。梳理前人研究成果发现,有关生产率测算研究的发展趋势是由单要素生产率测算发展到全要素生产率测算及多要素生产率测算,当前的研究重点主要集中于分解生产率变动因素。具有代表性的学者有丁伯根、索洛、斯旺、丹尼森、乔根森等人。①

根据 Battese 和 Coelli 等总结,自法雷尔提出分段线性包络的生产前沿估计方法至今,应用比较成熟的生产率的测算方法主要有四种:最小二乘法计量回归模型(OLS)、随机前沿分析(Stochastic Frontier Analysis,SFA)、全要素生产率指数法(Total Factor Productivity Index,TFPI)和数据包络分析方法(Data Envelopment Analysis,DEA)。其中,第一、二种为参数方法,第三、四种为非参数方法。参数方法是根据总体分布和理论设定假设模型,采用数理统计原理对参数进行估计的方法;非参数方法则是根据统计原理不需事先知道总体分布,不需要事先假定模型形式,也不需要对模型参数进行估计的方法,而是利用生产前沿面的理论和方法,确定相对有效的生产前沿面,建立非参数的最优化模型,比较适用于评价相似决策单元间的效率差异。如图 2-1 所示。

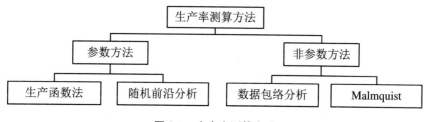

图 2-1 生产率测算方法

---

① 熊鸿军,李再跃,陈香.关于生产率研究若干理论和实践问题探析[J].科学经济社会,2008(3):80-83,88.

1. 生产函数法

生产函数是通过数学模型描述生产过程的投入量、产出量和技术进步之间定量关系的计量回归模型。生产函数被学者们广泛应用于经济理论研究、生产模型建立、技术进步测算、生产效率分析和经济预测等领域。

生产率取决于生产的产出要素和投入要素之比,在构建模型时,既可以把产出表述为一些投入函数,即生产函数模型;也可以将成本表述为投入价格与产出函数模型,即成本函数模型。因为在科研领域不牵涉到价格问题,这里主要介绍成本函数。设 Y 代表某种产品的产量,$a,b,c,\cdots,n$ 代表各种生产要素的投入量,则生产函数的一般表达式是 $Y=f(a,b,c,\cdots,n)$。在工业生产领域,西方经济学家一般把生产要素概括为资本(K)、劳动(L)、自然资源(N)和企业家(E)四种。在工业生产领域最主要的生产要素是资本和劳动,且自然资源和企业家难以精确计量,因此最常见的生产函数模型是 $Y=f(L,K)$。在多种生产函数形式中,柯布-道格拉斯生产函数、不变弹性生产函数、超越对数函数等是较常用的函数形式。在进行模型设定时,需要选择合适的函数形式。利用生产函数法测度生产率依据的是"索洛余值"思想。索洛余值是经济学家索洛提出的,他把产出增长中不能被生产要素投入所解释的部分称为"增长余值",并认为它是由技术进步导致的。用索洛余值思想测量的生产率增长,即全要素生产率的增长。下面简要介绍生产函数的数学原理。在以下介绍中,Y 代表产出,K 代表资本,L 代表劳动,t 代表时间。

在效率评价领域,柯布-道格拉斯生产函数是应用最早也是最广泛的生产函数形式,本书简要以柯布-道格拉斯生产函数为例介绍测量生产率基本原理:

其一般形式为

$$Y = AK^{\alpha}L^{\beta} \tag{2.2}$$

式中,A、α、β 为参数,A 为常数,α、β 分别表示产出对资本投入 K 和劳动投入 L 的弹性;并且有 $A>0, 0<\alpha<1, 0<\beta<1$,$\alpha+\beta=1$ 表示规模报酬不变,$\alpha+\beta>1$ 表示规模报酬递增,$\alpha+\beta<1$ 表示规模报酬递减。对式(2.2)取对数可得

$$\ln Y = \ln A + \alpha K + \beta \ln L \tag{2.3}$$

对等式两边求导,可得到全要素生产率增长率的公式:

$$\frac{dA}{A} = \frac{dY}{Y} - \alpha \frac{dK}{K} - \beta \frac{dL}{L} \tag{2.4}$$

生产函数最常用的估计方法是最小二乘法,有时也用最大似然估计法(ML)和贝叶斯估计法(Bayes Estimation)。最小二乘法估计需要满足多种约束条件,主要有线性关系、随机抽样、不存在完全共线性、条件均值为零和同方差性。只有满足上述五个假定,才能保证最小二乘法的无偏估计。但是用生产函数测量生产率,最能获得平均生产函数,不能得到生产前沿。

2. 随机前沿分析方法

从长期来看,生产率的增长不仅与技术进步有关,而且已有技术的使用和发挥

状况也发挥影响,即所谓的技术效率的变动。技术效率和技术进步对于生产率的长期增长都很重要。随机前沿分析方法(SFA)可以有效测量生产率增长中的技术效率贡献,而且还能检验各因素对技术效率的贡献。

Aigner Lovell 和 Schimidt、Battese 和 Corra 以及 Meeusen 和 Broeck 在 1977 年分别独立提出了随机前沿法。在随机前沿法提出之前,学者对生产率的测算一直受随机误差扰动,而且在生产过程中各种各样的随机因素会影响个别生产者与最优生产率的差距,上述学者在确定性前沿模型基础上引入随机扰动项,以更为准确地描述生产者行为。SFA 使用包含随机误差项的经济计量方法估计生产前沿函数。使用 SFA 评价生产率的一般步骤如下:首先,估计生产函数的基本形式;其次,假设该函数中的误差项具有复合结构,并假设其分布形式;最后,估计该函数中的各个参数。

SFA 基本模型如下:

$$Y_{it} = f(x_{ti};\beta) \cdot \exp(v_{it} - u_{it}) \tag{2.5}$$

其中,Y_{it} 表示生产者 i 在时期 t 的产出变量;x_{ti} 表示要素投入变量;β 为一组待估计参数;$f(\ )$ 是生产函数,反映生产者技术的前沿;$\exp(v_{it} - u_{it})$ 为观测误差和其他随机因素,它具有复合结构;v_{it} 服从 $N(0,\sigma^2)$ 分布,它代表对生产活动具有影响的随机因素;u_{it} 是一个非负变量;$\exp(u_{it})$ 表示技术非效率。模型表示某些生产者不能达到生产函数前沿,是由于受随机扰动和技术非效率两个因素影响。$TE = \exp(l-u)$ 表示单个决策单元的技术效率。一般认为,如果 u_{it} 等于 0,则表示决策单元状态正好处于前沿面上,表明决策单元技术效率为 1;而如果 u_{it} 大于 0,就说明决策单元在前沿面内,表明决策单元的技术无效。

随后,学者 Stevenson 在此模型的基础上提出了截断正态分布(truncated normal distribution)模型[1],学者 Greene 在此模型的基础上提出了伽玛分布(Gamma distribution)模型[2]。Battese 和 Coelli 针对以上模型不能分析面板数据的问题,提出了适合分析面板数据的随机前沿模型,该模型允许技术效率水平随着时间的变化而发生系统变化,因此称为时变无效性模型。[3]

随机前沿分析法由于更接近现实的假设获得了很多学者的认可,然而由于技术效率和随机扰动两个变量不可观测和严格的分布假设,方程估计成为随机前沿分析早期应用中的主要障碍。Greene 等人发展起来最大似然估计(Maximum likelihood estimation),然后 Pitthe 和 Lee 将最大似然估计法应用到面板数据,

---

[1] Stevenson R E. Likelihood functions for generalized stochastic frontier estimation[J]. Journal of Econometrics,1980,13(1):57-66.

[2] Greene W H. A gamma-distributed stochastic frontier model[J]. Journal of Econometrics,1990,46:141-164.

[3] Battese G E, Coelli T J. fronier production functions, technical efficiency and panel data: with application to paddy farmers in India[J]. Journal of Productivity Analysis,1992,3:153-169.

Battese 和 Coelli 的成果表明,运用似然比检验,可以在面板数据下的最大似然估计中,"应当选择哪种函数形式(随机前沿函数还是传统函数)、确定观察误差和技术效率的分布假设是否稳健,以及技术效率是否受时间或其他因素影响而变动等进行判断"。① 也就是说,面板数据下的最大似然估计可以较好地估计前沿生产函数并分解出技术效率,这就使得随机前沿分析具有更广泛的应用空间。

随机前沿分析方法的优点是将误差项分解为随机误差和管理误差,对误差项的恰当定义,在一定程度上排除了随机因素的干扰。通过测量管理误差,确定决策单元的实际产出与最优产出之间的距离,进而判断决策单元技术效率的高低。

3. Malmquist 指数分析法

指数分析法主要度量全要素生产率。指数分析法最初主要是 Laspeyres 指数,逐渐扩展到后来的 Tornqvist 指数方法,20 世纪 90 年代又发展出 Malmquist 生产率指数法,Malmquist 指数分析法已成为当前度量动态生产率最常用的方法之一。

瑞典统计学家和经济学家 Malmquist 于 1953 年提出 Malmquist 指数概念。此后,法雷尔(Färe)等人通过对 DEA 方法的改进,建立了借助 DEA 方法测算两个时期的生产效率变化的 Malmquist 指数。Caves Christeren 和 Diewert 将其与距离函数结合起来,开发出用于评估全要素生产率变化的专门指数,首次将其作为效率指数用于生产分析。② 之后由 Färe 等人将 Malmquist 生产率指数与 DEA 理论相结合,形成 DEA-Malmquist 指数法,使得 Malmquist 指数由理论指数变成可以操作实证指数,由此使 DEA-Malmquist 指数法广泛运用于生产率测算。

Malmquist 生产率指数是 DEA 模型中的一种动态分析方法。根据 Fare 等扩展的 DEA 方法可以构建出最佳的 t 时期生产前沿面,利用面板数据,根据各决策单位的产出距离函数,可以计算出一个能够作为垂直比较分析的全要素生产率(Total Factor Productivity,TFP)指数。作为经济学中的一个重要概念,全要素生产率考察除了劳动投入和资本投入之外其他所有生产要素带来的增长效应。一般认为,全要素生产率有三种来源,分别是效率改善、技术进步和规模效应。③ Färe 等人提出用 Malmquist 指数分析不同时期全要素生产率变动情况。④ Malmquist 指数是用距离函数来计算相邻两个期间决策单元生产效率的变化,变化程度以两时期距离函数的比值衡量,其公式如下:

---

① Battese E,Coelli T J. A model of technical inefficiency effects in stochastic frontier production for panel data[J]. Empirical Economics,1995,20:325-332.

② D Caves L C Hristensen W E Duewert. The economic theory of index numbers and the neasurement of input productivity[J]. Econometrica,1982,50:1393-1414.

③ Fried Harold O,Knox Lovell C A,Schnidt Shelton S. Themeasruement of produtive efficifency and productivity growth[M]. Oxford:Oxford university Press,2008.

④ Färe Rolf, Grosskopf Shawna, Norris Mary, et al. Produtivity growth, technical progress, and efficiency change in industrialized countries[J]. American Economic Review,1994(3):66-83.

$$M_0(x_t, y_t) = \frac{d_0^t(x_{t+1}, y_{t+1})}{d_0^t(x_t, y_t)} \quad (2.6)$$

$$M_0(x_{t+1}, y_{t+1}) = \frac{d_0^{t+1}(x_{t+1}, y_{t+1})}{d_0^{t+1}(x_t, y_t)} \quad (2.7)$$

式中,d_0^t 和 d_0^{t+1} 分别表示以 t 时期技术为参照,时期 t 和时期 $(t+1)$ 的距离函数;(x_{t+1}, y_{t+1}) 和 (x_t, y_t) 分别表示 $(t+1)$ 时期和 t 时期的投入与产出向量。为避免随意选择时期,Caves 等用式(2.6)和式(2.7)的几何算术平均数测算从 t 时期到 $(t+1)$ 时期生产率的 Malmquist 指数变化,得到公式(2.8)。当指数小于 1 时,表示 $(t+1)$ 时期相对于 t 时期的全要素生产率在下降;反之则是提高。

基于独特的算法,Färe 等人把 Malmquist 指数分解为技术效率变化指数(Efficiency Change, TEC)和技术进步指数(Technical Change, TC),并进一步将效率变化分解为纯技术效率指数(Pure Efficiency Change, PEC)和规模效率指数(Scale Efficiency Change, SEC)两部分。[1]

Malmquist 指数变换的具体数学原理如下:

$$M_0(x_{t+1}, y_{t+1}, x_t, y_t) = \left[\frac{d_0^t(x_{t+1}, y_{t+1})}{d_0^t(x_t, y_t)} \times \frac{d_0^{t+1}(x_{t+1}, y_{t+1})}{d_0^{t+1}(x_t, y_t)} \right]^{\frac{1}{2}}$$

$$= \frac{d_0^{t+1}(x_{t+1}, y_{t+1})}{d_0^t(x_t, y_t)} \left[\frac{d_0^t(x_{t+1}, y_{t+1})}{d_0^{t+1}(x_{t+1}, y_{t+1})} \times \frac{d_0^t(x_t, y_t)}{d_0^{t+1}(x_t, y_t)} \right]^{\frac{1}{2}} \quad (2.8)$$

其中

$$\text{TEC} = \frac{d_0^{t+1}(x_{t+1}, y_{t+1})}{d_0^t(x_t, y_t)}$$

$$\text{TC} = \left[\frac{d_0^t(x_{t+1}, y_{t+1})}{d_0^t(x_t, y_t)} \times \frac{d_0^{t+1}(x_{t+1}, y_{t+1})}{d_0^{t+1}(x_t, y_t)} \right]^{\frac{1}{2}}$$

分别表示 t 时期到 $(t+1)$ 时期技术效率的变化和技术的进步。通过以上分解,Malmquist 指数分解公式为 $M_0(x_{t+1}, y_{t+1}, x_t, y_t) = \text{TEC} \times \text{TC} = \text{PEC} \times \text{SEC} \times \text{TC}$。$M_0$ 表示资源配置效率的 Malmquist 指数,若 $M_0 > 1$,说明资源配置效率提高;若 $M_0 = 1$,表示资源配置效率没有变化;若 $M_0 < 0$,表示资源配置效率下降。若假设规模报酬不变,则可以将 Malmquist 指数分解为综合技术效率(EC)和技术进步指数(TC);若假设规模报酬可变,综合技术效率可以进一步分解为纯技术效率(PE)和规模效率(SE)两部分。[2]

指数分解及基本含义如表 2-1 所示。

---

[1] Färe Rolf, Grosskopf Shawna, Norris Mary, et al. Produtivity growth, technical progress, and efficiency change in industrialized countries[J]. American Economic Review, 1994(3):66-83.

[2] 芮明杰,王小沙.中国产业发展年度分析报告:供给改革的视角(2015)[M].上海:上海财经大学出版社,2016:174-177.

表 2-1　Malmquist 分解指数注释表

Malmquist 指数	Malmquist = TEC×TC,表示生产率变化状态。$M_0>1$,效率提高; $M_0<0$,效率下降; $M_0=1$,效率不变
技术进步效率变化	描述决策单元在两个时期内的生产前沿面的移动状况(前沿面移动效应),衡量决策单元后一期的生产技术是否进步,即决策单元技术效率是进步还是后退,或是停滞不前; $M_0>1$,效率提高; $M_0<0$,效率下降; $M_0=1$,效率不变
规模效率变化(SEC)	表示"规模效应",反映了决策单元两个时期规模收益变动情况,用以衡量决策单元的规模报酬是处于扩大、降低或不变的状况,衡量规模效率。$M_0>1$,表明后一时期生产单元改变了要素投入,提高了规模效率; $M_0<0$,则表明规模效率下降; $M_0=1$,表示规模效率不变
纯技术效率变化(PEC)	表示在没有技术创新和规模变动的情况下,决策单元相对效率,$M_0>1$,表明决策单元在技术和规模不变的情况下由于管理等改善使效率提高; $M_0<0$,效率下降; $M_0=1$,效率不变
技术效率变化(TEC)	TEC = PEC×SEC,是决策单元从 t 时期到 $t+1$ 时期的生产前沿面追赶程度,反映两个时期生产前沿面的移动情况,技术效率叫作"追赶效应"

DEA-Malmquist 指数用于分析生产率的优点是,Malmquist 指数法不仅可以分析技术效率变动情况与其变动的原因,还可以分析研究影响资源配置效率动态变化的源泉。

4. 数据包络分析法

数据包络分析(Data Envelopment Aanlysis,DEA)是美国运筹学家 A. Charnels、Cooper 和 Rhodes 三位学者于 1978 年提出的,它是集运筹学、经济学、计量学、统计学等多种学科为一体的运用非常广泛的一种评价方法。它是以"相对效率"概念为基础,以凸分析和数学线性规划为工具,发展起来的一种相对效率评价方法,是一种构造生产前沿面函数的非参数技术效率分析方法。

DEA 是运用数学规划模型对生产决策单元(Decision Making Unit,DMU)的输入数据(投入)与输出数据(产出)的研究,评价具有多投入、多产出的相同类型的决策单元相对有效性。所谓决策单元,是指在一定投入(如一定数量的生产要素)转化为一定产出(如一定数量的产品或服务)的运营实体(如工厂或公司)。每一个决策单元都具有 m 种输入与 s 种输出,决策目标就是在输入经过一定的操作转化为输出的过程中实现的。DEA 的基本思路是通过对各 DMU 的输入数据与输出数据进行综合分析,得出每个 DMU 效率的相对指标,然后将所有 DMU 效率指标排序,确定 DMU 的有效性,实质上是判断所分析 DMU 是否未达到生产前沿面。

DEA 方法还采用投影方法分析决策单元非 DEA 有效的原因以及为达到 DEA 有效需要改进的方向和程度。DEA 方法经常被用于多目标决策问题中,为管理人员提供管理决策信息。

DEA 方法不仅可用来对生产单位的各种经济效益进行评估,也可以对科研部门的生产效率进行评估。任何科研活动都会投入一定要素,然后经过操作转化为一定形式的科研产出。DEA 方法把参与评价的科研活动转化为以其输入指标和产出指标形成的有效值来进行评价。通过对类似科研单位的绩效比较,可以发现相对有效单位和相对无效单位。

如果能以较少的投入获得较多的科研产出,则说明它的有效值是高的,反之则是低的。通过 DEA 方法可对评价对象或评价项目进行快速高效的解析,以便进行更深入的评估与决策。它通过明确地考虑多种投入的运用和多种产出的产生来比较相似的科研单位之间的效率。DEA 方法把科研投入与产出转化为效率比值,避免了计算投入要素成本以及将投入转化为统一货币单位的需要。鉴于科研生产投入与产出的价格评估存在一定难度,采用 DEA 方法衡量科研效率更具有可行性。

DEA 理论提出后,Charnes,Cooper,Rhodes 三位创始人建立的第一个模型是 CCR 模型,"CCR"是以三位创始人姓氏首字母来命名的 DEA 的第一个模型,后来针对 CCR 的不足,Banker,Charnes 与 Cooper 于 1984 又建立了 BCC 模型。CCR 模型和 BCC 模型是 DEA 两个最为基本的模型,本书简要介绍其基本原理。

(1) CCR 模型基本原理

假设有 n 个 DMU,记作 $DMU_1, DMU_2, \cdots, DMU_n$,每个 DMU 有 m 种输入和 s 种输出,可以将 DMU_j 的输入量和输出量分别记作 $x_j = (x_{1j}, x_{2j}, \cdots, x_{mj})^T$, $y_j = (y_{1j}, y_{2j}, \cdots, y_{sj})^T$, $j = 1, 2, \cdots, n$。

设 DMU_{j0} 的输入、输出为 (x_{j0}, y_{j0}),则评价 DMU_{j0} 相对有效性的 CCR 模型为

$$\begin{cases} \max \dfrac{u^T y_0}{v^T x_0} \\ \text{s.t.} \quad \dfrac{u^T y_j}{v^T x_j} \leqslant 1 \\ \qquad u \geqslant 0, v \geqslant 0 \end{cases} \quad (2.9)$$

其中,$v = (v_1, v_1, \cdots, v_m)^T$, $u = (u_1, u_1, \cdots, u_s)^T$ 分别为 m 种输出和 s 种输出的权系数。利用 Charnes 和 Cooper 关于分式规划的 Charnes-Cooper 变换

$$t = \frac{1}{v^T x_0}, \quad \omega = tv, \quad \mu = tu$$

可将分式规划模型化为等价的线性规划模型:

$$P_{CCR}: \begin{cases} \max \mu^T y_0 = h_0 \\ \text{s.t.} \quad \omega^T x_j - \mu^T y_j \geqslant 0, \quad j=1,2,\cdots,n \\ \omega^T x_0 = 1 \\ \omega \geqslant 0, \mu \geqslant 0 \end{cases} \quad (2.10)$$

模型(2.10)的对偶模型为

$$D_{CCR}: \begin{cases} \min \theta \\ \text{s.t.} \quad \sum_{j=1}^{n} x_j \lambda_j + s^- = \theta x_0 \\ \sum_{j=1}^{n} y_j \lambda_j - s^+ = y_0 \\ \lambda_j \geqslant 0, j=1,2,\cdots,n, \quad \theta \in E_1^+ \end{cases} \quad (2.11)$$

依据以上数学原理作以下定义：

定义 2.1 若 P_{CCR} 的最优解 ω_0, μ_0 满足 $\mu_0^T y_0 = 1$，则称 DMU_{j0} 为弱 DEA 有效。

定义 2.2 若 P_{CCR} 的最优解 ω_0, μ_0 满足 $\mu_0^T y_0 = 1$，且 $\omega_0 > 0, \mu_0 > 0$，则称 DMU_{j0} 为 DEA 有效。

定义 2.3 若 D_{CCR} 的最优解 $\theta_0 = 1$，且每一个最优解 $s^-, s^+, \theta_0, \lambda_{0j}, j=1,2,\cdots,n$ 都满足 $s^{0+} = 0, s^{0-} = 0$，则称 DMU_{j0} 为 DEA 有效。

由定义 2.1 至定义 2.3 可知，在应用模型 P_{CCR} 和 D_{CCR} 评价 DMU 是否为 DEA 有效时比较繁琐，结果并不能直接得出。为此，为简化 D_{CCR} 模型计算，Charnes 和 Cooper 通过引入非 Archimedes 无穷小的概念，给出了摄动法，提出了相应具有非 Archimedes 无穷小量 ε 的模型：

$$D_{CCR}: \begin{cases} \min [\theta - \varepsilon(\hat{e}^T s^- + e^T s^+)] \\ \text{s.t.} \quad \sum_{j=1}^{n} x_j \lambda_j + s^- = \theta x_0 \\ \sum_{j=1}^{n} y_j \lambda_j - s^+ = y_0 \\ \lambda_j \geqslant 0, j=1,2,\cdots,n, \quad \theta \in E_1^+, s^+ \geqslant 0, s^- \geqslant 0 \end{cases} \quad (2.12)$$

其中，$\hat{e} = (1,1,\cdots,1)^T \in E_m^+, e = (1,1,\cdots,1)^T \in E_s^+$。

定理 2.1 若 D_{CCR}^ε 的最优解 $\theta_0, \lambda_{0j}, j=1,2,\cdots,n, s^-, s^+$ 满足 $\theta_0 = 1, s^- = 0, s^+ = 0$，则 DMU_{j0} 为 DEA 有效。

这样在计算 D_{CCR}^ε 时，没有必要检验每个最优解都必须满足 $s^{0+} = 0, s^{0-} = 0$，从而大大简化了计算。

CCR 模型被称为综合技术效率，因为 CCR 模型假设规模收益不变(Constant Returns to Scale,CRS)，其得出的技术效率包含了规模效率成分。

(2) BBC 模型基本原理

在 CCR 模型中,假定了规模效益不变,即产出的增加比例与投入的增加比例保持不变。但在实际的经济活动中并非如此,随着投入规模的变化,产出增加的比率与投入增加的比率往往不等,为此,Banker,Charnes 与 Cooper 于 1984 年建立了基于规模效益可变的 BBC 模型。BCC 模型数学原理如下:

$$P_{BBC}:\begin{cases}\max\ \mu^T y_0 - \mu_0 = V_{P-BCC}\\ \text{s.t.}\ \ \mu^T y_j \leqslant \omega^T x_0 + \mu_0\\ \ \ \ \ \ \ \ \omega^T x_0 = 1\\ \ \ \ \ \ \ \ \mu^T,\omega^T \geqslant 0,\ \ j=1,2,\cdots,n\end{cases} \quad (2.13)$$

P_{BBC} 的对偶规模模型为

$$D_{BBC}:\begin{cases}\min\ \theta = V_{D-BBC}\\ \text{s.t.}\ \ \sum_{j=1}^{n} x_j \lambda_j \leqslant \theta x_0\\ \ \ \ \ \ \ \ \sum_{j=1}^{n} y_j \lambda_j \geqslant y_0\\ \ \ \ \ \ \ \ \sum_{j=1}^{n} \lambda_j = 1,\ \ \lambda_j \geqslant 0, j=1,2,\cdots,n\end{cases} \quad (2.14)$$

BCC 模型与 CCR 模型的 DEA 有效性定义是一致的。BCC 模型的效率值小于 CCR 模型的效率值,所以,BBC 有效的决策单元一定是 CCR 的有效单元。

(3) DEA 超效率模型

传统 DEA 的 CCR 和 BBC 模型存在一个不足,即只能识别决策单元是否达到 DEA"有效",却不能识别多个有效决策单元之间的效率差异。鉴于此,1993 年 Andersen 和 Petersen 构造了一种基于 CCR 模型改进的模型,即"超效率"的 DEA 模型(Super-Efficiency,SE-DEA)。其原理是在评价某个决策单元的效率时,将该决策单元排除在决策单元整体参照集之外,从而会出现那些有效决策单元效率大于或等于 1 的情况,使得有效决策单元也可以比较,这就解决了 CCR 模型比较有效单元的问题。需要说明的是,DEA 超效率模型对无效决策单元的效率评价无影响。

DEA 超效率模型数学形式如下:

$$\begin{cases}\min\ \left[\theta - \varepsilon\left(\sum_{i=1}^{m} s_i^- + \sum_{r=1}^{s} s_i^+\right)\right]\\ \text{s.t.}\ \sum_{j=1,j\neq k}^{n} X_{ij}\lambda_j + s_i^- \leqslant \theta X_0\\ \ \ \ \ \ \ \sum_{j=1,j\neq k}^{n} Y_j \lambda_j - s_r^+ = Y_0\\ \ \ \ \ \ \ \lambda_j \geqslant 0,\ \ j=1,2,\cdots,n, s_r^+ \geqslant 0, s_r^- \geqslant 0\end{cases} \quad (2.15)$$

其中,j 是决策单元的个数,k 表示某个决策单元,传统 DEA 模型在评价第 k 个决策单元时,该决策单元投入与产出是包括在评价集合之内的。超效率 DEA 模型在评价第 k 个有效单元时,设置 $j \neq k$ 条件限制,即排除了第 k 个决策单元的投入与产出,所使用的前沿面由其他决策单元线性组合而成。如图 2-2 所示,在计算单元 B 的效率值时,将其排除在 DMU 参考集之外,则此时 $ACDE$ 四个决策单元处于有效前沿面,线段 BB' 表示 B 点投入可以增加程度,故 B 点超效率值为 OB' 与 OB 的比值,此值大于 1。同理,可以计算出 A、C、D 点的超效率值,所以,DEA 超效率模型能够比较有效决策单元之间的效率差异。

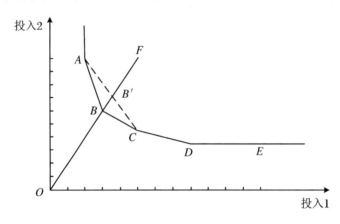

图 2-2　规模报酬不变的 DEA 超效率模型

DEA 评价生产率的突出优点是,决策单元的 DEA 有效性与输入、输出量纲的选取无关,不需要预先估计参数,不需要对残差项的分布作假设,可以有效避免主观因素和简化算法,在减少误差方面有较大的优势。因此适合对多投入多产出指标进行分析,无须事先给出前沿面。

2.5　科研生产绩效评价方法

在科研生产率评价中,除了上述介绍的参数与参数方法外,在数据搜集、指标选择、权重确定等方面还需要其他方法辅助,比较常见的有德尔菲法、同行评议法、层次分析法(AHP)、模糊综合评估法。李志平把同行评议法、引文分析法与成果的货币贡献、不同主体的现实收益组合起来构建了四维科技成果综合评价模型。邱均平、王菲菲认为现行的人文社科研究成果评价方法主要有同行评议法、引文分析法和综合评价法三类,对综合评价法进行了深入的探讨,并对比了同行评议法、指标体系评估法、"以刊论文"法、文摘法、引文分析法等当前人文社科类研究成果评价几个主流方法的优缺点。本书根据需要介绍同行评议法、德尔菲法、文献计量法、数理统计分析法和层次分析法。

2.5.1 同行评议法

同行评议法(peer review)是由来自相同领域或相近领域的专家学者依据自身专业知识、经验、智慧和一定的标准对某项科研成果的学术水平或应用价值评价的一种方法。同行评议法最早可以追溯到15世纪威尼斯共和国对专利授权评价。17世纪的英国皇家学会成立时,在评价学者入会申请和论文时也采用了同行评议法。20世纪40年代,美国政府首次把同行评议法引入研究经费的分配。至此,同行评议法逐渐被广泛应用于论文发表、经费分配、科研奖励、资格评定等多个领域。同行评议法是在科学成果评价中应用最为传统也最为广泛的一种方法,因为人文社会科学的成果价值不像自然科学成果那样价值容易量化,其成果价值受到对象、内容、文化、利益、政策的影响,所以同行评议法一度成为人文社科唯一的评价方法。根据评价的性质,同行评议法可分为定性评价和半定量评价。定性评价是相关领域的专家根据自己的经验、学识对给定的科研成果进行深入分析、审核、鉴定。如果评价主体是专家组,一般会开评审会,对研究成果深入讨论,各自提出评审意见,必要时还会要求被评议人到评议现场答辩,最后民主表决评议结果。半定量评价,又称专家评分法,这种方法是首先建立一套科研评价指标体系和评分标准,专家评委以不评价指标为基本标准,依据自身经验和学识对相应的科研成果进行深入分析、价值判断,并在相应的指标栏里打分,然后根据各指标相应的权重计算平均分和评委的平均分。平均分计算公式如下:

$$S = \frac{1}{n}\sum_{i=1}^{n} a_i \tag{2.16}$$

式中,S 是成果总分,a_i 是 i 位专家给出的加权平均分($i = 1,2,3,\cdots,n$),n 为评委人数。这种方法之所以属于半定量方法,是因为它一方面依据了一套客观的评分标准,另一方面它又需要专家依据自身经验主观地打分。

根据评审委员与被评审人之间相互知晓的程度,同行评议法又可分为面对面评价、面对背评价和背对背评价法。所谓面对面评价法,就是评审委员和被评审人相互知晓对方的身份;所谓面对背评价法,就是只有一方知晓对方的身份,即或者评审委员知道被评审人是谁,而被评审人不知道评审人具体是谁;或者评审委员不知道被评审人是谁,而被评审人知道谁是评审委员,该法又称单盲法;背对背评价法,即评审委员与被评审人都不知道对方是谁,所以又称双盲法。双盲法相对来说是一种比较公正、客观、合理的方法,可以有效避免"关系"评价和"马太效应"。随意双盲法也是在目前的正规科研评价中比较常用的一种方法。

同行评议法的优点有:① 同行评议能够更专业深入地分析成果,发现内在价值。与定量评价只注重外在形式和数量相比,同行评议是同领域或相近领域的专家对科研成果进行的深入分析、价值判断,可以发现科研成果的质量、效果和内在价值或不易量化的价值。所以,同行评议法在应用好的情况下,可以发挥引导科研人员倾向于追求学术研究的内在质量、长远价值和效益,避免引导科研人员急功近利的行为倾向。② 同行评议有利于学术交流。同行评议允许同行学者通过评议开展讨论、交流意见,评价和提供建议,有利于科学共同体内知识交流和共同进步,从而促进科学研究发展。

同行评议的缺点有:① 难以克服主观偏见。虽然同行评议进行了各种完善,但它基本上还是主要依靠评审人依据自身知识、价值、学识等作出主观性判断,难以制定客观统一的标准,因而无法完全克服主观偏见的问题。② 成本高昂,不适用大量成果的评价。由于同行评议一般聘请业内比较有影响的专家学者作为评审委员,往往人工费用较高,此外,专家学者需要对科研成果进行深入的分析、讨论,往往需要花费大量时间和精力。因此同行评议实施成本较高,只在较少或较重要的成果评价时比较适用,不能大规模地评价数量较多的成果。③ 同行评议还会导致马太效应、剽窃、泄密、知识产权纠纷、关系评价、偏向保守问题或成熟的学科、权威主义、敷衍了事等问题。

同行评议实质上是专家利用个体经验、知识对科研成果进行深入分析、判断的过程。由于评价涉及个人的价值观、个体经验和知识以及历史文化因素,被评价对象适合选择微观的、个体的,对于评价中观、宏观,而数量较多的研究成果不适用。由于同行评议具有较强的主观性,主要依赖评审者的看法和见识,运用同行评议评价科研成果时,需要同行评议活动遵循同行评议基本的程序、规则、机制和方法。

2.5.2 德尔菲法

德尔菲(Delphi)法是在 20 世纪 40 年代由赫尔姆和达尔克首创,经过戈尔登和兰德公司进一步发展而成的一种匿名征询专家意见的评价方法。1946 年这种方法被兰德公司首先运用,后来被迅速推广。德尔菲法又称为专家评价法,它在评价时将需解决的问题通过函件单独征询专家意见,然后收集并整理汇总专家意见。再把整理的意见连同欲解决的问题再次发送给各个专家,各个专家依据综合意见修改自己的意见,经过多轮调查、反馈信息、修改,专家意见逐渐收敛、统一,最后获得具有统计意义上的评价结果的评价方法。在沟通过程中,专家组成员通过调查者的反馈信息,以匿名方式发表意见,专家之间相互不讨论,只与调查者有信件联系。德尔菲法可以有效利用专家的知识、智慧和经验,具有匿名性、反馈性和统计性特点,比较适合评价和预测信息资料量少而受到多种因素影响的、难以量化的非线性问题,成为一种在项目评估与预测方面重要的方法。

德尔菲法实施步骤如下:① 确定评价项目;② 根据待评价项目选择相关领域的专家;③ 项目专家发布问题;④ 专家对问题进行评估;⑤ 收集专家评审意见,并把评审意见以匿名的方式发布给各个专家,开展多轮信息反馈;⑥ 统计分析,统一专家意见。

德尔菲法的优点是,虽然其仍然以专家依据自身见解对项目作出主观判断,但是其通过匿名方式进行评审,避免了权威人士的影响,也克服了专家碍于情面不愿提出与其他专家相左的观点,避免了专家碍于自尊心不愿修改自己意见的缺陷。同时,该方法能集思广益,寻求最大公约数,有效避免了个人知识局限造成的评价偏颇。

德尔菲法的缺点有:① 周期长、费时费力。当针对某一项评价专家意见分歧较大时,需要进行多轮反馈,易造成专家反感,草率应付。② 专家选择难。德尔菲法的成功实施,主要依赖于专家自身的经验和见识,因此,挑选相应专业领域的德艺双馨的高素质专家比较难。此外,对于一些边缘学科、跨学科项目的评估,来自不同领域的专家由于受到自身专业局限,可能很难达成高度一致。

2.5.3 文献计量法

文献计量法最初用于科学决策而开展的科学质量和科学发展趋势研究,始于19世纪初20世纪末。20世纪30—50年代,文献计量领域相继出现了布拉德福(Bradford)定律、洛特卡(Lotka)定律、普莱斯(Price)定律等大量科学研究,奠定了科学计量学、文献计量学坚实的基础。但是文献计量法应用于学者个人科研成果的评价大约始于20世纪80年代中后期,最初产生于东欧国家,在此之前,文献计量法应用于个体科研评价在西方国家的认可度并不高。文献计量法评价个体科研成果真正兴盛于20世纪90年代,英国高等教育基金委员会在《1992年科研评价实施条例:评价标准》中明确规定科研评价以同行评议为基石,同时采用文献计量法作为补充,正式确立了文献计量在科研评价中的应用地位。从此以后,文献计量法在众多国家、众多领域迅速普及和发展。

文献计量法以各种形式的科学研究成果(出版物、专利、报告等)为对象,依据一定的评价计量指标,通过一定的数学、统计方法对文献进行定量分析,综合分析特定专题文献的分布规律、数量增长情况、文献的引用关系,以及机构、著作者结构与科学研究生产能力的关系,以探索科研生产的某些结构、规律和特征。在当代,由于任何类型的科学研究都会以文献的形式记载、交流、公开发表研究成果,文献计量法用于评价科研生产活动具有可行性。

用文献计量法对科研生产进行评价,期刊论文、引文是常使用的计量指标,这两种指标简单易用,成为各种科技评价中最为常用的指标。在人文社科领域,很多研究成果以图书的形式呈现,因此在人文社科科研评价中,除了期刊论文和引文外,图书也成为重要的评价指标。但是国内外对图书引文数据库的建设远远落后于期刊论文的引文数据库建设,因而把图书作为评价指标仍然面临着一定的困难。

人文社科领域期刊论文和引文指标分析常用的数据源,国外主要有汤姆森路透公司引文数据库 Web of Science 中的社会科学引文索引(SSCI)和人文与艺术引文索引(A＆HCI);国内常用的数据库有南京大学的中文社会科学引文索引(CSSCI)和中国社会科学院文献情报中心研制的中国人文社会科学引文数据库(CHSSCD)等。

文献计量法的优点有:① 文献计量法能够保证评价的客观性。文献计量法主要是依据引文数据进行相应统计分析,能够较为客观地反映被评价对象的科研情况,避免了同行评议和德尔菲法中专家的主观性、个人知识的局限性,也较容易避免人情关系。② 文献计量法实施成本低。随着互联网的发展,可以通过网络较为方便地获得国内外主要数据库的引文资源,结合不同的统计分析技术,进行大数据分析。相较于同行评议法和德尔菲法,节省了不少人力、物力和财力。③ 多层次分析。文献计量法可以进行不同层次的研究主体的分析,例如,个人、团体、机构、国家。④ 适用性广。文献计量法适用于各种形式的科研产出评价,不论这种产出成果是报告、论文、专著、专利,还是引文。

文献计量法的缺点有:① 不能处理引文中的负引。文献引用的目的有多重,有些学者是因为赞成被引文中的观点而引用,而有些学者是因为反对被引文中的观点而引用,还有些学者是中性引用,即描述性引用。对于文献的负引,其实质是对被引文献的一种否定。而用文献计量法测度成果的影响力时,往往假设都是正面引用。② 不能涵盖全部成果。利用传统的引文数据库进行文献统计分析,只能揭示数据库收录的成果,无法反映数据库没有收录的成果。但是对于人文社科而言,成果形式多种多样,例如,学术专著、政策资源报告、艺术设计作品、文学作品、信件、个人之间的交流等等往往不被大数据库收录,因而仅用文献计量法评价科研成果,就不足以提供完整客观的信息。

文献计量法适合进行中观和宏观层面的分析和评价,包括国家、区域、机构(研究所、高校、学院或系、研究小组)、学科、期刊等,不太适合对于个人、个别项目、个别成果的评价。

2.5.4 数理统计法

数理统计就是通过对随机现象有限次的观测或试验所得数据进行归纳,找出有限数据的内在数量规律性,并据此对整体相应现象的数量规律性作出推断或判断的一门学科。概括起来有如下几方面的特点:

数理统计法是以概率论为基础,运用统计学的方法对随机现象有限次数的观测进行归纳,得出有限数据的内在规律性,并据此来推断或预测整体相应性质的研究方法。数理统计法是数学的一个分支,概率论是数理统计法的基础。运用数理统计分析估计总体参数或推断总体情况时,需要对实际数据进行处理和理论分析,确定这些随机因素所符合的概率分布,然后根据总体的概率分布规律,利用统计学方法对所研究的课题作出估计、推断和预测。具体地讲,数理统计法主要是利用样本的平均数、标准差、标准误、变异系数率、均方、检验推断、相关、回归、聚类分析、判别分析、主成分分析、正交试验、模糊数学和灰色系统理论等有关统计量的计算来对实验所取得的数据和测量、调查所获得的数据进行有关分析研究,以发现某种统计现象的一种科学方法。

数理统计法可分为实验设计和统计推断两大部分。实验设计是有意图地对研究过程要素进行干预或控制并观测其结果,对这些结果进行统计分析以确定过程变异之间的关系,从而改变该过程。统计推断一般包括参数估计和假设检验,因而又成为推断统计学。

数理统计法的优点有:① 保证评价的客观性。数理统计法运用统计分析技术以数据为基本分析对象,发现其中的现象或规律,因此数理统计法不涉及个人情感、价值、爱好等主观性影响,能够保证评价的客观性。② 可以进行较大规模的研究。数据统计分析法受地理、时间、国别等客观条件限制少,只要能够按照统计原则收集到符合要求的数据,统计分析法就可以进行跨国、跨区域、跨时间的宏观研究。

数理统计法的缺点有:① 不能反映成果内在价值。数理统计法只以事件所呈现的数据为研究对象,但是很多研究成果,特别是人文社科类的研究成果的价值,并不能完全由表面的数据反映。② 使用不当会造成统计失真。数理统计法是以概率论为基础进行统计推断和假设检验的,因此数据收集应严格符合抽样的基本原则。如果数据收集不符合抽样基本原则或收集的数据质量不高,都会影响统计分析的信度和效度。

数理统计分析适合进行宏观的分析,不适合进行个体、个案较少的,或成果较为复杂的分析。

2.5.5 层次分析法

层次分析法(Analytic Hierarchy Process,AHP),是由美国运筹学家匹茨堡大学教授萨蒂(T.L.saaty)于20世纪70年代初提出的。层次分析法是一种对定性材料进行定性分析的定性与定量相结合的简单、灵活、实用、系统化、层次化、多准则、多目标决策方法。

基本思路是经过深入分析复杂问题的目标和性质,把问题划分为有内在联系的条理化、层次化结构,根据对一定客观事实的主观判断方式(主要是两两比较法)把专家意见和研究者的客观判断结果有效地结合起来,根据每一层次的元素的重要性进行定量描述,然后通过数理统计方法计算得出每一个元素在本层次的排序权值,再计算每一层次针对最高层(总目标层)的次序权值。

层次分析法的基本步骤:首先,构建层次结构模型;其次,构造成对比较判断矩阵;再次,由判断矩阵计算各个元素对所属准则的权重并做一致性检验;最后,层次总排序及一致性检验。

层次分析法的优点有:① 可以对定性资料进行量化分析。通过建立的层次结构判断矩阵,可将系统分析人员的思维过程系统化、模型化、数学化,定量呈现各层、各准则与各要素的关系与重要程度。② 操作简单。评估环节和过程简单易懂,所有技术也比较简单。③ 对材料要求不高。对定量数据,只要对决策问题的因素及其关系清晰界定,即使定量材料不多,或者材料存在一些缺失或不足,仍然可以计算出各要素的重要性。

层次分析法的缺点有:① 主观因素不可避免。要素之间两两比较仍然以专家的主观判断为依据,不同专家的判断可能不同。② 不适用较多的要素之间的比较。因为要对同一层次的元素进行两两比较,所以若元素过多(一般超过 7 个),则工作量将很多,一致性检验也不易通过。③ 要素之间可能存在相关关系,但是层次分析法没有这个问题。

层次分析法适用于多准则、多目标的复杂问题的决策分析,广泛适用于各种项目方案、科研成果、科研项目的评比、评审,资源规划、分析、分配,人员素质测评和各种项目评测指标权重的确定。

2.6 国内学者评价高校文科教师科研生产率的方法

为了解当前评价科研生产率的方法主要有哪些,本书梳理了主要学者所采用的方法。由表 2-2 可知,在对文科科研生产率定量分析和评价时,学者使用的模型与方法主要有数据包络分析法(DEA)、DEA-Malmquist 指数、随机前沿分析法(SFA)、层次分析法(AHP)、TOPSIS 模型法,其中使用最多的是 DEA 和 Malmquist 方法,DEA 方法中的 BBC 模型、CCR 模型、超效率模型、三阶段 DEA 分析等使用较多。

表 2-2 国内学者评价我国高校文科教师科研生产率常用方法统计

学 者	决策单元与内容	评 价 模 型
陆根书,刘蕾	2000—2003 年期间教育部直属 68 所高校人文社会科学研究效率及其发展趋势	DEA-CCR 模型和 BCC 模型
梁文艳,唐一鸣	2006—2010 年 211 高校人文社科生产效率	Malmquist

续表

学 者	决策单元与内容	评 价 模 型
黄钦,司林波,夏芳	10所理工科高校的文科单位人文社科研究效率	DEA,CCR模型
韩海彬,李全生	2004年11所高校人文社科科研效率	AHP/DEA,CCR,BCC模型
陈俊生,周平,张明妍	江苏地方综合性大学中的15个人文社科科学类学院科研资源利用效率	AHP/DEA,CCR,BCC模型
陈俊生,周平,张明妍	以南京师范大学和南通大学15个人文社科类学院为对象,评价高校人文社科科研投入产出效率	DEA,构建二次效率和超效率模型
李瑛,任珺楠	对110所211高校人文社会科学科研效率及其变化进行分析	DEA-Malmquist指数
阚大学	176所中部公办本科院校人文社会科学研究效率	DEA
陈露,凌端新,孙雨亭	对江苏省35所本科高校2014年哲学社会科学科研效率进行分析	三阶段DEA
杨国立,谢萍	江苏省11所211高校人文社科科研效率	Malmquist
王灵芝	2008年702所本科院校文科科研绩效	TOPSIS对产出评价,DEA对效率评价
徐超	对中国九大类型高校2010—2012年文科科研效率评价研究	SFA
姜彤彤	我国30个省高校2004—2010年文科全要素生产率	DEA-Malmquist指数

2.7 评价理论模型和方法

依据高校文科教师科研生产率评价需求,参考以往研究成果所使用的模型和方法,本书在分析省级和校级文科教师科研生产率水平时使用数据包络分析方法、Mmlmquist指数;构建教师个体科研生产率产出评价指标体系时使用层次分析法;分析省级和校级文科教师群体科研生产率影响因素时采用Tobit模型,分析高校文科教师个体生产率影响因素时采用结构方程模型。

2.8　实证研究指标选择原则

指标的选择是决定高校文科教师科研生产率评价成败的关键,因此,本书根据人文社科科研特点及评价目的选择相应的文科教师科研生产率评价指标。表2-3列出我国主要学者在研究高校文科教师科研生产率时所选择的指标,可以看到,投入指标主要包括两类:人员投入和财力投入。人员投入主要是社科活动人员、研发人员等,有些学者还对不同职称的人员进行加权处理;在财力投入上,使用较多的指标是拨入的人文社科研究与发展当年拨入经费,或支出经费,也有学者使用前几年的经费投入,以回应投入的滞后效应。在投入方面,少数学者选择了设备投入,但是在人文社科研究领域科研设备使用并不多,所以没有成为主流。

表2-3　国内学者在研究我国高校文科教师科研生产率时常采用的指标统计

学　者	决策单元与内容	评　价　指　标
陆根书,刘蕾	2000—2003年期间教育部直属68所高校人文社会科学研究效率及其发展趋势	投入指标:人文社会科学研究活动人数、人文社会科学研究经费。 产出指标:有课题数、专著数、在国外学术刊物发表论文数、在国内学术刊物发表论文数、成果获奖数、鉴定成果数等六项指标
梁文艳,唐一鸣	2006—2010年211高校人文社科生产效率	投入指标:包括人力投入和财力投入,人力投入用人文社会科学研究与发展人员高级职称人数代表;财力投入用人文社会学科研究与发展当年拨入经费代表。 产出指标:包括专著和论述数,专著用人文社科出版著作数代表,论文数用人文社科SSCI和CSSCI论文表示
黄钦,司林波,夏芳	10所理工科高校的文科单位人文社科研究效率	投入指标:科研人力资源(教授、副教授和讲师,按3、2、1加权),科研经费。 产出指标:出版专著(字数)、完成科研项目数(国家级、省级和市级加权);发表论文数(国内外核心期刊论文数)
韩海彬,李全生	2004年11所高校人文社科科研效率	投入指标:人员投入(社科活动人员数)、经费投入(研究与发展经费)。 产出指标:专著、论文数,科研效益(定性)

续表

学者	决策单元与内容	评价指标
陈俊生,周平,张明妍	江苏地方综合性高校中的15个人文社科科学类学院科研资源利用效率	投入指标:人力、财力。人力用科研人员折合分数(高级、副高或博士、中级或硕士加权3、2、1)、财力用科研人员人均科研经费来表示(立项资助经费+上级下拨的除立项资助以外的其他各种科研经费+科学投入的科研经费)。 产出指标:① 定量指标:发表论文、出版专著、科研奖励折合分数(根据期刊级别或学术影响力确定权重系数);② 定性指标:用科研效益来代替(利用AHP法确定)
陈俊生,周平,张明妍	以南京师范大学和南通大学15个人文社科类学院为对象,评价高校人文社科科研投入产出效率	投入指标:科研人员、科研经费和科研设备。 产出指标:① 定量指标:发表论文、出版专著、发明专利、成果获奖;② 定性指标:用科研效益来代替(决策咨询、政策建议、软件开发等,利用AHP法确定)
李瑛,任珺楠	对110所211高校人文社会科学科研效率及其变化进行分析	投入指标:高校人文社会科学研究发展人员、高校人文社科研究与发展当年拨入经费。 产出指标:论文数、著作数和研究与咨询报告,没有考虑论文质量
阙大学	176所中部公办本科院校人文社会科学研究效率	投入指标:研发人员数、研发经费当年拨入额。 产出指标:课题数、著作数、学术论文篇数、研究与咨询报告数、获奖成果数、获国家与省部级奖数
陈露,凌端新,孙雨亭	江苏省35所本科高校2014年哲学社会科学科研效率分析	投入指标:人力资源指标(研究与发展人员全时当量);财力投入(当年R&D经费支出)。 产出指标:出版专著、发表论文数、发表译文数以及获奖成果数。国内、国外论文按1∶3加权。 环境指标:经济环境(地区人均GDP)、教育环境(地区的大学学历人口比例)、政策环境(学校的政府资金支持)、校企合作环境(非政府资金支持)

续表

学者	决策单元与内容	评价指标
杨国立,谢萍	江苏省11所211高校人文社科科研效率	投入指标:社科活动人员、研发人员、研究与发展经费当年内部支出。 产出指标:课题数、著作数、学术论文数(国内核心)、高水平论文数(国外发表论文)、获奖数
王灵芝	2008年702所本科院校文科科研绩效	投入指标:经费和人员。 产出指标:论文、研究报告、科研课题、科研奖励
徐超	对中国九大类型高校2010—2012年文科科研效率评价研究	投入指标:社会科学科研经费总额。 产出指标:人文社科研究成果的立项数、发表论文数、研究与咨询报告数
姜彤彤	我国30个省高校2004—2010年文科全要素生产率	投入指标:社科活动人员、研究与发展折合全时人员、研究发展经费当年内部支出。 产出指标:各类课题数(省部级以上项目)、著作数、学术论文数(国内期刊)、高水平论文数(国外期刊)、高水平获奖成果数(省部级以上获奖)

  有学者指出,评价指标的遴选应遵循科学性、导向性、独立性、可得性和可比性原则。① 也有学者认为,选择指标时应保障数据的完整性、独立性和易得性,特别是原始数据必须来自专业统计资料,否则难以保证其客观公正和一致性。② 李妮等指出文科科研评价指标的选取应坚持公平性、全面性、易于定量性、数据易得性,兼顾定量与定性评价。③ 郑德俊和高凤华认为文科科研评价体系应包括科研投入、科研产出数量、科研产出效益三个方面。④

  在研究方法方面,学者构建高校科研效率评价指标体系所采用评价方法主要有层次分析法、灰色关联分析法、模糊综合评价法、专家评价法等。刘华海等人采用层次分析法和专家评价法建立了高等院校科技评价模型。⑤ 孙念等人运用灰色

---

① 陈俊生,周平,张明妍.高校人文社会科学科研资源利用效率评价:以江苏省地方综合性大学为例[J].教育与经济,2012(4):58-61.
② 姜彤彤.高校人文社科研究全要素生产率评价及分析[J].研究与发展管理,2013,25(5):90-97.
③ 李妮,王建伟,董淑霞,等.理工类高校人文社科竞争力评价体系的构建[J].理论导刊,2010(4):96-98.
④ 郑德俊,高凤华.高校人文社会科学科研绩效评价指标体系构建[J].科技进步与对策,2009,26(7):150-153.
⑤ 刘华海.科研项目绩效评价模型和指标体系的构建[J].科研管理,2016,37(S1):19-24.

关联分析方法构建了高校科研评价体系。[①] 许敏等人运用模糊综合评价法从科研队伍、科研设备、科研条件、科研管理能力和科研产出等几个方面构建了高校科研能力模糊综合评价模型。[②] 总的来看,在科研指标构建方面,层次分析法是使用较多且较成熟的方法。近年来,运用数据包络分析方法进行科研评价趋势增多,该方法的优点是可以对多产出多投入进行非参数分析,不需要确定指标权重。

结合以上学者实践经验和理论分析,本书在选择高校文科教师科研效率定量评价时坚持科学性、质量导向性、可得性原则,从科研产出、科研投入和科研效益三方面选择指标。具体指标选择标准会根据各种分析的需要有所不同。在进行省级面板数据分析时,本书使用DEA方法进行科研生产效率评价;在进行教师个体生产率分析时,本书使用层次分析法确定指标权重。

[①] 孙念,张友棠.理工类高校科研经费绩效评价研究:基于灰色关联的实证分析[J].财会月刊,2016(33):92-96.

[②] 许敏,戴朝荣,胡斌.基于模糊数学理论的高校科研能力评价研究[J].科技管理研究,2006(8):185-187.

第 3 章　省域高校文科教师科研生产率

本章主要对省域高校文科教师科研效率及其影响因素进行分析。一个省的文科科研产出主要是由该省域内所有高校文科教师集体科研产出成果的集合。[①] 以省为单位考察省域内高校文科教师科研生产率的整体状况，可以分析省际科研生产率差异状况，并分析是哪些原因影响了这种差异。在以往的相关研究中存在以下问题：① 以往所采用的数据已经距今较远，不能及时反映高校文科教师科研效率的最新变化；② 以往研究缺少通过 DEA 投影分析确定效率相对不高的制约因素；③ 以往研究缺少利用最近几年的数据采用 DEA-Mamquist 对高校文科教师科研生产率的变化进行动态分析。本研究基于 31 个省（直辖市、自治区）的 2013—2017 年高校人文社科科研统计数据对省域高校文科教师科研效率进行分析[②]，了解我国高校文科教师科研效率在省级层面最新变化状况，并探索影响省域高校文科教师科研效率的因素，为改进和提高省级层面高校文科教师科研效率提供参考。

3.1　评价方法与模型选择

本章首先使用数据包络分析（DEA）方法评价省域高校文科教师科研生产率状况，最后采用 Tobit 模型分析哪些因素影响省域高校文科教师科研生产率。

对全国 31 个省（直辖市、自治区）高校科研生产率进行评价，实际是对区域高校科研投入产出的技术效率、纯技术效率和规模效益的评估。CCR 模型是基于固定规模报酬不变的假设前提下对决策单元效率进行评价，表示科研生产的综合技术效率。然而，在实际的科研生产率中由于决策单元的规模效益往往处于可变状态（规模递减或规模递增），从而会出现某些决策单元因其投入与产出比例不协调而造成的 DEA 无效的现象。而 BBC 模型是基于规模可变假设前提下计算的科研效率，因此引入 BCC 模型并结合 CCR 模式的结果可以计算决策单元的纯技术效率和规模效率，这样可以进一步分析决策单元科研生产的规模效益状况。在计算

[①] 文科研究以高校文科教师为主体，以非教师身份从事文科研究的科研人员占比总体不高。
[②] 由于数据可得性原因，本研究对象不包括中国香港、澳门、台湾地区。

决策单元规模效率后,还可以通过投影分析非 DEA 有效的决策单元投入或产出盈余或不足,以便帮助研究对象提供精确的决策信息,实现绩效提升。传统的 DEA 模型只能对生产率进行静态分析,而利用 DEA-Mamquist 指数则可以对生产率进行动态分析,即对时间序列的数据进行分析,从而可以发现近几年高校文科教师科研生产率的变动趋势。无论是 CCR 模型还是 BBC 模型只能区分有效与非有效单元,而不能在有效单元之间作进一步区分和比较,而 DEA 超效率模型则可以弥补这一缺憾,所以本书将在 BBC 和 CCR 模型的基础上进一步作 DEA 超效率模型分析。最后,在 DEA 超效率模型的基础上,采用 Tobit 模型构建省域高校文科教师科研生产率影响因素的模型。

3.2 评价指标

评价指标的选择是进行高校文科教师实证研究的关键一环,评价指标选择的适切性与否决定了实证研究的科学性和可信度。由第 2 章对以往学者所采用的指标分析可知,大部分学者在指标选择上基本都坚持易得性、科学性和可比性原则。他们在产出指标选择上一般是论文、著作和获奖居多,在投入指标选择上主要包括人力投入、财力投入,也有学者倡导要考虑设备投入,但是在实际研究中并没有成为主流。分析发现,多数学者在评价时并没有区分数量指标、质量指标和效益指标。

本书在借鉴以往研究的基础上,认为高校科研投入是指高校科研活动中所需的各种资源及要素,主要包括人力、财力、物力资源的投入;高校科研产出则主要涉及各种形式的科研成果,评价标准可以分为成果数量、成果质量以及成果效益等。高校科研生产属于典型的多投入、多产出的生产活动。因此,本书初始设计的评价指标体系包括 2 个一级指标和 7 个二级指标。

3.2.1 投入指标的选择

高校文科教师研究活动投入指标主要包括人力和财力两个方面。仪器、设备等投入在文科研究中并不多见,且仪器设备是一种间接投入,一般体现在财力投入中,故在此不把此项纳入投入指标。

科研人力资源投入指标选择"区域社科活动人员总数",它包括按职称分的高级、中级、初级人员,以及其他类型的人员。在以往的研究中很多使用全时人员作为人力投入指标,但是自 2016 年以来,中国高校人文社会科学信息网公布的社科统计摘要中不再单独统计全时人员数,本书需要使用最新的数据,即 2016 年以来的数据,故本书以社科活动人员总数作为人力投入指标。

在科研财力投入指标方面,以"当年研发经费支出"作为高校文科教师科研财力投入指标。"当年研发经费支出"分为两大部分:内部支出和转拨给外单位的经费,其中内部支出包括科研人员费、业务费、科研基建费、仪器设备费、图书资料费、间接费,以及其他费用。

3.2.2 产出指标的选择

高校文科教师研究产出指标选择除了要遵循上文的指标选择原则外,本部分根据研究需要还要考虑产出数量、质量和效益指标。本书认为科研生产率不仅体现在给定投入条件下最大产出,也要追求产出的质量和效益。

在成果数量指标方面,本书选择"著作数"和"论文数"。

在产出的质量指标方面,本书选择"国外学术刊物发表论文数[①]"和"获得成果奖数"。其中成果奖包括国家级、部级和省级奖励。由于在实际统计中,2017年没有省份获国家级奖励,故本次分析的获奖指标主要是指部级和省级科研奖励。

高校文科教师研究产出效益指标选择"被采纳的研究报告数"。效益指标之所以选择"被采纳的报告数",而没有选择"提交的报告数",是因为本书认为只有被采纳的报告才能发挥一定的社会效益和经济效益。此外,采用"被采纳报告数",而没有像其他多数研究那样采用"专利数"或"转让专利费"作为指标,则是考虑到高校文科科研生产的特性。

3.2.3 评价指标的检验

DEA分析中所用的指标需要满足"同向性"原则,即投入与产出指标之间是正向关系,投入的增加不能导致产出的减少。因此需要对投入与产出指标进行相关性检验,确定二者关系是否符合"同向性"原则。本书采用Pearson相关分析方法对选取的投入与产出指标的相关性进行检验(表3-1),经检验发现本书选取的评价科研生产率的投入与产出指标都呈现正向相关,除了获奖指标与财力指标没有达到显著相关外,其他指标都在5%的水平上显著相关,没有负相关关系存在,说明所选择的指标符合"同向性"原则。

---

① 由于国外期刊相对于国内期刊在研究规范、同行评议、职业道德等方面要求更高,在国外期刊发表论文能够反映论文质量,所以本书把在国外期刊发表的论文作为质量指标。

表 3-1　投入与产出指标相关性分析

	专著(Y_1)	论文(Y_2)	国外论文(Y_3)	被采纳报告(Y_4)	获奖(Y_5)
财力(X_1)	0.837403**	0.856863**	0.944149**	0.708662**	0.322614
人力(X_2)	0.753251**	0.86385**	0.62664**	0.606238**	0.4276*

注：**．在 0.01 水平(双侧)上显著相关；*．在 0.05 水平(双侧)上显著相关。

3.3　数据来源

本部分所采用的科研投入与产出数据均来源于中国高校人文社科信息网上所公布的 2013—2017 年高校人文社科研究统计数据，整理后的数据见附录 1。对决策单元的静态分析采用的是 2017 年数据[①]；对决策单元的动态分析采用的是 2013—2017 这五年的数据。具体数据见附录 1。

3.4　省域高校文科教师科研生产率水平静态分析

本节运用 DEA-SOVER PRO 5.0 软件，采用投入角度 CCR 和 BBC 模型对 2017 年高校文科科研投入与产出变量进行分析，探索高校文科教师科研生产率在区域层面上的表现。先利用投入导向 CCR 模型计算出 41 所高校技术效率(TE)，然后采用投入导向 BBC 模型计算出 41 所高校的纯技术效率(STE)，最后用技术效率值除以纯技术效率值得出规模效率值，所得结果如表 3-2 所示。

表 3-2　省域高校文科教师科研生产率

DMU[②]	STE	TE	SE	DMU	STE	TE	SE
北京	1	1	1	湖北	1	1	1
天津	1	1	1	湖南	1	1	1
河北	0.7979032	0.7011182	0.878701	广东	1	0.8330674	0.833067
山西	0.9014339	0.8490994	0.941943	广西	0.6658916	0.6508781	0.977454
内蒙古	1	1	1	海南	1	1	1

---

① 这是论文写作时可以获得的最新数据。
② 为了排版需要，作为决策单元的省、自治区、直辖市的名称都缩减为 2~3 个字，下同。

续表

DMU	STE	TE	SE	DMU	STE	TE	SE
辽宁	1	0.9665175	0.966518	重庆	1	1	1
吉林	1	0.9595568	0.959557	四川	0.8921766	0.8896898	0.997213
黑龙江	0.7849792	0.681467	0.868134	贵州	0.8264192	0.8128624	0.983596
上海	1	1	1	云南	0.9723792	0.8970833	0.922565
江苏	1	1	1	西藏	1	0.556271	0.556271
浙江	0.899203	0.7562035	0.840971	陕西	1	0.9852818	0.985282
安徽	0.6777777	0.6559904	0.967855	甘肃	0.8753092	0.868037	0.991692
福建	1	1	1	青海	0.8717077	0.5343135	0.61295
江西	1	0.7855058	0.785506	宁夏	0.9892673	0.9113221	0.921209
山东	1	0.850016	0.850016	新疆	0.7084328	0.7084202	0.999982
河南	1	0.8337904	0.83379				

3.4.1 省域高校文科教师科研生产技术效率

从表3-2呈现的结果可以发现,以省域(包括直辖市、自治区,不包括港澳台地区,下同)高校文科教师群体科研生产技术效率达到DEA有效的省份只有10个,而非DEA有效的省份多达21个。也就是说高校文科教师科研生产技术效率达到DEA有效的省份与DEA无效的省份之比小于1∶2,或者说DEA有效的省份占整体的比例小于30%,可见,整体来看,我国大多数省份高校文科教师科研生产运行效率并不理想,科研生产率有待提高。

具体分析来看,高校文科教师科研生产技术效率达到DEA有效的省份分别有北京、天津、内蒙古、上海、江苏、福建、湖北、湖南、海南、重庆共10个。21个高校文科教师科研技术效率非DEA有效的省份中,陕西省最高,达98.5%;其次是辽宁省和吉林省,分别为96.7%和96.0%,都非常接近理想值1。在高校文科教师科研生产技术效率非DEA有效的省份中,技术效率超过90%的省份共有4个,在80%~90%范围的省份有8个,在70%~80%范围的省份有4个,70%以下的省份有5个,分别为黑龙江、安徽、广西、西藏、青海,其中技术效率最低的是青海,其效率值只有53.4%,其次是西藏,其效率值只有56.0%。

整体分析来看,高校文科教师科研技术效率达到DEA有效的省份主要集中在东部和中部省份,而非DEA有效的省份各个区域都有,其中效率比较低的省份(低于60%)主要是经济欠发达的西部省份。

DEA的技术效率实质上是基于规模报酬不变假设下的技术效率,包含技术效率和规模效率,其值是技术效率和规模效率的乘积,因此又称为技术规模效率。对技术效率进行分解，可以进一步分析导致技术效率无效的原因到底是纯技术效率还是规模效率。如表3-2所示，导致科研技术效率非DEA有效的原因主要是规模效率，因为二者变化的趋势基本一致，其中完全由规模效率导致的技术效率无效的省份有辽宁、吉林、江西、山东、河南、广东、西藏和陕西，共8个，其他非DEA有效省份则是由纯技术效率和规模效率共同影响的。

3.4.2 省域高校文科教师科研生产纯技术效率

纯技术效率测量的是在给定投入组合和现有生产技术条件下，科研生产单位所能获得的最大产出或最小投入能力，即决策单元最大产出的科研资源最小投入成本，用来分析基于投入导向的科研资源投入是否存在冗余，可以反映高校科研制度运行效率即管理水平和资源配置能力。纯技术效率小于1，说明该省份科研资源没有得到有效的开发，反映了科研活动的发展模式、资源配置能力、管理水平等有待提高。

分析表3-2可知，高校文科教师科研生产纯技术效率达到DEA有效的省份共18个，约占58%，表明在不考虑规模报酬的情况下，这些省份的文科教师的科研投入产出在技术上是有效的，既定的投入达到了生产前沿面；纯技术效率非DEA有效的省份共13个，约占42%，表明这些省份2017年的高校文科教师科研纯技术效率大多数处于技术无效状态，表明这些省份在不考虑规模报酬的情况下，文科科研投入产出比例没有达到最优。

整体分析来看，纯技术效率达到DEA有效的省份超过一半，多于非DEA有效的省份。观察表3-2还可以看出科研纯技术效率达到DEA有效的省份在数量上多于技术效率和规模效率达到DEA有效的省份，纯技术效率值普遍高于技术效率。

高校文科教师科研纯技术效率非DEA有效的13个省份中，纯技术效率最高的是宁夏回族自治区，达到了98.9%；其次是云南省，达到97.2%；纯技术效率高于90%的省份还有山西省（90.1%），三者合计约占总体的9.7%；纯技术效率处于80%~90%范围的省份有浙江、四川、贵州、甘肃、青海，约占总体的12.9%；纯技术效率处于70%~80%范围的省份有河北、新疆，约占总体的6.6%；纯技术效率低于70%的省份有安徽、广西，这两个省份也是31个省级单位中纯技术效率最低的两个省份；其中广西文科教师科研纯技术效率在31个省份中最低，其纯技术效率值为66.6%，其次是安徽，其纯技术效率值为67.7%。在纯技术效率有效的省份中，多数属于中东部省份，少数属于西部省份（西藏、陕西、重庆），在纯技术效率非DEA有效的省份中，中、西、东部各有分布，但纯技术效率最低的省份都位于中西部。

3.4.3 省域高校文科教师科研生产规模效率

规模效率是指与规模有效点相比规模经济性发挥的程度[①],考察在技术水平一定的条件下,各省的高校文科教师是否在最适合的规模下进行科研生产活动。科研生产规模有效说明科研活动投入要素和产出要素达到了最优的配比。规模效率可以分为三种情况:规模收益递增、规模收益递减和规模收益不变。规模收益不变是最理想的一种生产规模状态,而规模收益递增和递减都属于规模效率非DEA有效。由表3-3可知,规模效率达到DEA有效的省份共13个,分别是北京、天津、内蒙古、上海、江苏、福建、湖北、湖南、海南、重庆、四川、甘肃和贵州。仔细观察会发现此次计算规模效率DEA有效的省份比3.4.2小节(表3-2)规模效率DEA有效的省份多了三个,多的三个省份分别是四川、甘肃和贵州,因为三者规模效率值分别为0.997213、0.991692和0.983596,若取整的话就是1,所以两次结果不一样是因为计算机对小数取整导致的。

表3-3 省域高校文科教师科研生产规模效率及收益

省份	STE	规模收益	DMU	STE	规模收益
北京	1	不变	湖北	1	不变
天津	1	不变	湖南	1	不变
河北	0.7011182	递减	广东	0.8330674	递减
山西	0.8490994	递减	广西	0.6508781	递减
内蒙古	1	不变	海南	1	不变
辽宁	0.9665175	递减	重庆	1	不变
吉林	0.9595568	递减	四川	0.8896898	不变
黑龙江	0.681467	递减	贵州	0.8128624	不变
上海	1	不变	云南	0.8970833	递减
江苏	1	不变	西藏	0.556271	递增
浙江	0.7562035	递减	陕西	0.9852818	递减
安徽	0.6559904	递减	甘肃	0.868037	不变
福建	1	不变	青海	0.5343135	递增
江西	0.7855058	递减	宁夏	0.9113221	递增
山东	0.850016	递减	新疆	0.7084202	递增
河南	0.8337904	递减			

---

① 汪彦,陈悦,曹贤忠,等.上海高校科研创新效率与影响因素实证研究:基于DEA-Tobit模型[J].科技管理研究,2018,38(8):100-109.

在 21 个技术效率非 DEA 有效的省份中,有 18 个是由于规模效率非 DEA 有效导致的,有 3 个是因为纯技术效率导致的。由此来看,我国高校文科教师科研生产率不高的省份主要是由于规模无效造成的。

在 18 个规模效率非 DEA 有效的单元中,有 14 个是因为规模递减导致的,有 4 个是因为规模递增导致的,由此说明我国大部分省份的高校文科教师科研规模有待缩减,而与此相反,陕西、青海、宁夏、新疆 4 个省份应该增加投入。进一步观察发现,规模递减的省份主要位于东部和中部,例如河北、山西、浙江、广东、辽宁等省份;而规模递增的省份全部位于西部地区,这也进一步反映了近几年中东部省份高校文科科研规模急剧扩张,导致规模收益递减,而西部地区却由于投入不足,导致规模收益递增。

3.4.4 省域高校文科教师科研生产的 DEA 超效率及区域差异

在科研生产率测算方面,传统的 DEA 模型往往会计算出多个"有效"(效率值为 1)的决策单元,不能评价和比较有效决策单元之间的效率差异,而 DEA 超效率模型则弥补了这一缺陷。本书为了对有效决策单元进一步比较分析,并为后续影响因素分析提供因变量数据,本小节使用投入导向的投入角度规模收益不变的 S-SBA 超效率模型分析各省 2017 年科研生产率。结果如表 3-4 所示。

表 3-4　2017 年省域文科科研生产 DEA 超效率值及排名

决策单元	效率值	排名
内蒙古自治区	1.5986369	1
上海市	1.4302901	2
天津市	1.2847467	3
北京市	1.2835977	4
重庆市	1.2722767	5
江苏省	1.1585286	6
海南省	1.1503816	7
湖北省	1.1257429	8
福建省	1.0679404	9
湖南省	1.0054839	10
陕西省	0.9793785	11

续表

决策单元	效率值	排名
辽宁省	0.9639224	12
四川省	0.8759873	13
山东省	0.8448854	14
宁夏回族自治区	0.8420287	15
甘肃省	0.8361262	16
广东省	0.8328104	17
云南省	0.7872525	18
山西省	0.7801515	19
河南省	0.7744124	20
吉林省	0.7604708	21
江西省	0.7327772	22
浙江省	0.6993551	23
贵州省	0.6880325	24
黑龙江省	0.6747663	25
新疆维吾尔自治区	0.6734912	26
河北省	0.6474541	27
安徽省	0.5742262	28
广西壮族自治区	0.5617392	29
西藏自治区	0.5031372	30
青海省	0.4806983	31
东部	1.04	1
中部	0.83	3
西部	0.84	2

由表 3-4 可知，共有 10 个省份的文科科研生产率大于 1，说明它们是有效的生产决策单元，有 21 个省份文科科研生产率值小于 1，说明它们科研生产率相对处于无效状态。从效率值排序来看，在有效单元中，科研生产率最高的为内蒙古自治区，其次是上海市、天津市、北京市、重庆市、江苏省、海南省、湖北省、福建省和湖南省。可以发现四个直辖市的高校文科教师科研生产率处于前列。

从表 3-4 也可以初步看出，东部地区高校文科教师科研生产率普遍较高，而中西部地区的相对较低,从科研生产率均值上看,最高的是东部地区(1.04),其次是西部地区(0.84),再次是中部地区(0.81)。为了进一步分析高校文科教师科研生产率的区域差异,本书把区域31个省(自治区、直辖市)划分为东部、中部、西部和,经方差分析发现四个区域高校文科教师科研生产率不存在显著差异($F=1.295$, $P=0.296$)。究其原因,主要是由于每个地区都有一些科研效率极端个案影响平均值,例如,从整体上看,东部地区高校文科教师科研生产比较高(均值为1.04),但是东部地区的河北省(约为0.65)、浙江(约为0.70)的高校文科教师科研生产率明显较低,拉低了东部地区整体高校文科科研生产率水平;再如,西部地区高校文科教师科研生产率整体较低(均值为0.84),但是内蒙古(约为1.60)、重庆(约为1.27)的高校文科教师科研生产率明显较高,陕西、四川也较高。可见四个区域内部差异较大,例如,四川、重庆、陕西虽然位于西部,但是都是高等教育强省,是优质科研资源聚集地;而同样位于西部的新疆、西藏、青海、云南等则是高等教育弱省,科研资源匮乏。由此本书推测,如果去掉东部两个极端省份(河北和浙江)和西部地区四个极端省份(内蒙古、重庆、四川和陕西),那么中西部地区在高校文科教师科研生产率方面就会有显著差异。为了验证这个假设,本书依照上述操作,然后进行单因素分析,结果发现二者果然存在显著差异($F=8.836$, $P=0.01$)。由此可以得出如下结论:三个区域间高校文科教师科研生产率不存在显著差异,主要是受各自区域内一些极端个案影响导致的,这些极端个案虽然不多,但是可以显著影响到整体科研生产率均值,进而影响整体方差分析的结果。这个结论也启示我们,在以后的研究中,有必要研究区域内各省份的高校文科教师科研差异状况。

3.4.5 省域高校文科教师科研生产的 DEA 投影分析

3.4.1 至 3.4.3 小节从技术效率、纯技术效率和规模效率分析了我国省域高校文科教师科研生产率,本小节则利用投影分析进一步探讨规模效率非 DEA 有效的单元改进措施,包括投入和产出的改进数量、改进比例和理想值。将分别从 BCC 模型的投入和产出角度[①]呈现和分析投影结果,具体统计结果如表3-5所示。

表3-5清楚地呈现了13个省高校文科科研投入主要减少因素、原始值、目标值和改进比例及产出主要增加的因素、原始值、目标值和改进比例。

---

① 按照对效率的测量方式,DEA 模型可以分为投入导向、产出导向和非导向。投入导向模型是从投入的角度对被评价 DMU 无效率程度进行测量,关注的是在不减少产出的条件下,要达到技术有效各项投入应该减少的程度;产出导向模型是从产出的角度对被评价 DMU 无效率程度进行测量,关注的是在不增加投入的条件下,要达到技术有效各项产出应该增加的程度;非导向模型则是同时从投入和产出两个方面进行测量。

表 3-5 技术效率非有效单元投影分析（产出角度）

省份	分数原始值	分数目标值	改差距	进百分比	省份	分数原始值	分数目标值	改差距	进百分比
河北	0.701118				广西	0.650878			
研发支出	364926.8	255856.8	-109070	-29.89%	研发支出	309589.2	201504.9	-108084.4	-34.91%
人员	32336	22692.39	-9673.608	-29.89%	人员	21198	13797.31	-7400.686	-34.91%
专著	591	591	0	0.00%	专著	349	349	0	0.00%
论文	11590	12035.35	445.3502	3.84%	论文	7776	7776	0	0.00%
国外论文	180	251.5889	71.58888	39.77%	国外论文	54	180.9442	126.9442	235.08%
报告	117	128.7628	11.76276	10.05%	报告	32	139.6758	107.6758	336.49%
获奖	0.0001	299.3336	299.3335	999.90%	获奖	7	100.2881	93.28811	999.90%
山西	0.849099				四川	0.88969			
研发支出	160012.7	135866.7	-24146.01	-15.09%	研发支出	701074.7	623739	-77335.7	-11.03%
人员	17595	14939.9	-2655.096	-15.09%	人员	33658	29945.18	-3712.821	-11.03%
专著	366	366	0	0.00%	专著	670	670	0	0.00%
论文	5530	7697.107	2167.107	39.19%	论文	15207	17246.62	2039.616	13.41%
国外论文	55	136.3439	81.34388	147.90%	国外论文	744	744	0	0.00%
报告	40	82.54229	42.54229	106.36%	报告	666	666	0	0.00%
获奖	0.0001	202.7098	202.7097	999.90%	获奖	20	25.90645	5.906452	29.53%
辽宁	0.966518				贵州	0.812862			
研发支出	331068.7	319983.7	-11085	-3.35%	研发支出	287941.7	234057	-53884.72	-18.71%
人员	31367	30316.76	-1050.245	-3.35%	人员	14012	11389.83	-2622.172	-18.71%
专著	675	697.625	22.62499	3.35%	专著	289	289	0	0.00%
论文	14578	14578	0	0.00%	论文	7023	7023	0	0.00%
国外论文	476	476	0	0.00%	国外论文	42	214.1259	172.1259	409.82%
报告	58	182.8156	124.8156	215.20%	报告	59	210.9259	151.9259	257.50%
获奖	193	343.419	150.419	77.94%	获奖	2	14.94041	12.94041	647.02%

第3章 省域高校文科教师科研生产率

续表

省份	原始值	分数目标值	改差距	进百分比	省份	原始值	分数目标值	改差距	进百分比
吉林	0.959557				云南	0.897083			
研发支出	355485.2	341108.2	−14376.96	−4.04%	研发支出	331816.1	297666.7	−34149.4	−10.29%
人员	19310	18529.04	−780.9581	−4.04%	人员	18441	16543.11	−1897.886	−10.29%
专著	419	523.6189	104.6189	24.97%	专著	431	482.8075	51.80752	12.02%
论文	8831	8831	0	0.00%	论文	9621	9621	0	0.00%
国外论文	260	444.7887	184.7887	71.07%	国外论文	208	287.0235	79.02346	37.99%
报告	175	175	0	0.00%	报告	64	155.451	91.45101	142.89%
获奖	263	263	0	0.00%	获奖	169	169	0	0.00%
黑龙江	0.681467				西藏	0.556271			
研发支出	151427.3	103192.7	−48234.6	−31.85%	研发支出	18073.63	10053.84	−8019.793	−44.37%
人员	21099	14378.27	−6720.729	−31.85%	人员	1282	713.1395	−568.8605	−44.37%
专著	332	332	169.028	0.00%	专著	20	20	0	0.00%
论文	6325	6494.028	169.028	2.67%	论文	356	392.2267	36.22668	10.18%
国外论文	77	147.77	70.77003	91.91%	国外论文	3	9.716599	6.716599	223.89%
报告	23	75.76905	52.76905	229.43%	报告	3	4.184386	1.184386	39.48%
获奖	0.0001	222.9357	222.9356	999.90%	获奖	9	9.058557	0.058557	0.65%
浙江	0.756204				陕西	0.985282			
研发支出	1418449	1072636	−345812.8	−24.38%	研发支出	440601.4	434116.6	−6484.86	−1.47%
人员	35805	27075.87	−8729.133	−24.38%	人员	26154	25769.06	−384.9398	−1.47%
专著	921	973.1522	52.15221	5.66%	专著	626	626	0	0.00%
论文	16214	16214	0	0.00%	论文	14416	14416	0	0.00%
国外论文	845	1149.417	304.4168	36.03%	国外论文	511	511	0	0.00%
报告	627	627	0	0.00%	报告	38	362.0235	324.0235	852.69%
获奖	197	197	0	0.00%	获奖	1	155.5885	154.5885	999.90%

续表

省份	分数 原始值	分数 目标值	改 差距	进 百分比	省份	分数 原始值	分数 目标值	改 差距	进 百分比
安徽	0.65599				甘肃	0.868037			
研发支出	420974.7	276155.4	-144819.4	-34.40%	研发支出	181917.2	157910.9	-24006.34	-13.20%
人员	26825	17596.94	-9228.058	-34.40%	人员	10598	9199.456	-1398.544	-13.20%
专著	378	414.8722	36.8722	9.75%	专著	278	278	0	0.00%
论文	10146	10146	0	0.00%	论文	5114	5255.917	141.9167	2.78%
国外论文	167	278.5253	111.5253	66.78%	国外论文	39	150.7137	111.7137	286.45%
报告	129	303.4358	174.4358	135.22%	报告	38	55.9103	17.9103	47.13%
获奖	3	108.5181	105.5181	999.90%	获奖	0.0001	111.9715	111.9714	999.90%
江西	0.785506				青海	0.534313			
研发支出	231099.4	181529.9	-49569.48	-21.45%	研发支出	22494.35	12019.03	-10475.32	-46.57%
人员	22043	17314.9	-4728.096	-21.45%	人员	1916	1023.745	-892.2554	-46.57%
专著	383	434.0162	51.01622	13.32%	专著	27	27	0	0.00%
论文	8111	8111	0	0.00%	论文	324	546.275	222.275	68.60%
国外论文	241	241	0	0.00%	国外论文	2	11.77843	9.778435	488.92%
报告	98	98	0	0.00%	报告	4	5.841616	1.841616	46.04%
获奖	255	255	0	0.00%	获奖	0.0001	13.42171	13.42161	999.90%
山东	0.850016				宁夏	0.911322			
研发支出	515052.6	437802.9	-77249.63	-15.00%	研发支出	35378.72	32241.41	-3137.312	-8.87%
人员	45438	38623.03	-6814.972	-15.00%	人员	3960	3608.835	-351.1647	-8.87%
专著	987	987	0	0.00%	专著	88	88	0	0.00%
论文	12193	17201.99	5008.987	41.08%	论文	1551	1855.268	304.2683	19.62%
国外论文	475	602.5389	127.5389	26.85%	国外论文	29	32.415	3.415003	11.78%
报告	391	391	0	0.00%	报告	14	19.89907	5.899069	42.14%
获奖	231	481.4008	250.4008	108.40%	获奖	6	49.06597	43.06597	717.77%

续表

省份	分 原始值	数 目标值	改 差距	进 百分比
河南	0.83379			
研发支出	452498.3	377288.7	−75209.56	−16.62%
人员	43422	36204.85	−7217.153	−16.62%
专著	921	921	0	0.00%
论文	17902	18986.92	1084.923	6.06%
国外论文	267	373.599	106.599	39.92%
报告	14	203.319	189.319	999.90%
获奖	240	482.9268	242.9268	101.22%
广东	0.833067			
研发支出	1916280	1596390	−319889.6	−16.69%
人员	52461	43703.55	−8757.454	−16.69%
专著	849	1443.291	594.2911	70.00%
论文	25210	25210	0	0.00%
国外论文	1470	1470	0	0.00%
报告	1259	1259	0	0.00%
获奖	228	228	0	0.00%

省份	分 原始值	数 目标值	改 差距	进 百分比
新疆	0.70842			
研发支出	88852.23	62944.71	−25907.52	−29.16%
人员	9344	6619.478	−2724.522	−29.16%
专著	98	157.4132	59.41319	60.63%
论文	3448	3448	0	0.00%
国外论文	21	63.79843	42.79843	203.80%
报告	9	50.23767	41.23767	458.20%
获奖	2	81.85273	79.85273	999.90%

以河北省为例,在投入方面,研发支出的实际值为36492.7万元,目标值为25585.7万元,实际值与目标值差距为10907万元,即为了使科研生产率达到DEA有效,需要减少研发支出10907万元,减少比例为29.89%;在人文社科人员投入方面,实际值为32366人,目标值为22692人,实际值与目标值的差距为9674人,即为了使科研生产率达到DEA有效,在人员投入方面需要减少9674人,减少比例为29.89%。在产出指标方面,河北省在专著方面不需要做改进,但在论文、国外发表论文、报告被采纳数和获奖方面需要做不同程度的改进。具体分析如下:发表学术论文数实际值为11590篇,目标值为12035篇,实际值与目标值差距445篇,即需要多发表445篇论文,提高比例为3.84%;国外发表的论文实际数值为180篇,目标值为252篇,实际值与目标值差距为72篇,即需要增加72篇在国外期刊发表的论文,增加的比例为39.77%;在报告被采纳数方面,实际值为117篇,目标值为128篇,实际值与目标值的差距为12篇,需要提高的比例为10.05%;在成果获奖产出方面需要更大的提升空间,成果获奖实际值为0项,理想值为183项,二者差距183项,提升比例999.90%,可见河北省高校文科科研获奖数严重制约了该省的科研效率。其他省份由于篇幅所限,不再逐个分析。

总之,从产出角度分析,河北省需要减少研发支出和人文社科人员投入,同时增加在国外期刊发表的论文数和科研成果获奖数。由此可知,在国外期刊发表的论文数和成果获奖数较少是影响河北省高校文科教师科研效率的最主要原因。

在产出不增加的情况下,为了使文科教师科研生产率达到DEA有效,需要在投入方面大幅度缩减的省份主要位于西部。例如,青海在研发支出和人员投入方面需要减少比例最大,需要减少46.57%;其次是西藏,在研发支出和人员投入方面需要减少44.37%;投入要素需要减少比例在30%~40%范围的有广西(34.91%)、安徽(34.40%)和黑龙江(31.85%);投入要素需要减少比例在20%~30%范围的有河北(29.89%)、新疆(29.16%)、浙江(24.38%)和江西(21.45%);投入要素需要减少比例在20%以下的省份有12个。在研发支出和人员投入方面分别需要减少46%,说明这几个省份在两个投入指标方面较多,但是相应的产出量不足。在投入指标方面改进比例最少的省份是宁夏,只需要减少1%的研发支出和人员数量。如图3-1所示。

综合分析可知,在产出不增加的情况下,投入改进比例较大的省份主要集中在西部和中部省份。为了提高科研技术效率,这些省份可以从投入上改进,例如,淘汰多余人员,提高人员素质和管理水平,开发资源潜在的生产力。

综合分析表3-5和图3-2可知,在五个产出指标中,大部分省份需要改进,且改进程度最大的指标是成果获奖数。例如,河北、山西、黑龙江、安徽、广西、贵州、甘肃、青海和新疆9个省份2017年科研成果获奖方面都是0项,所以它们都需要999.90%比例的改进,此外,宁夏、贵州、山东、河南也需要大幅度提高科研成果奖的产出比例,提高比例分别为717.77%,647.02%,108.40%,101.22%,这些省份

第3章 省域高校文科教师科研生产率

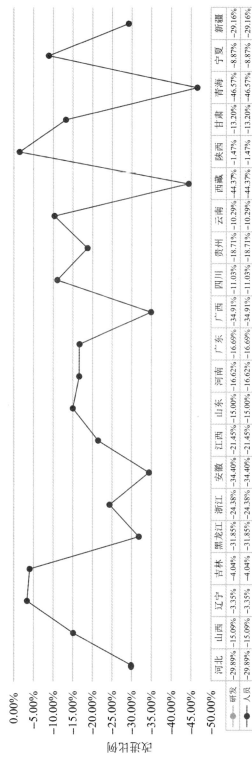

图 3-1 高校文科教师科研非 DEA 有效省份的投入改进比例

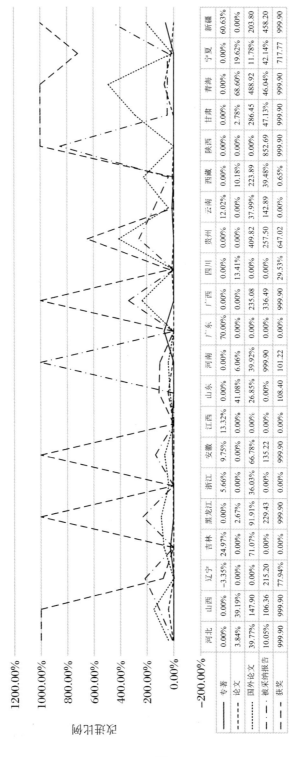

图 3-2 高校文科教师科研非 DEA 有效省份的产出改进比例

主要集中在西部和中部，这说明成果获奖数是大部分中西部省份在文科科研方面的弱项；被采纳报告数也是大部分省份需要大幅度扩大产出的指标，例如，在该指标上需要作出较大改进的省份有河南(999.90%)、陕西(852.69%)、新疆(458.20%)、广西(336.49%)、贵州(257.50%)、黑龙江(229.43%)、辽宁(215.20%)、云南(142.89%)、安徽(135.22%)和陕西(106.36%)；此外，改进比例较大的指标还有在国外刊物上发表论文数，青海省在这个指标上需要改进比例最大，需要提高488.92%，其次是贵州省，需要提高409.82%，再次是甘肃、广西、新疆和山西，分别需要提高286.45%、235.08%、203.80%和127.90%；在专著指标方面需要较大地提高产出的省份依次是广东省、新疆维吾尔自治区，各自需要提高比例分别为70.00%和60.63%，可见这两个省（自治区）在专著产出方面缺口较大；在论文产出方面需要提高的省份有青海、山西和山东，各自需要提高的比例分别为68.60%、39.19%、41.08%，可见，这三个省份在论文产出方面缺口较大。

总结以上分析，在产出方面，造成我国大部分省份（特别是西部和中部省份）的高校文科教师科研技术效率非DEA有效的原因是成果获奖数、报告被采纳数和在国外刊物发表论文数不足，这三个指标代表的是科研质量，所以可以说，造成我国大部分省份高校文科教师科研生产非DEA有效的原因是高质量科研产出不足。

3.5 省域高校文科教师科研生产率动态分析

由于DEA效率分析是一种相对有效的评价方法，只能对某一时间点的数据进行分析，不能反映各个评价单元在不同时间段的效率动态变化，而DEA-Malmquist指数法则可以弥补这一缺陷。为更深入地了解我国省级层面的高校文科教师科研近5年效率变动规律和原因，本书选择2013—2017年共5年的数据，通过求解Malmquist指数并对其分解的方式实现对最近5年的省级层面的高校文科教师科研效率变化进行动态分析。因为Malmquist指数是跨期比较的结果，所以5年数据可以得出4年的跨期Malmquist指数，即2013/2014年度至2016/2017年度。Malmquist指数测量的是全要素生产率，指数含义如下：若测算出来的Malmquist指数大于1，表明高校文科教师科研全要素生产率在提高；若Malmquist指数等于1，表明高校文科教师科研全要素生产率不变；若Malmquist指数小于1，表明科研全要素生产率下降。Malmquist指数可以分解为技术效率变化、技术进步变化、纯技术效率变化和规模效率变化。技术效率变化值描述了高校文科教师科研生产靠近当期生产前沿面边界的程度，若其值大于1，说明具有"追赶效率"，即正在缩小与前沿面有效决策单元的差距；若其值小于1，说明当前决策单元扩大了与有效决策单元的差距；若其值等于1，说明二者差距没有变化。技术进步变化值描述了生产前沿边界的移动程度,若其值大于1,表明具有"增长效应",即高校文科教师整体科研生产率在提高,主要是因为在科研方面实施了有效的技术投入和创新;若其值小于1,则说明该行业技术效率退步,原因之一可能是生产技能落后;若其值等于1,则说明技术效率没有变化。纯技术效率变化衡量在现有技术和生产规模下的效率变化,若其值大于1,表明文科的教师所在的单位在科研管理水平、资源配置水平等方面得到改善;若其值小于1,表明生产管理、组织协调方面不佳;若其值等于1,表明科研管理与服务等方面没有变化。规模效率变化衡量的是科研生产规模效率改善程度,若其值大于1,表明文科教师所在的单位科研生产规模效率得到提升;若其值小于1,表明科研生产规模效率下降;若其值等于1,表明规模效率没有变化。

此次使用 Deap 2.1 软件对基于 31 个省份的 2013—2017 年的科研投入与科研产出的面板数据求解 Malmquist 指数,结果如表 3-6 所示。

表 3-6　2013—2017 年省域高校文科教师科研效率 Malmquist 及其分解指数年度均值

年　度	技术效率 变化(Effch)	技术进步 变化(Techch)	纯技术效率 变化(Pech)	规模效率 变化(Sech)	全要素生产率 变化(Tfpch)
2013/2014	0.906	1.026	0.981	0.923	0.929
2014/2015	0.981	2.69	1.016	0.965	2.638
2015/2016	1.108	0.729	1.038	1.067	0.807
2016/2017	1.13	0.651	1.037	1.09	0.736
均值	1.027	1.07	1.018	1.009	1.098

3.5.1　省域高校文科教师科研全要素生产率整体变化趋势

从全要素生产率的变化来看,2013—2017 年这五年间我国省级层面的高校文科教师科研效率 Malmquist 指数为 1.098,表明我国省级层面的高校文科教师科研生产活动在 2013—2017 年全要素生产率整体上呈上升趋势,即呈现正增长,年均增长 9.8%。不过全要素生产率均值受极端值影响极大,观察表 3-6 可知,仅 2014/2015 年度全要素生产率变化指数大于 1,且数值较大(2.638),表明 2015 年比 2014 年科研效率提高 163.8%,这是一个比较大的增长。除此之外的年份 Malmquitst 指数都小于 1,说明在这几个年份里我国省级层面的高校文科教师科研效率是下降的,其中下降最多的是 2016/2017 年度,下降幅度为 26.4%,下降幅度最小的是 2013/2014 年度,下降幅度为 7.1%。如果不考虑 2014/2015 年度科研生产率的较大提高,那么其他三个年度的科研生产率下降幅度随时间逐渐增加,说明 2013—2017 年大部分年份,我国省域高校文科教师科研全要素生产率都处于下降趋势,这显然不是好现象。从图 3-3 可以更直观地看出全要素生产率的变化趋势。

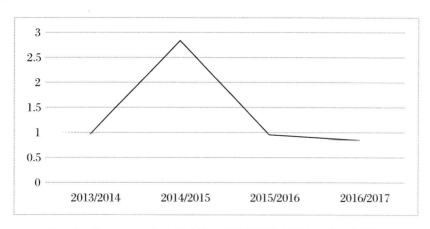

图 3-3　2013—2017 年省域高校文科教师科研全要素生产率趋势图

3.5.2　省域高校文科教师科研生产率分解

从全要素的生产率指数分解来看,2013—2017 年技术效率变化(Effch)均值为 1.027,表明我国省级层面的高校文科教师科研技术效率在统计的五年间年均提高 2.7%,说明存在追赶效应。技术变化效率可以分解为纯技术效率变化(Pech)和规模效率变化(Sech)。由表 3-4 可知,纯技术效率变化和规模效率变化指数分别为 1.018 和 1.009,表明这两种效率在五年间有提升趋势,年均提升分别为 1.8%和 0.9%,它们都对技术效率变化产生了积极影响,也反映了高校在科研管理、组织规模优化和技术创新方面的进步。技术进步变化(Techch)值为 1.07,表明我国高校文科教师科研生产技术进步年均提高为 7%,存在增长效应。

根据表 3-6 内的信息,可以进一步分析技术效率、技术进步、纯技术效率、规模效率和全要素生产率变化指数在各个年度的各自变化趋势。结合图 3-4 可以更直观地发现,技术效率变化指数、纯技术效率变化指数和规模效率变化指数的变动趋势基本一致,四年来呈现比较平稳和较小程度的提升趋势,而技术进步值和全要素生产率变化值走势基本一致,二者波动较大,这主要受 2014/2015 年间极端值的影响。深入分析相关数据发现,2015 年中西部地区省份论文、专著产出明显高于其他年份,可能与当年国家促进中西部发展的相关政策有关。从中可以看出,我国省域高校文科教师科研全要素生产率主要受技术进步变化的影响。

综合以上分析,本书发现我国高校文科教师科研技术效率、纯技术效率和规模效率在 2013—2017 年这 5 年间在整体趋势上是小幅提升,而科研全要素生产率则波动较大,主要受技术进步变化的影响。这说明 5 年间我国大部分省份的高校文科管理水平和投资规模方面有所改善,但是生产技术变化极不稳定。

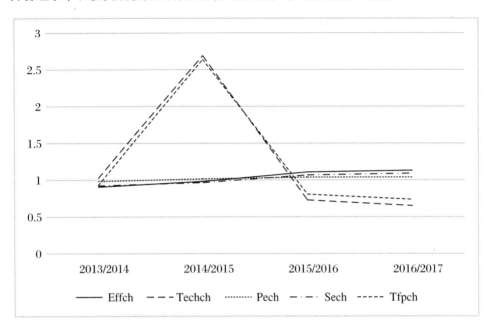

图 3-4 我国高校文科教师全要素生产力及其分解指数 2013—2017 年变化趋势

3.5.3 省域高校文科教师科研生产率的区域动态分析

为进一步明确我国三大区域(东部、中部、西部)的高校文科教师科研生产率各自情况,根据各个省份所属的区域进行归类,然后计算出每个区域的技术效率、技术进步、纯技术效率、规模效率和全要素生产率变化的均值,计算结果如表 3-7 所示。

表 3-7 2013—2017 年间分区域的高校文科教师科研全要素生产率指数及其分解

区域	技术效率 变化(Effch)	技术进步 变化(Techch)	纯技术效率 变化(Pech)	规模效率 变化(Sech)	全要素生产率 变化(Tfpch)
东部	1.032545	1.108364	1.018	1.013909	1.146273
中部	1.04875	1.031	1.033375	1.013375	1.081125
西部	1.0155	1.071333	1.01075	1.00375	1.086417

分析表 3-7 可以发现,我国东部、中部和西部三大区域的高校文科教师科研生产率 Malmquist 指数都大于 1,说明三大区域的高校文科教师科研生产率在 2013—2017 年间都有所提高,东部、中部、西部年均分别提高 14.6%、8.1% 和 8.6%。可见,东部高校文科教师科研全要素生产率提升最快,西部次之,中部最

慢。从科研全要素生产率的分解来看,三大区域的技术进步变化指数都大于1,东部、中部和西部地区科研生产技术进步年均分别提高10.8%、3.1%和7.1%。三大区域在技术进步的提升幅度仍然是东部最快,西部次之,中部最慢;在技术效率变化方面,三大区域都是正增长,年均分别提高3.3%、4.9%和1.6%,反映了三大区域的高校文科教师科研生产在技术效率方面都是正增长,三大区域内高校文科教师科研生产率差距在缩小,存在追赶效应。其中,提升最快的是中部,东部次之,西部最慢;三大区域的纯技术效率变化值都大于1,说明在2013—2017年间,三大区域的科研制度运行效率和管理水平逐年提升,其中提升最快的是中部(3.3%),东部次之(1.8%),西部最慢(1.1%);三大区域在规模效率方面都是正增长,说明东部、中部和西部地区的高校文科教师科研规模效率都在逐步提升,投入和产出配置不断得到改善。

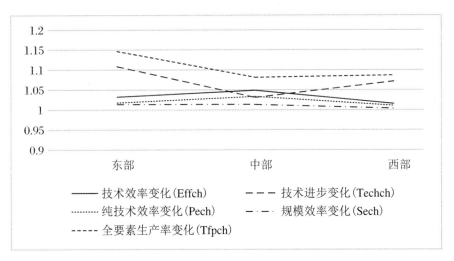

图 3-5 分区域高校文科教师科研生产率指数及其分解图

由图3-5可知,相比中西部而言,东部在全要素生产率和技术进步变化指数方面最高,中部在技术效率变化和纯技术效率变化指数方面最高,西部在全要素生产率及其分解指数方面都不占优势,这再一次反映了西部高校文科教师科研生产率提升要慢于东中部地区,如果这种情况持续,高校文科教师科研生产率区域发展差距将不断拉大。

3.5.4 省域高校文科教师科研生产率的动态分析

以上4个小节是从全国整体和区域上分析我国高校文科教师科研全要素生产率五年间的变化趋势。这一小节探讨各个省份的高校文科教师科研全要素生产率在2013—2017年间的变化趋势,以便更深入地了解我国高校文科教师科研效率在各个省级层面上的差异。2013—2017年间各省份的高校文科教师科研全要素生产率指数及其分解如表 3-8 所示。

表 3-8 2013—2017 年间各省份的高校文科教师科研全要素生产率指数及其分解

省份	技术效率变化(Effch)	技术进步变化(Techch)	纯技术效率变化(Pech)	规模效率变化(Sech)	全要素生产率变化(Tfpch)
北京	1.046	0.998	1	1.046	1.044
天津	1.174	1.192	1.086	1.082	1.4
河北	0.96	1.177	0.954	1.007	1.13
山西	1.246	1.109	1.196	1.042	1.382
内蒙古	1	1.23	1	1	1.23
辽宁	0.992	1.094	1	0.992	1.085
吉林	0.99	1.076	1	0.99	1.065
黑龙江	0.987	1.098	0.985	1.002	1.083
上海	1	1.004	1	1	1.004
江苏	1.071	1.215	1	1.071	1.301
浙江	1.116	1.11	1.109	1.006	1.238
安徽	1.039	0.907	0.992	1.048	0.943
福建	1.074	1.186	1.049	1.024	1.274
江西	0.941	1.018	1	0.941	0.959
山东	0.968	1.056	1	0.968	1.023
河南	0.985	1.028	1	0.985	1.012
湖北	1	1.056	1	1	1.056
湖南	1.202	0.956	1.094	1.099	1.149
广东	0.957	1.149	1	0.957	1.099
广西	1.068	1.034	1.048	1.019	1.104
海南	1	1.011	1	1	1.011
重庆	1	1.203	1	1	1.203
四川	1.119	1.208	1.056	1.06	1.352
贵州	1.018	1.042	0.988	1.03	1.06
云南	1.088	0.951	1.072	1.015	1.035
西藏	0.972	0.873	1	0.972	0.849
陕西	1.092	0.947	1.045	1.045	1.034
甘肃	0.965	0.995	0.969	0.997	0.96
青海	0.855	1.095	0.926	0.923	0.936
宁夏	1.092	1.06	1.095	0.997	1.157
新疆	0.917	1.218	0.93	0.987	1.117

由表 3-8 可知,在 31 个省级行政单位中,高校文科教师科研生产率 Malmquist 指数大于 1 的省份有 26 个,占比 83.9%,表明在 2013—2017 年间,我国大部分省份的高校文科教师科研生产率处于增长阶段。高校文科教师科研生产率年均增长最快的前两个省份是山西和四川,年均增长分别达 38% 和 35%。有五个省份的高校文科教师科研生产率 Malmquist 值小于 1,占比 16.1%,表明在 2013—2017 年间,这五个省份的高校文科教师科研生产率处于衰退状态。这五个省份中有两个省份位于中部(安徽和江西),其余三个省份位于西部(西藏、青海和甘肃)。五个省份都是科研技术效率较低的省份(见 3.4 节分析结果),然而它们科研全要素生产率又是负增长,这样将持续拉大与其他省份的差距,这确实应引起关注。

科研全要素生产率可以分解为技术效率和技术进步,技术进步又可以进一步分解为纯技术效率和规模效率,所以科研全要素生产率可以分解为技术进步、纯技术效率和规模效率。从表 3-8 中可知,技术进步变化指数大于 1 的省份有 24 个,小于 1 的省份有 7 个,整体来看我国大部分省份的高校科研全要素生产率受到技术进步的积极影响,整体科研生产率存在增长效应。技术进步最为显著的省份是内蒙古和新疆,年均技术进步分别为 23% 和 22%,这是一个较大的进步。技术进步衰退的省份有北京、安徽、湖南、云南、西藏、陕西、甘肃,技术进步衰退最为严重的省份是西藏(0.873),年均衰退 12.7%,所以这些省份应加大人才培训力度,提高资源和设备的利用效率,通过制度优化,为高校文科教师科研提供有效的激励。纯技术效率大于 1 的省份有 24 个,小于 1 的有 7 个,表明我国大部分省份的高校文科教师科研管理水平不断提高,纯技术效率改善最明显的省份是山西,年均提高 20%。7 个纯技术效率变化指数小于 1 的省份中,降低最为显著的省份是青海,年均下降 7.4%。规模效率变化指数大于 1 的省份有 20 个,小于 1 的省份有 11 个。20 个规模效率提高的省份中,其中提高最为明显的是湖南省(1.099),该省高校文科教师科研规模效率年均提升 9.9%,说明改善科研生产规模持续得到优化。在 11 个高校文科教师科研规模效率下降的省份中,下降最为明显的是青海,年均下降 7.7%。因此,为了提高科研规模效率,青海省应该对科研组织进行改革,优化组织结构,精简机构,裁汰冗员,优化科研资源配置,把有限的科研资源用到刀刃上,发挥出最大效益。

3.6 省域高校文科教师科研生产率影响因素

测算了 31 个省市高校文科教师科研生产率后,会发现省际间高校文科教师科研生产率存在差异。那么,是哪些外部因素导致的这种差异呢?尽管 DEA 模型可以分析和比较不同省份的科研生产率状况,但 DEA 模型并不能分析哪些外部因素贡献或制约了科研生产率。科研生产率除了受到投入因素影响外，还可能受到各个省所面临的一些客观因素的影响，如经济发展水平、教育发展水平、人力资源、政府政策等影响。为了探索哪些因素影响了省级层面的高校文科教师科研生产率，本节以科研生产率 DEA 超效率值为因变量，以影响因素值为自变量构建 Tobit 模型。

3.6.1 研究假设与数据来源

1. 研究假设与变量选择

在确定省域高校文科教师科研生产率影响因素时，应该选择与投入产出变量无关的变量，且影响省域高校文科科研的外部变量，这些变量是高校或高校文科教师主观无法控制的因素。基于此，本书根据以下假设选择变量：

（1）地区经济发展水平

地区经济发展水平是高校文科教师开展科研生产的大的经济背景，它既为高校文科教师科研生产提供了必备经济和物质条件，即供给方，也是高校文科教师科研生产成果的需求方，特别是应用型研究成果与本地经济发展水平密切相关。因此，本书认为地区经济环境对高校文科教师科研生产活动有重要的支撑作用。基于此提出本节假设 1 为：地区经济发展水平对区域高校文科教师科研生产率有正向影响。本书以地区生产总值作为地区经济发展水平的指标。

（2）地区文化教育政策环境

政府的政策支持对高校文科教师开展科研生产活动提供了政策环境，地方政府重视科研生产、重视教育投入，可能会对高校文科教师科研生产活动产生显著影响，而各地区政府在科研政策的差异势必对科研生产活动产生不同影响。本节假设 2 为：地区文化教育政策环境对区域高校文科教师科研生产率有正向影响。本书以地方财政科技、教育和文化支出作为地区教育政策环境。

（3）地区高等教育数量

地区高等教育数量为高校文科教师开展科研生产活动提供了直接的空间和平台。地区高等教育数量也决定了高校文科教师群体数量与分布特征，高等教育机构越多，越能形成聚集效益，越有利于教师间开展合作与交流，影响着科研活动的知识溢出效应的大小。所以本节的假设 3 为：地区高等教育环境对区域高校文科教师科研生产率有正向影响。

（4）国际学术交流与合作状况

在当前知识生产日新月异的大背景下，从事科研生产活动特别是从事高质量的科研生产活动更需要国际合作与交流。国际学术交流与合作可以拓宽视野、提升能力，可能会对科研生产活动效率产生间接影响。本节提出的假设 4 为：各地学术交流与合作状况在一定程度上会对科研生产效率产生积极影响。本书选择国际合作研究派遣人数作为各地国际交流与合作的指标。

(5) 地区文化环境

由于本书研究的是文科教师科研生产率,所以各地区的文化环境也可能对科研生产活动产生影响。各地文化氛围、社会学习氛围既塑造了高校文科教师自身的文化价值观,也在一定程度上为高校文科科研活动提供了需求市场。所以本节假设5为:地区文化环境对区域高校文科教师科研生产率有正向影响。本书以各地图书馆数量作为地区文化环境指标。

2. 数据来源

地区高等教育数量、地区生产总值水平、地方财政科技、教育和文化支出数据来源于国家统计局网站;地区国际学术交流与合作派遣人数数据来源于中国高校人文社会科学统计网;地区图书馆数据来源于《中国文化文物统计年鉴》。所有的数据的年份都是2017年。研究对象为31个省、自治区、直辖市的高校文科教师整体。

3.6.2 模型建构

由于高校文科教师科研生产的DEA超效率值在取值上都大于0,属于受限制变量。采用传统的最小二乘法估计时有可能出现估计偏差,比如出现负的估计值,这违背常识。因此本数据适合采用Tobit模型进行回归分析。

Tobit模型属于因变量受限制的一种模型,由经济学诺贝尔奖得主Tobit提出,后经多位学者的运用和改进,逐步走向成熟。通常,Tobit模型用一个基本的潜变量来表示所观测到的相应Y_i:

$$Y_i^* = \beta_0 + \beta X_i + u_i, \quad u_i \mid X_i \sim N(0, \sigma^2) \tag{3.1}$$

$$Y_i = \max(0, Y_i^*) \tag{3.2}$$

式中,Y_i^*为潜在变量,Y_i为被观察到的因变量,X_i为自变量向量,β为相关系数向量,u_i为随机误差项。

这两个方程意味着,当$Y_i^* \geq 0$时,所观测到的变量Y_i等于Y_i^*;但当$Y_i^* < 0$时,则Y_i等于0。

根据以上假设,构建省级层面上的高校文科教师科研生产率的Tobit模型:

$$Y_i = \beta_0 + \beta_1 X_{1i} + \beta_2 X_{2i} + \beta_3 X_{32i} + \beta_4 X_{4i} + \beta_5 X_{5i} + u_i \tag{3.3}$$

式中,Y_i为第i个省份高校文科教师2017年的科研技术效率DEA超效率值,$X_{1i} \sim X_{5i}$分别是第i地区经济发展水平、地区文化教育政策、地区高等教育机构数量、地区国际研究交流与合作状况和地区文化环境,β_0为截距项系数,u_i为随机干扰项。

3.6.3 结果分析

1. 共线性诊断

数据相关分析可以初步诊断各个解释变量是否存在贡献,一般相关系数低于 0.5 便可以接受,即共线性不严重。相关分析结果如表 3-9 所示。

表 3-9 因素间相关分析

	教育环境	政策环境	国际合作	经济环境	文化环境
教育环境	1				
政策环境	-0.488**				
国际合作	0.395*				
经济环境	0.030	0.274	0.561**	1	
文化环境	0.575**	-0.475**	-0.002	-0.417*	1

** 在 0.01 水平(双侧)上显著相关;* 在 0.05 水平(双侧)上显著相关。

经相关分析发现,除了国际合作与经济环境、文化环境与教育环境的相关系数大于 0.5 之外,其他变量间的相关系数都小于 0.5。大部分变量间的相关关系呈现统计学意义上的显著相关,这反映了有些因素间可能存在共线性关系。为了进一步检验共线性,将高校文科教师科研生产率值作为因变量,5 个影响因素的数值作为解释变量,采用强制进入法建立回归模型来进一步诊断共线性(表 3-10)。卢纹岱等人建议,当某些变量的特征值小于并且接近于 0 时,或者当条件值大于 15 时,变量间可能存在多重共线。① 经分析发现特征值最小为 0.220,条件索引最大为 14.308,这说明多重共线不明显。

表 3-10 共线性诊断

维数	特征值	条件索引
1	4.166	1.000
2	0.491	2.914
3	0.255	4.041
4	0.068	7.802
5	0.020	14.308

注:因变量为效率值。

在判断共线性时,容差越小,说明变量间共线性越强。方差膨胀因子为容差的倒数,其值大于 5 时,说明存在明显共线性。由表 3-11 可知,5 个变量的容差和方

---

① 卢纹岱,朱红兵. SPSS 统计分析[M]. 北京:电子工业出版社,2015.

差膨胀因子都在合理值范围内，可以认为不存在明显的共线性关系。

表 3-11 变量的容差与膨胀因子

变量	共线性统计量	
	容差	VIF
经济环境	0.283	3.537
国际合作	0.445	2.247
政策环境	0.748	1.338
文化环境	0.313	3.200
教育环境	0.249	4.013

2．回归分析结果

把省域高校文科教师科研生产率DEA超效率值作为因变量，把地区经济发展水平、地区文化教育政策、地区高等教育机构数量、地区国际研究交流与合作状况和地区文化环境作为自变量，构建Tobit模型。回归模型除了通过多重共线检验，也通过异方差和序列相关检验，具有较高的解释力。回归结果如表3-12所示。从模型的显著性检验来看，$F=8.675$，$\mathrm{Sig}=0.000$，模型整体通过显著性检验。从模型的解释力来看，$R^2=0.522$，说明地区经济发展水平、地区文化教育政策、地区高等教育机构数量、地区国际研究交流与合作状况和地区文化环境五个变量能够在52.2%上解释省域高校文科教师科研生产率变动。由表3-12可知，地区经济发展水平、地区文化教育政策、地区高等教育机构数量、地区国际研究交流与合作状况在0.05水平上具有统计显著性，而地区文化环境没有达到统计显著性。就影响而言，地区经济发展水平、地区国际研究交流与合作派遣人数对省域高校文科教师科研生产率有正向影响，而地区文化教育政策和地区高等教育机构数量则表现出负影响。所以本节假设1和假设4得到研究支持，而假设2、假设3、假设5没有得到研究支持。

表 3-12 省域高校文科教师科研生产率影响因素的回归分析

变量	系数	标准误	Z统计量	Sig
C	0.899701	0.038421	23.41717	0
国际合作	0.108593	0.053313	2.036914	0.04
政策环境	−0.11121	0.050167	−2.21679	0.03
文化氛围	0.007623	0.088114	0.086516	0.93
经济环境	0.221213	0.115257	1.919308	0.05
教育环境	−0.32736	0.163248	−2.0053	0.04

分析结果启示我们，鼓励高校文科教师出国研修、开展国际研究合作、参与国

际学术会议等，可以促进高校文科教师科研生产率的提升。可能是由于国际交流与合作能够改善科研观念，提高高校文科教师的科研意识和科研能力。地区经济发展水平对高校文科科研生产率有积极影响。可能有以下原因：一方面，在一般情况下地区生产总值越高的省份在科研投入方面就越多，而科研投入越多越能吸引更优秀的人才，也能够有更多的经费支持科研人员专业发展，进而提高科研人员的技术与能力；另一方面，在一般情况下经济发达省份科研管理制度更加完善，这也有助于高校文科教师科研生产率提升。

由统计结果可知，政策环境对高校文科教师科研生产率有负影响，文化教育政策环境的指标包括地方财政在科技、文化、教育方面的支出，这可能是由于地方财政在科技、文化、教育的投入影响了地方财政在人文文科科研方面的投入；也可能是因为地方教育财政投入主要是生产量的增加，在效率方面有待提升。统计结果反映，地区高校数量并没有提高高校文科科研生产率，这可能是由于高校间在文科科研交流与合作方面不多，科研协同创新研究少，高校数量更多体现在科研方面的粗放式发展，科研效率有待提升。

本书所使用的文化环境指标使用各省图书馆数量代表。统计结果反映，一方面，各地图书馆数量与高校文科教师科研生产率没有显著的关系，这可能是由于社会上图书馆并没有被高校文科教师充分利用，很多高校老师主要使用本校图书馆索取相关文献；另一方面，社会上的图书馆虽然提高了社区民众的文化知识水平，但是大众文化素质的提高与高校文科教师科研生产率联系并不紧密。

本 章 小 结

本章以我国31个省级行政区（港澳台地区除外）的高校文科教师群体作为研究对象，评价了他们科研的综合技术效率、纯技术效率与规模效率、DEA超效率，全要素生产率及其分解指数。由于高校科研生产属于典型的多投入、多产出的生产活动，本书使用数据包络分析（DEA）方法评价省域高校文科教师科研生产率状况，最后采用Tobit模型分析影响省域高校文科教师科研生产率的因素。

在借鉴以往研究的基础上，本书从人力、财力投入两个维度选择了2个科研投入指标，从成果数量和质量以及效益维度选择了5个产出指标。

经分析发现，省域高校文科教师科研生产率的技术效率达到DEA有效的省份只有10个，而非DEA有效的省份多达21个，说明我国大多数省份高校文科教师科研生产运行效率并不理想，科研生产率有待提高。

从整体上看，高校文科教师科研技术效率达到DEA有效的省份主要集中在东部和中部，而非DEA有效的省份各个区域都有，其中效率比较低的省份（低于60%）主要位于经济欠发达的西部。进一步分析发现，省域高校文科教师科研技术效率非DEA有效的原因主要是规模效率不高。

省域高校文科教师科研生产纯技术效率达到 DEA 有效的省份共 18 个,约占 58%,反映了在不考虑规模报酬的情况下,这些省份的高校文科教师的科研投入产出在技术上是有效的;纯技术效率非 DEA 有效的省份共 13 个,约占 42%,说明这些省份 2017 年的高校文科教师科研纯技术效率大多数处于技术无效状态,反映了这些省份在不考虑规模报酬的情况下,文科科研投入产出比例没有达到最优。为了提升科研生产率,这些省份应该提高科研管理与服务水平,培养积极的学术文化。在纯技术效率有效的省份中,多数属于中东部省份,少数属于西部省份(西藏、陕西、重庆),在纯技术效率非 DEA 有效的省份中,中、西、东部各有分布,但纯技术效率最低的省份都位于中西部。

规模效率达到 DEA 有效的省份共 13 个,有 18 个省份处于规模效率非 DEA 有效状态。在 18 个规模效率非 DEA 有效的省份中,有 14 个是因为规模递减导致的,有 4 个是因为规模递增形成的,说明我国大部分省份的高校文科科研需要缩减投入,例如,可以优化组织结构、精简机构、裁汰冗员、优化各种资源配置。而与此相反,陕西、青海、宁夏、新疆 4 个省份应该扩大规模,以便提高规模收益。进一步观察发现,规模递减的省份主要位于东部和中部,而规模递增的省份全部位于西部地区。

经 DEA 超效率分析发现,在 DEA 有效的省份中,科研生产率最高的为内蒙古自治区,其次是上海市、天津市、北京市、重庆市、江苏省、海南省、湖北省、福建省和湖南省,四个直辖市科研生产率处于全国前列。在非 DEA 有效的省份中,效率最低的是青海省,其次是西藏自治区和广西壮族自治区,都是西部省份。

经 DEA 投影分析发现,造成我国大部分省份高校文科教师科研生产效率非 DEA 有效的原因是高质量科研产出不足,特别是在代表科研质量指标的成果获奖、报告被采纳数和在国外刊物发表论文数,这些产出在非 DEA 有效省份中缺口尤其大,特别是在中西部省份,所以中西部省份高校文科教师提高科研生产率的有效方式是提高科研产出,特别是高质量的科研产出。

本书采用 DEA-Mamuqist 指数法探索了高校文科教师科研生产率动态变动。经分析发现,从全要素生产率的变化来看,2013—2017 年这五年间我国省级层面的高校文科教师科研全要素生产率在 2013—2017 年间整体呈上升趋势,即呈现正增长,年均增长增加 9.8%,说明我国高校文科教师科研生产率在逐年提高;但进一步分析发现,除了 2014/2015 年度科研全要素生产率的提高较大,其他三个年度间的科研全要素生产率都处于下降趋势,而且下降幅度随时间逐渐提升。

从全要素的生产率指数分解来看,我国省级层面的高校文科教师科研纯技术效率在统计的五年间年均提高 2.7%,说明存在追赶效应。纯技术效率变化和规模效率变化指数在五年间都有所提升趋势,它们都对技术效率变化产生了积极影响,也反映了高校在科研管理、组织优化和技术创新方面的进步。

我国高校文科教师科研生产技术进步年均提高 7%,说明存在增长效应。技术效率变化指数、纯技术效率变化指数和规模效率变化指数的变动趋势基本一致,有一个比较平稳和较小程度的提升趋势;而技术进步和全要素生产率变化值走势基本一致,二者波动较大,这主要受 2014/2015 年间极端值的影响。由此可知,我国高校文科教师科研效率的提升主要是由技术进步推动的,技术创新、管理水平提升和技术进步都对全要素的生产力提升有积极影响。

分区域看,我国东部、中部和西部三大区域的高校文科教师科研全要素生产率在 2013—2017 年间都有所提高,以东部提升最快,西部次之,中部最慢。从科研生产率的分解来看,三大区域的技术进步变化指数、技术效率变化指数、纯技术效率变化指数、规模效率变化指数都大于 1,说明三大区域在上述四项效率方面都有所提升,其中东部在全要素生产率和技术进步变化指数方面最高,中部在技术效率变化和纯技术效率变化指数方面最高,西部在全要素生产率及其分解指数方面都不占优势,这表明高校文科教师科研生产率区域发展差距不断扩大。

分省份看,科研生产率 Malmquist 指数大于 1 的省份有 26 个,占比 83.9%,说明在 2013—2017 年间我国大部分省份的高校文科教师科研生产率处于增长阶段,但也有 5 个中西部省份的高校文科教师科研生产率处于衰退状态。

最后本书以 DEA 超效率值为因变量,以地区经济发展水平、地区文化教育政策、地区高等教育机构数量、地区国际研究交流与合作状况和地区文化环境作为自变量构建 Tobit 模型,经回归分析发现,地区国际研究交流与合作、地区经济发展水平对省域高校文科教师科研生产率有正向影响,而地区文化教育政策和地区高等教育机构数量表现出负影响,而文化环境因素没有达到统计显著性。

第 4 章 校级文科教师科研生产率
——以 41 所一流大学为例

第 3 章分析了省域高校文科教师群体科研生产率水平与影响因素,本章以学校为对象分析有代表性学校的高校文科教师群体科研生产率水平、差异,并在此基础上从学校层面探讨影响高校文科教师科研生产效率的各种因素。本章选择在我国有代表性的、具有重要影响力的 41 所一流大学建设高校作为研究对象[①],利用 DEA 方法和 Tobit 模型进一步探索高校层面上的教师群体科研生产率水平及影响因素。我国公布的一流大学建设名单共有 42 所,它们在一定程度上代表着我国当前及未来一段时间内高校建设最高水平,也代表科研生产的最高水平,对这些高校的科研生产率进行研究,可以发现我国高水平高校文科科研生产率状况,也可以窥视我国高水平一流大学对文科科研的重视程度。由于 42 所高校中国防科技大学数据缺失,本章只以其余 41 所高校为研究对象。

4.1 评价方法与模型选择

本章使用数据包络分析(DEA)方法评价校级文科教师科研生产率状况,最后采用 Tobit 模型分析哪些因素影响校级文科教师科研生产率。在具体分析时,会用到 DEA-CCR 模型、BBC 模型、DEA 超效率模型、DEA-Malmquist 指数和 Tobit 模型。

本书首先利用 BBC 和 CCR 模型分析 41 所一流大学文科教师科研生产率水平,在此基础上进一步作 DEA 超效率分析和投影分析,然后采用 DEA-Mamquist 指数对 41 所一流大学文科教师科研生产率进行动态分析,即对时间序列的数据进行分析,从而可以发现近几年 41 所一流大学文科教师科研生产率的变动趋势,最后,在 DEA 超效率模型的基础上,采用 Tobit 模型构建校级文科教师科研生产率影响因素模型,从校级层面上分析高校文科教师科研生产率的影响因素。

---

① 2018 年教育部公布了 42 所一流大学建设名单,由于其中的国防科技大学数据无法获得,在此只研究其余的 41 所大学。

4.2 评价指标

校级层面的高校文科教师科研生产数据属于典型的多投入和多产出生产活动，所以比较适合运用 DEA 方法进行效率评价。运用 DEA 方法对高校文科教师科研生产率进行评价时，选择合适的指标非常关键。本章在选择指标时仍然遵循大部分学者在选择科研效率评价指标时遵循的原则，如易得性原则、科学性原则、可比性原则、代表性原则等。由第 2 章理论分析部分可知，高校科研生产活动投入的要素主要是人力、物力和财力，鉴于本书研究的是文科教师科研生产率，所以物力（包括物质、设备、场地等）要素在科研生产中并不是主要投入，因此本书主要从人力要素、财力要素两个角度选择投入指标；如前文所述，基于本书的目的之一是为提高高校文科科研生产的效率、效益、质量提供建议，所以在高校层面的科研产出指标的选择上，仍然坚持从产出数量、质量和效果三方面选择具体评价指标。

4.2.1 投入指标的选择

高校科研生产投入要素很多，不必一一把它们纳入投入指标之中，本书将依据以往研究经验与成果和确定指标的原则选择相应的投入指标。由第 2 章对我国大部分学者在研究高校科研生产率所采用的投入指标介绍可知，学者们普遍从人力投入要素和财力投入要素来选择具体的投入指标，例如，韩海彬、李全胜在研究 11 所高校人文社科科研效率时，选择投入指标时把社科活动人员作为人员投入指标，把研究与发展经费作为经费投入指标；李瑛、任珺楠在研究 110 所 211 高校人文社会科学科研效率及其变化时，选择高校人文社会科学研究发展人员和高校人文社会科学研究当年拨入经费分别作为人力和财力投入指标。在借鉴以往学者研究的基础上，并遵循本书确定的指标选择原则，本书选择的高校文科教师科研投入指标包括高校社科活动人员数、研发人员数、研究与发展经费当年支出（千元）和课题经费当年支出（千元）共 4 个投入指标。其中高校社科活动人员数、研发人员数属于人力要素投入，研究与发展经济当年支出、课题经济当年支出属于财力要素投入。

4.2.2 产出指标的选择

由于高校科研生产产出成果形式多种多样，因此没有必要全部作为投入指标进行评价，选择合适的代表性指标即可。本书依据以往研究经验并遵循本书第 2 章讨论的指标选择原则，确定相应的投入指标。我国学者对我国高校人文社会科学科研生产效率进行研究时,所选择的产出指标大致包括以下几种:课题数、专著数、论文数、成果获奖数、科研效益(定性)、研究与咨询报告数,有的学者进一步把论文数区分为不同等级(如 SSCI 期刊论文、CSSCI 期刊论文),也有学者把科研奖励划分为不同等级(省部级、国家级等)。借鉴前人研究成果,并根据本书研究的实际目的与条件,本章从产出数量、质量和效益角度选择产出指标,产出数量指标以论文数、著作数代表,质量指标以课题数、获奖数①代表,效益指标以研究与咨询报告数代表,共 5 个产出指标。

4.2.3 评价指标的检验

DEA 分析时,投入指标与产出指标应符合一致性原则或单调性原则,即投入要素的增加不能导致产出数额的减少,这样的指标体系才具有合理性和科学性。所以在进行 DEA 分析前,应先对所选取的投入与产出指标进行相关性分析,以便确定投入指标与产出指标的关系。经相关分析发现,除了投入指标"活动人员"与产出指标"研究与咨询报告"二者相关性不显著外,其他投入与产出指标都达到了显著性水平,且并没有负相关关系,说明整体上该指标设计较为合理(表 4-1)。

表 4-1 投入产出变量的相关性分析

	论文数	著作数	课题数	获奖成果	研究与咨询报告
活动人员合计	0.713**	0.675**	0.749**	0.607**	0.287
研发人员合计	0.659**	0.583**	0.785**	0.365*	0.480**
研究与发展经费当年支出	0.825**	0.809**	0.805**	0.394*	0.547**
课题经费当年支出	0.704**	0.691**	0.692**	0.395*	0.452**

** 在 0.01 水平(双侧)上显著相关;* 在 0.05 水平(双侧)上显著相关。

4.3 数据来源

本部分采用的投入与产出数据均来源于中国高校人文社科信息网上公布的 2013—2017 年人文社科研究统计数据。对 41 所一流大学科研生产率静态分析采用的是 2017 年数据,这是可以获得的最新数据;对 41 所一流大学科研生产率动态分析采用的是 2013—2017 这五年的面板数据。具体数据见附录2。

---

① 本书所指的获奖数指省部级以上获奖数。

4.4 校级文科教师科研生产率静态分析

运用 DEA-SOVER PRO 5.0 软件,采用产出导向 CCR 和 BBC 模型对 2017 年高校文科科研投入与产出进行分析,探索校级层面上高校文科教师群体科研生产率状况。本节首先利用产出导向 CCR 模型计算出 41 所高校技术效率(TE),然后采用产出导向 BBC 模型计算出 41 所高校的纯技术效率(STE),最后用技术效率值除以纯技术效率值得出规模效率值,所得结果如表 4-2 所示。

表 4-2 41 所高校文科教师科研生产率值

DMU	TE	STE	SE	DMU	TE	STE	SE
北京大学	1	1	1	中国科大	0.457505	1	0.457505
人民大学	1	1	1	厦门大学	0.731396	0.732081	0.999064
清华大学	0.621362	0.621365	0.999995	山东大学	1	1	1
北航	0.527636	0.710741	0.742374	中海大	0.599386	0.761081	0.787546
北理工	0.563099	1	0.563099	郑州大学	0.720509	0.728521	0.989003
中国农大	1	1	1	武汉大学	1	1	1
北师大	1	1	1	华中科大	0.989507	1	0.989507
中央民大	1	1	1	中南大学	1	1	1
南开大学	0.898932	0.927539	0.969158	湖南大学	0.74513	0.747303	0.997091
天津大学	0.692342	0.871785	0.794166	中山大学	1	1	1
大连理工	1	1	1	华南理工	1	1	1
东北大学	0.605318	0.648876	0.932871	四川大学	1	1	1
吉林大学	1	1	1	电子科大	0.532675	0.648949	0.820828
哈工大	0.509711	0.689196	0.739573	重庆大学	0.682431	0.697318	0.978651
复旦大学	1	1	1	云南大学	1	1	1
同济大学	0.78867	0.796305	0.990412	西安交大	0.953792	0.967843	0.985482
上海交大	1	1	1	西工大	0.728396	1	0.728396
华东师大	0.747489	0.749183	0.997739	西北农大	0.668702	1	0.668702
南京大学	1	1	1	兰州大学	1	1	1
东南大学	0.713206	0.737062	0.967634	新疆大学	0.579146	0.672388	0.861327
浙江大学	1	1	1	均值	0.830642	0.895306	0.925857

注:为了节省篇幅,高校名称都缩减为 3~4 个字符,下同。

4.4.1 校级高校文科教师科研生产技术效率

CCR模型被称为综合技术效率,它反映了一个决策单元生产率水平达到该领域技术水平的程度。因为CCR模型假设规模收益不变(Constant Returns to Scale,CRS),其得出的技术效率包含了规模效率成分。为了更清晰地观察各个高校技术效率水平及排名,本书根据对技术效率值降序排名,结果如表4-3所示。

表4-3 校级高校文科教师科研生产技术效率排名

排名	DMU	效率值	排名	DMU	效率值
1	兰州大学	1	22	南开大学	0.898932
1	北京大学	1	23	同济大学	0.78867
1	人民大学	1	24	华东师大	0.747489
1	云南大学	1	25	湖南大学	0.74513
1	四川大学	1	26	厦门大学	0.731396
1	华南理工	1	27	西工大	0.728396
1	中国农大	1	28	郑州大学	0.720509
1	北京师范	1	29	东南大学	0.713206
1	中央民大	1	30	天津大学	0.692342
1	中山大学	1	31	重庆大学	0.682431
1	中南大学	1	32	西北农大	0.668702
1	大连理工	1	33	清华大学	0.621362
1	武汉大学	1	34	东北大学	0.605318
1	吉林大学	1	35	中国海洋	0.599386
1	山东大学	1	36	新疆大学	0.579146
1	复旦大学	1	37	北理工	0.563099
1	浙江大学	1	38	电子科大	0.532675
1	上海交大	1	39	北航	0.527636
1	南京大学	1	40	哈工大	0.509711
20	华中科大	0.9895068	41	中国科大	0.457505
21	西安交大	0.9537925		均值	0.830642

由表4-3可知,在41个高校中,技术效率达到DEA有效的高校共19所,而技术效率没有达到DEA有效的高校共22所,DEA有效的高校少于非DEA有效的高校。41所高校技术效率值均值为0.83,对于一流大学整体来说,这个效率值并

不理想。

具体来讲,技术效率达到 DEA 有效的高校有兰州大学、北京大学、中国人民大学、云南大学、四川大学、华南理工大学、中国农业大学、北京师范大学、中央民族大学、中山大学、中南大学、大连理工大学、武汉大学、吉林大学、山东大学、复旦大学、浙江大学、上海交通大学和南京大学。上述高校在纯技术效率和规模效率方面都达到了 DEA 有效,说明输出相对输入而言已达到最大,这些高校位于前沿面上。在技术效率没有达到 DEA 有效的省份中,排名最高的是华中科技大学,而排名最低的是中国科学技术大学,其效率值只达到有效决策单元值的 46%,说明这类高校在人文社科研究方面效率偏低。在非 DEA 有效的省份中也有一些国内名牌大学,如清华大学(排名 33)、同济大学(排名 23)等,这说明综合实力强不能代表文科教师科研效率值也高。

根据 DEA 基本原理,若某 DMU 技术效率达到 DEA 有效就说明该 DMU 无论是在纯技术效率方面还是在规模效率方面都达到了 DEA 有效。纯技术效率和规模效率二者任何一个 DEA 无效都会导致技术效率 DEA 无效,所以通过二者变化与技术效率值的关系,可以大致判断技术效率 DEA 无效的高校是由于纯技术效率导致的还是规模效率导致的,或者二者共同造成的。结合表 4-2 来看,北京理工大学、中国科学技术大学、华中科技大学、西北工业大学和西北农林科技大学的技术效率没有达到 DEA 有效都是由于规模效率没有达到 DEA 有效导致的,其余非 DEA 有效的高校则是由于纯技术效率和规模效率都没有达到 DEA 有效共同造成的。显然,这个结果与省域高校文科教师科研生产率分析结果并不一致。

4.4.2 校级文科教师科研生产纯技术效率

CCR 模型测量技术效率是基于规模报酬不变的假设,即当投入等比例增加时,产出也会等比例增加,但在现实生产活动中,可能投入等比例增加,产出并不一定等比例增加。BBC 模型是基于规模报酬可变测量效率值,称为纯技术效率,即在考虑到规模报酬变化情况下的生产效率,表示最大产出的最小投入成本,可以反映各个决策单元科研制度运行效率即管理水平的高低。

由表 4-4 可知,纯技术效率达到 DEA 有效的高校共 24 所,这个数量高于纯技术效率非 DEA 有效的高校数,且高于技术效率 DEA 有效的高校数,说明这些高校的科研运行效率、管理水平较高。不过仍然有 17 所高校的纯技术效率没有达到 DEA 有效,其中排名最高的是西安交通大学,而最低的是清华大学,清华大学纯技术效率值只达到了有效值的 63%,可见清华大学在文科科研制度运行方面并不理想,较多投入并没有得来更大的产出。

表 4-4 校级文科教师科研生产率纯技术效率值及排名

排名	DMU	效率值	排名	DMU	效率值
1	兰州大学	1	1	浙江大学	1
1	北京大学	1	1	中国科大	1
1	人民大学	1	1	山东大学	1
1	西北农大	1	25	西安交大	0.967843
1	西工大	1	26	南开大学	0.927539
1	北理工	1	27	天津大学	0.871785
1	中国农大	1	28	同济大学	0.796305
1	北师大	1	29	中国海洋	0.761081
1	中央民大	1	30	华东师大	0.749183
1	云南大学	1	31	湖南大学	0.747303
1	四川大学	1	32	东南大学	0.737062
1	大连理工	1	33	厦门大学	0.732081
1	华南理工	1	34	郑州大学	0.728521
1	吉林大学	1	35	北航	0.710741
1	中山大学	1	36	重庆大学	0.697318
1	复旦大学	1	37	哈工大	0.689196
1	中南大学	1	38	新疆大学	0.672388
1	上海交大	1	39	电子科大	0.648949
1	华中科大	1	40	东北大学	0.648876
1	南京大学	1	41	清华大学	0.621365
1	武汉大学	1		均值	0.895306

4.4.3 校级文科教师科研生产规模效率

规模效率表示各个高校文科教师科研生产规模适切度。科研生产规模 DEA 有效说明科研活动投入要素和产出要素达到了最优的配比。规模效率可以分为三种情况:规模收益递增、规模收益递减和规模收益不变。规模收益不变是最理想的一种生产规模状态,而规模收益递增和递减都属于规模效率非 DEA 有效。

由表 4-5 可知,41 所高校 2017 年的文科教师科研规模效率的总体均值为 0.93,整体水平尚可。规模效率达到 DEA 有效的高校共有 20 所,剩余 21 所高校处于规模效率非 DEA 有效状态。在 21 所规模无效的高校中,处于规模收益递减的有厦门大学、南开大学和新疆大学,说明它们在文科科研生产规模方面扩张过快,但是产出并没有跟上,所以它们应该优化资源配置,适当收缩规模,加强内涵建设;其余的 18 所高校处于规模收益递增状态,说明这些高校科研投入有待进一步增加,才能更有效地提高科研生产率。总的来看,我国一流大学文科教师科研规模效率非 DEA 有效主要是由规模收益递增造成的,因此大部分高校还是需要重视文科科研,加大文科科研投入力度。即使在规模效率无效的高校群体中,内部的差距仍然很大,例如,虽然都是规模无效高校,厦门大学、华东师范大学、湖南大学、同济大学,它们规模效率值非常接近 1,接近规模效率 DEA 有效;而中国科学技术大学和北京理工大学,它们规模效率值只达到参考值的 46% 和 56%,规模效率相当低。可以发现,规模效率比较低的高校大部分为理工科院校,如中国科学技术大学、北京理工大学、西北农林科技大学、西北工业大学、哈尔滨工业大学、北京航空航天大学等。

表 4-5 校级文科教师科研生产规模收益状况及排名

DMU	SE	规模收益	DMU	SE	规模收益
北京大学	1	不变	华东师大	0.997739	递增
人民大学	1	不变	湖南大学	0.997091	递增
中国农大	1	不变	同济大学	0.990412	递增
北师大	1	不变	华中科大	0.989507	递增
中央民大	1	不变	郑州大学	0.989003	递增
大连理工	1	不变	西安交大	0.985482	递增
吉林大学	1	不变	重庆大学	0.978651	递增
复旦大学	1	不变	南开大学	0.969158	递减
上海交大	1	不变	东南大学	0.967634	递增
南京大学	1	不变	东北大学	0.932871	递增
浙江大学	1	不变	新疆大学	0.861327	递减
山东大学	1	不变	电子科大	0.820828	递增
武汉大学	1	不变	天津大学	0.794166	递增
中南大学	1	不变	中国海洋	0.787546	递增
中山大学	1	不变	北航	0.742374	递增
华南理工	1	不变	哈工大	0.739573	递增
四川大学	1	不变	西工大	0.728396	递增
云南大学	1	不变	西北农大	0.668702	递增
兰州大学	1	不变	北理工	0.563099	递增
清华大学	0.999995	不变	中国科大	0.457505	递增
厦门大学	0.999064	递减	均值	0.925857	

4.4.4 校级文科教师科研生产 DEA 超效率值及区域差异

本书为了进一步比较分析科研效率达到 DEA 有效的高校,对 41 所高校文科教师科研生产率进行超效率 DEA 分析,所得结果也可以作为后续的影响因素分析时的因变量数据。本小节使用产出导向的可变规模报酬的 DEA-SBM 超效率模型分析 41 所文科教师 2017 年的科研生产率。结果如表 4-6 所示。

表 4-6 校级文科教师科研生产 DEA 超效率值及排名

DMU	效率值	排名	DMU	效率值	排名
上海交大	1.44451147	1	西北农大	0.796861	22
山东大学	1.305622698	2	北理工	0.727874	23
中央民大	1.299649695	3	东北大学	0.551015	24
人民大学	1.298942928	4	清华大学	0.53051	25
华南理工	1.233101491	5	华东师大	0.42538	26
浙江大学	1.151629716	6	同济大学	0.261045	27
北京大学	1.128663642	7	郑州大学	0.249098	28
中国农大	1.108601792	8	中国海洋	0.238437	29
吉林大学	1.108413377	9	厦门大学	0.234831	30
中山大学	1.101193843	10	湖南大学	0.085918	31
云南大学	1.089655776	11	华中科大	0.00538	32
复旦大学	1.077865584	12	电子科大	0.000153	33
四川大学	1.075159816	13	天津大学	0.0000824	34
北师大	1.05981207	14	西安交大	0.0000454	35
南京大学	1.040374826	15	新疆大学	0.0000395	36
武汉大学	1.032281227	16	南开大学	0.0000177	37
中南大学	1.026908831	17	重庆大学	0.0000162	38
兰州大学	1.004443947	18	东南大学	0.0000138	39
大连理工	1	19	哈工大	0.0000113	40
中国科大	0.840173764	20	北航	0.00000788	41
西工大	0.796915814	21			

由表 4-6 可知,在 41 所高校中,上海交通大学科研生产率最高,北京航空航天大学最低,排在前五名的高校分别为上海交通大学、山东大学、中央民族大学、中国人民大学和华南理工大学,排在后五名的分别为北京航空航天大学、哈尔滨工业大学、东南大学、重庆大学和南开大学。分析可知,排名靠前高校大部分为综合型高校,排在后几名的理工高校居多。

观察表 4-6 可以发现,在高校文科教师科研生产率 DEA 超效率值排名前 10 的各校中,除了第 9 名的吉林大学位于中部地区之外,其他 9 所高校全部位于东部地区。从效率值均值上看,东部、中部、西部地区一流大学文科教师科研生产率均值分别为 0.76、0.55、0.53,可见东部地区效率均值最高,其次是中部地区,最低的是西部地区的高校。这可以初步判断出东部地区一流大学文科教师科研生产率明显占优。为了进一步探明不同区域的一流大学文科教师科研生产率是否存在显著差异,我们对三个区域(东部、中部、西部)一流大学文科教师科研生产率值进行方差分析,发现不存在显著差异($F=1.548, P=0.211$)。那么为什么通过数据初步判断的结果与方差分析结果不一致呢?本书认为主要是因为极端个案的影响,因为方差分析是一种均值比较,而均值受极端值影响较大,具体地说,虽然效率值在排名前 10 的高校中有 9 名位于东部,但是这并不意味着东部一流大学文科教师科研生产率整体都高,实际上呈现两极分化现象,例如,北京航空航天大学位于东部,但是其效率值排名倒数第一;同样位于东部的东南大学、南开大学和天津大学排名也比较靠后,效率值也较低。进一步观察可知,在效率值排名倒数 10 名的高校中,仅东部地区就占四所。由此本书推之,如果排除东部地区的上述四所排名较低的高校,然后再分析东部地区与其他地区的一流大学文科教师科研生产率差异,便会有显著差异。为验证此假设,本书按照上述设想操作,然后经独立样本 T 分析发现果然存在显著差异($T=2.658, P=0.030$)。这说明两个问题:第一,排除极端个案之外,东部地区一流大学文科教师科研生产率整体上显著高于其他三个地区;第二,东部地区一流大学文科教师科研生产率分化严重,以往对东部地区高校一视同仁的看法是值得反思的。

4.4.5 校级文科教师科研生产的 DEA 投影分析

以上小节讨论了我国 41 所一流大学文科教师科研生产率水平,发现造成技术效率不高的原因主要是规模效率非 DEA 有效导致的,而且多是规模递减导致的。本节将利用投影分析进一步探讨规模效率非 DEA 有效的单元改进措施,即通过缩减投入或增加产出改进生产效率。本小节利用产出导向 BCC 模型分析投影结果,具体统计结果如表 4-7 所示。

表 4-7 校级文科教师科研生产率的投影分析

DMU	原始值	目标值	差值	改进百分比	DMU	原始值	目标值	差值	改进百分比
清华大学	1.6093593①				中国科大	1			
活动人员	1453	1453	0	0.00%	活动人员	198	198	0	0.00%
研发人员	2272	2208.402	−63.598	−2.80%	研发人员	266	266	0	0.00%
研发经费	198817.31	198817.3	0	0.00%	研发经费	13641	13641	0	0.00%
课题经费	191017.31	110691	−80326.32	−42.05%	课题经费	7082	7082	0	0.00%
课题数	1961	3650.778	1689.778	86.17%	课题数	189	189	0	0.00%
著作数	189	341.595	152.595	80.74%	著作数	3	3.000282	0.000282	0.01%
论文数	1724	2774.535	1050.535	60.94%	论文数	120	120	0	0.00%
研究报告	143	230.1384	87.13838	60.94%	研究报告	3	3.000055	0.0000546	0.00%
获奖成果	19	30.57783	11.57783	60.94%	获奖成果	0.0001	0.000113	0.0000125	12.51%
北航	1.4069827				厦门大学	1.36597			
活动人员	506	506	0	0.00%	活动人员	1440	1336.51	−103.4898	−7.19%
研发人员	321	321	0	0.00%	研发人员	1746	1746	0	0.00%
研发经费	25845.39	25845.39	0	0.00%	研发经费	153675	153675	0	0.00%
课题经费	20689.19	14873.41	−5815.7	−28.11%	课题经费	98816	76686.71	−22129.29	−22.39%
课题数	368	517.7697	149.7697	40.70%	课题数	2608	3562.449	954.449	36.60%
著作数	26	36.58155	10.58155	40.70%	著作数	148	339.6103	191.6103	129.47%
论文数	245	380.1109	135.1109	55.15%	论文数	1925	2629.492	704.4917	36.60%
研究报告	0.0001	19.4207	19.4206	999.90%	研究报告	152	207.6274	55.6274	36.60%
获奖成果	0.0001	1.200157	1.200057	999.90%	获奖成果	3	17.61207	14.61207	487.07%

① 数值为效率值的倒数，下同。

续表

DMU	原始值	目标值	差值	改进百分比
北理工	1			
活动人员	302	302	0	0.00%
研发人员	298	298	0	0.00%
研发经费	22272.4	22272.4	0	0.00%
课题经费	16439.9	16439.9	0	0.00%
课题数	176	176.0036	0.00365	0.00%
著作数	16	16	0	0.00%
论文数	250	250	0	0.00%
研究报告	21	21	0	0.00%
获奖成果	0.0001	0.000128	0.0000276	27.57%
南开大学	1.0781			
活动人员	1326	1271.865	−54.134	−4.08%
研发人员	2103	2103	0	0.00%
研发经费	81675.21	81675.21	0	0.00%
课题经费	56632.23	43778.28	−12853.9	−22.70%
课题数	2305	2485.07	180.0698	7.81%
著作数	132	205.1167	73.1167	55.39%
论文数	1611	1736.854	125.8536	7.81%
研究报告	103	111.0465	8.046505	7.81%
获奖成果	0.0001	11.55125	11.55115	999.90%
中国海洋	1.313921			
活动人员	535	535	0	0.00%
研发人员	410	410	0	0.00%
研发经费	20465	20465	0	0.00%
课题经费	16205	12909.19	−3295.809	−20.34%
课题数	445	584.6949	139.6949	31.39%
著作数	6	38.20599	32.20599	536.77%
论文数	158	349.5711	191.5711	121.25%
研究报告	4	11.68652	7.68652	192.16%
获奖成果	5	6.569606	1.569606	31.39%
郑州大学	1.372644			
活动人员	1621	1621	0	0.00%
研发人员	1150	1150	0	0.00%
研发经费	62784	62784	0	0.00%
课题经费	56339	48073.78	−8265.222	−14.67%
课题数	1576	2163.287	587.2866	37.26%
著作数	83	155.7038	72.70378	87.59%
论文数	634	938.5481	304.5481	48.04%
研究报告	17	152.9439	135.9439	799.67%
获奖成果	31	42.55196	11.55196	37.26%

续表

DMU	原始值	目标值	差值	改进百分比	DMU	原始值	目标值	差值	改进百分比
天津大学	1.1470718				华中科大	1			
活动人员	530	530	0	0.00%	活动人员	813	813	0	0.00%
研发人员	432	432	0	0.00%	研发人员	781	781	0	0.00%
研发经费	37771	37771	0	0.00%	研发经费	33530	33530	0	0.00%
课题经费	24759	19160.02	−5598.9	−22.61%	课题经费	18637	18637	0	0.00%
课题数	579	678.7569	99.7569	17.23%	课题数	964	964.0229	0.0229	0.00%
著作数	58	66.53016	8.530163	14.71%	著作数	62	62.00514	0.00514	0.01%
论文数	512	587.3007	75.30075	14.71%	论文数	822	822	0	0.00%
研究报告	16	23.89458	7.894577	49.34%	研究报告	67	67	0	0.00%
获奖成果	0.0001	1.861643	1.861543	999.90%	获奖成果	0.0001	0.00105	0.000949	949.44%
东北大学	1.5411261				湖南大学	1.338145			
活动人员	951	951	0	0.00%	活动人员	1133	1133	0	0.00%
研发人员	593	593	0	0.00%	研发人员	1274	1274	0	0.00%
研发经费	60545	60545	0	0.00%	研发经费	69361	69361	0	0.00%
课题经费	49127	35663.29	−13463.7	−27.41%	课题经费	39132	36361.04	−2770.955	−7.08%
课题数	763	1175.879	412.8793	54.11%	课题数	1384	1967.033	583.0327	42.13%
著作数	50	117.4985	67.49854	135.00%	著作数	63	171.8553	108.8553	172.79%
论文数	455	701.2124	246.2124	54.11%	论文数	1114	1490.693	376.6934	33.81%
研究报告	55	84.76194	29.76194	54.11%	研究报告	5	41.89525	36.89525	737.91%
获奖成果	11	16.95239	5.952388	54.11%	获奖成果	13	17.39588	4.395883	33.81%

续表

DMU	原始值	目标值	差值	改进百分比	DMU	原始值	目标值	差值	改进百分比
哈工大	1.4509659				电子科大	1.540954			
活动人员	571	571	0	0.00%	活动人员	490	490	0	0.00%
研发人员	364	364	0	0.00%	研发人员	373	373	0	0.00%
研发经费	16371	16371	0	0.00%	研发经费	14601	14601	0	0.00%
课题经费	9863	8811.969	-1051.03	-10.66%	课题经费	9699	8060.412	-1638.588	-16.89%
课题数	292	575.5534	283.5534	97.11%	课题数	313	482.3186	169.3186	54.10%
著作数	27	39.17608	12.17608	45.10%	著作数	16	24.92257	8.922573	55.77%
论文数	153	460.9611	307.9611	201.28%	论文数	229	352.8784	123.8784	54.10%
研究报告	0.0001	3.481741	3.481641	999.90%	研究报告	2	7.348042	5.348042	267.40%
获奖成果	0.0001	0.711711	0.711611	999.90%	获奖成果	0.0001	0.161678	0.161578	999.90%
同济大学	1.2558004				重庆大学	1.434065			
活动人员	1013	1013	0	0.00%	活动人员	870	870	0	0.00%
研发人员	886	886	0	0.00%	研发人员	1398	1398	0	0.00%
研发经费	58065	58065	0	0.00%	研发经费	95969	95969	0	0.00%
课题经费	40268	29734.18	-10533.8	-26.16%	课题经费	51822	2246.349	1329.349	144.97%
课题数	1397	1754.353	357.3531	25.58%	课题数	917	2246.349	1329.349	144.97%
著作数	73	150.2296	77.22961	105.79%	著作数	73	147.1523	74.15234	101.58%
论文数	543	1271.765	728.7647	134.21%	论文数	990	1419.725	429.7248	43.41%
研究报告	34	42.69721	8.697213	25.58%	研究报告	208	298.2856	90.28561	43.41%
获奖成果	3	7.839301	4.839301	161.31%	获奖成果	0.0001	12.69907	12.69897	999.90%

续表

DMU	原始值	目标值	差值	改进百分比	DMU	原始值	目标值	差值	改进百分比
华东师大	1.3347874				西安交大	1.033225			
活动人员	1469	1469	0	0.00%	活动人员	977	977	0	0.00%
研发人员	2480	2064.248	−415.75	−16.76%	研发人员	1941	1941	0	0.00%
研发经费	217212	211168	−6044.01	−2.78%	研发经费	60845	60845	0	0.00%
课题经费	160299	122921.5	−37377.5	−23.32%	课题经费	44827	34419.22	−10407.78	−23.22%
课题数	3405	4544.951	1139.951	33.48%	课题数	1977	2042.686	65.68614	3.32%
著作数	278	387.6192	109.6192	39.43%	著作数	59	68.75899	9.75899	16.54%
论文数	2245	2996.598	751.5978	33.48%	论文数	608	915.5848	307.5848	50.59%
研究报告	103	152.0304	49.03043	47.60%	研究报告	159	164.2828	5.282801	3.32%
获奖成果	8	26.06089	18.06089	225.76%	获奖成果	0.0001	1.430504	1.430404	999.90%
东南大学	1.3567383				西工大	1			
活动人员	850	850	0	0.00%	活动人员	436	436	0	0.00%
研发人员	1882	966.9827	−915.01	−48.62%	研发人员	218	218	0	0.00%
研发经费	41670	41670	0	0.00%	研发经费	31812	31812	0	0.00%
课题经费	35688	21951.54	−13736.4	−38.49%	课题经费	24066	24066	0	0.00%
课题数	1018	1381.16	363.1596	35.67%	课题数	379	379	0	0.00%
著作数	72	97.68516	25.68516	35.67%	著作数	6	6.000706	0.000706	0.01%
论文数	403	985.7971	582.7971	144.61%	论文数	250	250	0	0.00%
研究报告	29	48.78457	19.78457	68.22%	研究报告	21	21	0	0.00%
获奖成果	0.0001	2.740704	2.740604	999.90%	获奖成果	0.0001	0.00015	0.0000495	49.51%

续表

DMU	原始值	目标值	差值	改进百分比
新疆大学	1.487236			
活动人员	1208	977.4469	−230.553	−19.09%
研发人员	1051	480.2109	−570.789	−54.31%
研发经费	20264	20264	0	0.00%
课题经费	15139	15139	0	0.00%
课题数	636	945.8821	309.8821	48.72%
著作数	16	68.63092	52.63092	328.94%
论文数	339	591.2533	252.2533	74.41%
研究报告	3	13.32429	10.32429	344.14%
获奖成果	0.0001	11.40862	11.40852	999.90%

DMU	原始值	目标值	差值	改进百分比
西北农大	1			
活动人员	544	544	0	0.00%
研发人员	234	234	0	0.00%
研发经费	11750	11750	0	0.00%
课题经费	8307	8307	0	0.00%
课题数	317	317	0	0.00%
著作数	17	17	0	0.00%
论文数	156	156.0063	0.00634	0.00%
研究报告	5	5	0	0.00%
获奖成果	0.0001	0.000104	0.0000039	3.90%

为了节省篇幅,表4-7只给出需要改进的22所高校的DEA投影值,详细列出了这些高校的文科科研投入主要减少因素、原始值、目标值、改进比例和产出主要增加的因素、原始值、目标值和改进比例。由于本投影分析是基于产出导向的BBC模型,因此投影的结果都是先改进产出,然后才会改进投入。

以清华大学为例,其纯技术效率值的倒数为1.6,效率值为0.62,在投入方面社科活动人员和研究与发展经费当年支出不需要作出改进,说明它在这两个方面的投入足够,而在研发人员与课题经费当年支出方面需要作出改进,分别需要减少原始值的2.8%和42.05%,说明该校在这两个方面投入冗余,特别在课题经费当年支出方面冗余较多;在产出方面,该校需要在课题数、著作数、论文数、研究与咨询报告数、获奖成果数五方面作出改进,分别需要提高原始值的86.17%、80.74%、60.90%、60.94%、60.94%,五个产出方面都需要作出较大幅度的提高才能达到纯技术有效,这说明该校文科教师科研生产纯技术效率不高主要表现为产出不足,也有投入不合理的因素,所以该校为了提高科研生产率,可以合理配置科研资源,提高管理水平与科研人员的科研能力,加大科研产出(图4-1)。

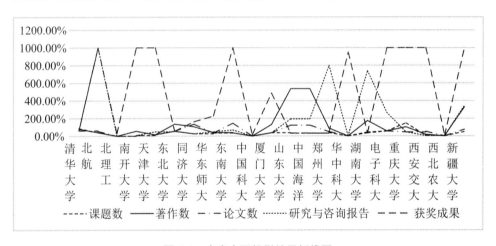

图 4-1 产出方面投影结果折线图

从整体上分析产出的投影结果可以发现,各高校需要在产出方面改进最大的是获奖成果,很多高校获奖成果为0,在进行DEA分析时,需要把0值改为0.0001,所以部分高校改进比例高达1000%,如北京航空航天大学、南开大学、天津大学、东南大学、电子科技大学、西安交通大学、重庆大学、西北农林科技大学和新疆大学在获奖成果方面都是0,所以改进比例很大。除此之外,厦门大学、华中科技大学也需要在获奖成果产出方面作出较大的改进,分别需要改进约487%和949%。可见,我国大部分一流大学在获奖成果方面缺口较大。其次改进比例较大的方面是研究与咨询报告数,郑州大学、湖南大学和新疆大学在此方面需要作出较大的改进,分别需要提高约799%、737%和344%,其他高校虽然改进比例没有上述三所高校大,但除了北京理工大学、华中科技大学、中国科学技术大学和西北农林科技大学外,都需要作出一定比例的改进,这说明这些高校在科研产出的质量与效益方面需要较大幅度地提高。另外,改进比例较大的是著作数,如山东大学、中国海洋大学都需要作出约536%的改进,新疆大学、东北大学与湖南大学也需要分别作出约328%、135%和172%的改进。

为了更清晰地观察各高校在论文与课题方面的投影状况,单独制作它们的折线图。由图4-2可知,只有北京理工大学、中国科学技术大学、华中科技大学、西北农林科技大学不需要在课题数与论文数方面作出改进,其他非技术有效的高校都需要作出相应的改进,其中,同济大学、东南大学、山东大学、中国海洋大学在论文数方面需要改进比例最大,分别需要改进约134%、144%、121%、121%;在课题方面,需要作出较大改进的高校有清华大学、重庆大学和新疆大学,分别需要改进约86%、145%和49%。

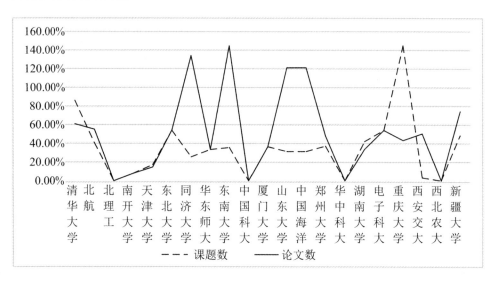

图4-2 论文与课题成果投影结果折线图

整体分析发现,需要在社科活动人员方面减少投入的只有三所高校,即是南开大学、厦门大学和新疆大学,分别需要减少原始值的4.08%、7.19%和19.09%;在研究与发展人员投入方面需要作出改进的有清华大学、华东师范大学、东南大学和新疆大学,需要缩减原来投入的2.80%、16.76%、48.62%和54.31%,在研究与发展经费当年支出方面,需要作出改进的高校只有华东师范大学,需要缩减原始值的2.78%,这说明从纯技术效率角度来看,我国一流高校在社科人员、研究与发展人员、研究与发展经费支出方面的投入整体上比较合理,只有少数高校需要改进。

在课题经费当年支出方面,改进的高校较多,共15所高校,为了更直观地观察与分析各高校在这方面的改进程度,制作折线图4-3。

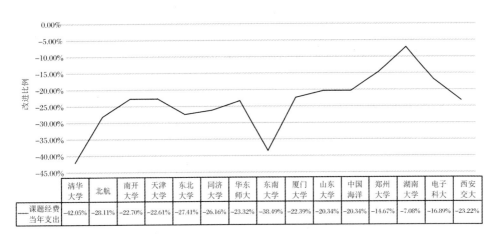

图 4-3 课题经费当年投影结果折线图

观察图 4-3 可以发现,在课题经费当年支出方面需要改进比例较大的两所高校是清华大学、东南大学,分别需要改进约 42.05% 和 38.49%;需要改进比例最小的高校是湖南大学,需要改进 7.08%。由此可知,在投入方面,41 所高校主要需要在课题经费当年支出方面作出改进。

4.5 校级文科教师科研生产率动态分析

前面几小节都是基于 2017 年的数据对 41 所高校文科教师科研生产率进行的静态分析。静态分析不能反映各个高校的文科教师科研生产率随着时间变化而改变的情况,为更深入地了解校级文科教师科研生产近 5 年效率变动规律和原因,本节选取 41 所一流大学 2013—2017 年共 5 年的科研统计数据,通过求解 Malmquist 指数并对其分解的方式,实现对最近 5 年的校级层面的高校文科教师科研效率的动态分析。因为 Malmquist 指数具体含义已在上文述及,此处不再赘述。此次使用 Deap 2.1 软件对 41 所一流大学的 2013—2017 年的科研投入与科研产出的面板数据进行 Malmquist 指数分析,如表 4-8 所示。

表 4-8　2013—2017 年校级文科教师科研效率 Malmquist 及其分解指数年度均值

年度	技术效率变化(Effch)	技术进步变化(Techch)	纯技术效率变化(Pech)	规模效率变化(Sech)	全要素生产率变化(Tfpch)
2013/2014	1.017	0.951	1.001	1.016	0.967
2014/2015	0.94	3.02	0.966	0.972	2.837

续表

年度	技术效率变化(Effch)	技术进步变化(Techch)	纯技术效率变化(Pech)	规模效率变化(Sech)	全要素生产率变化(Tfpch)
2015/2016	1.104	0.867	1.109	0.995	0.957
2016/2017	0.915	0.927	0.934	0.98	0.848
均值	0.991	1.233	1.001	0.991	1.222

4.5.1 校级文科教师科研全要素生产率整体变化趋势

由表4-8可知,从全要素生产率的变化来看,2013—2017年五年间校级层面的文科教师科研效率Malmquist指数均值为1.222,41所高校文科教师科研生产活动在2013—2017年之间的投入与产出效率整体上呈上升趋势,即呈现正增长,年均增长22.2%,这是一个比较大的增长率,但是平均分受2014/2015年的极端值影响很大,2015年全要素生产率变化值高达2.837,而其余年份都没有达到1,这说明除了2015年之外的其他年份全要素生产率处于下降状态。具体地说,2014年41所高校的文科教师科研生产率比2013年下降了约3%,2016年比2015年下降了约4%,2017年比2016年下降了5%。全要素测量的是除了资本和劳动力之外的对生产率提升的贡献,全要素生产率下降,说明41所高校的管理水平、科研能力和技术水平、制度建设等方面在近五年的四个年份里都不太好。观察图4-4可以更直观地感受到全要素生产率在五年间的变化趋势,发现2015年异常提高,其他年份逐年下降。

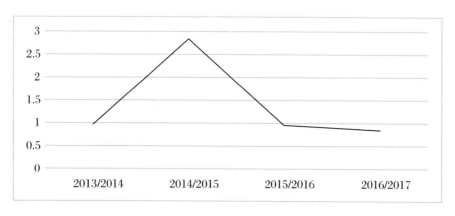

图4-4 2013—2017年校级文科教师科研全要素生产率变化趋势

4.5.2 校级文科教师科研生产率分解

全要素生产率可以分解为技术效率变化、技术进步、纯技术效率变化和规模效率变化指数,从而可以进一步分析哪些因素影响了全要素生产率。

从全要素的生产率指数分解来看,2013—2017年41所高校的技术效率变化(Effch)均值为1.107,表明从整体上看,我国省级层面的高校文科教师科研技术效率在统计的五年间年均提升了10.7%,说明存在追赶效应。技术变化效率可以分解为纯技术效率(Pech)和规模效率(Sech)。由表4-8可知,纯技术效率变化和规模效率变化指数均值分别为1.001和0.901,说明41所高校科研纯技术效率年均提升分别为0.1%,基本没有改进,规模效率年均下降9.9%,反映了高校在科研管理、组织优化和技术创新方面基本没有进步。技术进步指数(Techch)值为1.233,表明41所高校文科教师科研生产技术进步年均提高为23.3%,存在明显增长效应。

进一步分析技术效率、技术进步、纯技术效率、规模效率和全要素生产率变化指数在各个年度的各自的变化趋势(图4-5)发现,技术效率变化指数、纯技术效率变化指数和规模效率变化指数的变动趋势基本一致,四年来有一个较平稳和较小程度的下降趋势,而技术进步和全要素生产率变化值走势基本一致,二者波动较大,这主要受2014/2015年间极端值的影响。从中可以看出,2013—2017年省际高校文科教师科研效率受技术进步影响较大。从整体上看,41所高校的文科教师科研全要素生产率处于下降趋势。

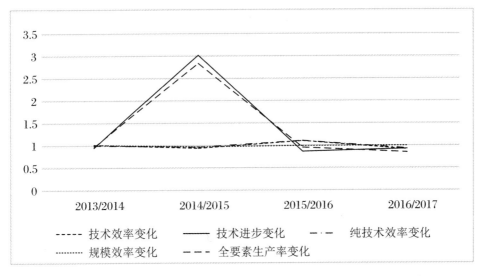

图4-5 校级文科教师全要素生产力及其分解指数2013—2017年变化趋势

4.5.3 校级文科教师科研生产率的动态分析

上述两小节把41所高校看成一个整体分析它们的全要素生产率及其分解变化状况，为进一步了解各个高校文科教师科研全要素生产率及其分解变化的情况，这一小节探讨了41所高校的文科教师科研全要素生产率在2013—2017年间的变化情况，以便更深入地了解各个高校文科教师科研效率在区域上的差异。2013—2017年间41所高校文科教师科研全要素生产率指数及其分解如表4-9所示。

表4-9 各高校文科教师科研全要素生产率指数及其分解

DMU	技术效率变化（Effch）	技术进步变化（Techch）	纯技术效率变化（Pech）	规模效率变化（Sech）	全要素生产率变化（Tfpch）
北京大学	1	1.162	1	1	1.162
人民大学	1	1.25	1	1	1.25
清华大学	0.947	1.185	0.936	1.012	1.123
北航	0.906	1.257	0.942	0.961	1.139
北理工	1.04	1.238	1.128	0.922	1.287
中国农大	1.042	1.164	1	1.042	1.213
北师大	1	1.22	1	1	1.22
中央民大	1	1.138	1	1	1.138
南开大学	0.974	1.278	0.981	0.992	1.245
天津大学	0.912	1.244	0.966	0.944	1.135
大连理工	1.109	1.282	1.108	1.001	1.421
东北大学	1.035	1.194	1.038	0.997	1.236
吉林大学	1.072	1.229	1.042	1.028	1.317
哈工大	1.168	1.315	1.22	0.958	1.536
复旦大学	1	1.27	1	1	1.27
同济大学	0.942	1.148	0.945	0.998	1.082
上海交大	1	1.154	1	1	1.154
华东师大	0.93	1.184	0.93	0.999	1.101
南京大学	1.049	1.149	1.043	1.006	1.206
东南大学	0.967	1.281	0.97	0.997	1.239
浙江大学	1	1.179	1	1	1.179
中国科大	0.978	1.327	1	0.978	1.298

续表

DMU	技术效率变化(Effch)	技术进步变化(Techch)	纯技术效率变化(Pech)	规模效率变化(Sech)	全要素生产率变化(Tfpch)
厦门大学	0.925	1.187	0.925	1	1.098
山东大学	1	1.027	1	1	1.027
中国海洋	0.88	1.019	0.934	0.942	0.896
郑州大学	0.921	1.342	0.924	0.997	1.237
武汉大学	1	1.153	1	1	1.153
华中科大	0.997	1.185	1	0.997	1.182
中南大学	1.075	1.333	1.07	1.004	1.433
湖南大学	0.949	1.317	0.947	1.002	1.25
中山大学	1	1.173	1	1	1.173
华南理工	1	1.445	1	1	1.445
四川大学	1.047	1.296	1.016	1.03	1.357
电子科大	1.01	1.314	1.038	0.973	1.327
重庆大学	0.909	1.394	0.914	0.995	1.267
云南大学	1	1.195	1	1	1.195
西安交大	1.117	1.277	1.121	0.997	1.426
西工大	0.924	1.372	1	0.924	1.268
西北农大	0.998	1.351	1.055	0.946	1.348
兰州大学	1	1.119	1	1	1.119
新疆大学	0.895	1.334	0.906	0.988	1.194
均值	0.991	1.233	1.001	0.991	1.222

分析表4-9可知,在41所一流大学中,高校文科教师科研全要素生产率变化指数大于1的高校有26个,占比83.9%,表明在2013—2017年间,有40所高校的文科教师科研全要素生产率变化指数大于1,说明统计的五年间它们全要素生产率处于增长趋势;只有中国海洋大学一所高校文科教师全要素生产率处于衰退趋势。高校文科教师科研全要素生产率年均增长最快的前两所高校分别是哈尔滨工业大学和华南理工大学,年均增长分别为53.6%和44.5%,增长最慢的分别是山东大学和同济大学,年均增长分别为2.7%和8.2%。从整体上看,2013—2017年五年间我国一流大学文科教师全要素生产率稳步增长。

科研全要素生产率可以分解为技术效率和技术进步,技术进步又可以进一步分解为纯技术效率和规模效率,所以科研全要素生产率可以分解为技术进步、纯技术效率和规模效率。从表4-9中可知,41所高校的文科教师科研生产率技术进步变化指数都大于1,这说明41所一流大学科研生产率受到技术进步的积极影响。

技术进步可能由于人力资本、科研设备性能、信息技术等提升导致的。技术进步最为显著的高校是华南理工大学和重庆大学,年均技术进步率分别为44.5%和39.4%,说明这两所高校在文科科研技术进步方面提升较快;技术进步最慢的是山东大学和中国海洋大学,年均技术进步百分比为2.7%和1.9%。

纯技术效率提升的高校有30所,11所高校纯技术效率处于下降状态,提升最明显的高校分别是哈尔滨工业大学和北京理工大学,年均提升分别为22%和12.8%,说明这两所高校在科研管理、制度运行等方面改进较快。11所纯技术效率变化指数小于1的高校中,降低最为显著的高校是新疆大学,年均下降接近10%。规模效率变化指数大于1的高校有20所,小于1的高校有21所,这再一次说明我国一流大学文科教师科研生产率不高主要受制于规模效率不高。20所规模效率提高的高校中,提高最为明显的高校是中国农业大学,该校文科科研规模效率年均提升4.2%。21所高校文科教师科研规模效率处于下降状况,下降最为明显的是北京理工大学,年均下降8.8%。

从全要素生产率及其分解指数均值柱状图4-6中可以清晰发现,只有规模效率变化指数小于1,其他指数都大于1,其中全要素生产率最高,其次是技术进步变化指数。

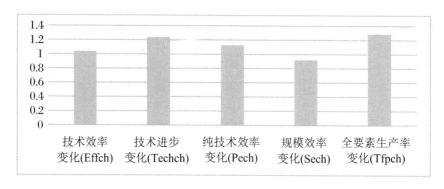

图4-6　全要素生产率及其分解指数变化均值柱状图

4.6　校级文科教师科研生产率影响因素

在第3章,本书分析了省域高校文科教师科研生产率后,利用Tobit模型研究了相关影响因素,由于层级不同,影响校级文科教师科研生产率因素与影响省域高校文科教师科研生产率的因素会有所不同。因为高校效率不仅受到投入水平与资源利用效率的影响,也受到所处的内外部环境的影响,外部环境如高等教育聚集因素的影响,内部环境如学科结构对科研效率的影响,分析影响高校内外部环境要素,对于学校进行内部改革和外部交往具有重要意义。所以本节以校级文科教师科研生产率超效率值作为因变量,同时根据相关研究和理论确定自变量,建立校级文科教师科研生产率影响因素模型,探索影响校级层面的文科教师科研生产率因素。

4.6.1 研究假设与数据来源

1. 研究假设

在提出本研究假设前,首先综述以往有关对高校科研效率影响因素的研究成果,以便为本研究假设提出提供理论支持。

贾明春、张鲜华对教育部直属高校科研绩效影响因素研究发现,人力和经费投入、研究与发展项目数和主办国际学术会议数为正面影响因素。[1] 罗杭、郭珍对"985"高校科研效率影响因素分析发现,社会科学研究成果占比对文科科研效率有显著的正向作用,学校内部结构要素,如科研教学活动的学科分布、学科结构、研究生的占比对高校科研生产率有影响。[2] 王卫星、王煜对63所教育部直属高校科研效率影响因素分析发现,人力资源、对外合作和创新能力为正影响因素。[3] 陈露等对江苏35所本科高校人文社会科学的科研效率影响因素分析时发现,环境变量和随机因素对高校文科科研创新效率存在显著影响,其中地区经济水平、政府资金投入对科研创新效率有正影响,而地区教育水平、非政府资金投入以及学术交流情况等对科研创新效率有负影响。[4] 王晓珍等对我国高校创新效率影响因素研究时发现,区域经济优势、区位地理优势、创新氛围、政策支持力度是影响高校创新效率的主要因素。[5] 刘天佐等对我国高校科研绩效影响因素研究时发现,地区科研环境、教师职称结构和区域教育投入力度等因素对区域高校科研效率有显著影响。[6] 汪彦等对上海高校科研创新效率进行了分析,发现人力资本对上海高校科研创新效率的提升作用最大,并具有显著影响,物质资本的投入对高校科研创新效率产生了

---

[1] 贾明春,张鲜华.高校科研绩效影响因素分析及对审计工作的启示[J].审计研究,2013(3):28-33.
[2] 罗杭,郭珍.2012年中国"985"大学效率评价:基于DEA-Tobit模型的教学-科研效率评价与结构-环境影响分析[J].高等教育研究,2014,35(12):35-45.
[3] 王卫星,王煜.高校科研绩效及影响因素研究:以教育部直属高校为例[J].会计之友,2017(10):109-114.
[4] 陈露,凌端新,孙雨亭.基于三阶段DEA模型的江苏高等学校人文社会科学科研效率研究[J].科技与经济,2018,31(2):6-10.
[5] 王晓珍,蒋子浩,郑颖.高校创新效率动态演进分析及影响因素识别:基于非参数核密度估计和SFA模型[J].统计与信息论坛,2018,33(9):81-87.
[6] 刘天佐,许航.我国不同区域高校科研投入产出绩效及其影响因素分析:基于DEA-Tobit模型的实证研究[J].科技管理研究,2018,38(13):113-118.

显著的抑制效应,产生资本拥挤问题。① 潘健、宗晓华分析中国研究型高校科研的生产率影响因素时,发现人均GDP、"211工程"高校数量和学科变差系数等因素对中国研究型高校科研生产率有显著的影响。②

总结已有研究发现,对高校科研生产率有影响的因素主要有人力资源投入、经费投入、研究项目、国际学术交流、学科结构、研究生占比、创新能力、地区经济水平、地区教育水平、区域地理优势、创新氛围、政策支持、地区科研环境、教师职称结构、地区教育投入、人力资本、物质资本等。其中常用的指标有人均经济水平、地区教育力量、学科结构、师资结构、学生结构、国际交流等。

本书在上述研究成果启示下,提出以下假设:

本书认为影响校级文科教师科研生产率的因素可以分为外部环境因素和内部结构因素。在外部环境方面,本书选取高校所处地区人均GDP、地区高校数量、地区"211"高校数量三个变量作为指标;在内部环境方面,本书选取研究生培养占比、人文社会科学研究成果占比和人文社会学科竞争力。

① 地区人均GDP。地区人均GDP衡量高校所在地区的经济实力。一般情况下,人均GDP越高地区,各级组织管理能力较强、规章制度较为健全、社会文化氛围较为积极、信息交流较为便利,这些都有助于高校生产率改善。所以本书假设1为:地区人均GDP对高校文科教师科研生产率有正影响。

② 地区高校数量和"211"高校数量。地区高校数量越多越容易形成群集效应,有利于高校间开展合作研究与交流,也有利于资源共享。地区"211"高校数量可以代表地区高等教育竞争实力,"211"高校越多的省份,其所在的高校越能共享优质研究资源、信息和管理技术。所以本书的假设2为:地区高校数量对当地的高校文科科研生产率有正影响;假设3为:"211"高校数量对当地的高校文科科研生产率有正影响。

③ 研究生占比。一般情况下只有具有一定学科竞争力的学科才能设立硕士点,因此,研究生占总培养人数之比可以反映高校的学科教育和研究竞争力水平;同时,研究生辅助导师从事科研生产也能促进科研产出。所以本书的假设4为:研究生占比对高校文科教师科研生产率有正影响。

④ 社会科学研究成果占比和社会科学竞争力。社会科学研究成果占比表示的是学校社会科学研究成果占学校总的科学研究产出成果的比值,比值越高,说明该校在社会科学研究方面具有相对优势。社会科学竞争力是该校在社会科学领域学科排名次序,排名越高越说明该校社会科学研究实力较强。本书的假设5为:社会科学研究成果占比对高校文科教师科研生产率有正影响;假设6为:社会科学学

---

① 汪彦,陈悦,曹贤忠,等.上海高校科研创新效率与影响因素实证研究:基于DEA-Tobit模型[J].科技管理研究,2018,38(8):100-109.

② 潘健,宗晓华.中国研究型大学科研生产率分析:基于2003—2011年校级面板数据[J].高教发展与评估,2018,34(1):9-19,119-120.

科竞争力对高校文科教师科研生产率有正影响。

2. 数据来源

人文社会学科占比数据来源于各高校网站,经计算后得到;研究生占比、社会科学成果占比数据来源于互联网武书连的《2018 中国大学评价》数据[①],人均 GDP 数据、高等教育数量和"211"高校数据来源于统计局网站。社会科学学科竞争力来源于网络上武书连的《2018 中国大学评价》计算的数据。

4.6.2 模型构建

由于本书所采用的因变量为高校文科教师科研生产 DEA 超效率值,而 DEA 超效率值的取值都大于 0,数据在 0 处截断,属于受限制因变量。若采用传统的最小二乘法估计模型,有可能出现估计偏差,例如,出现负的估计值,这违背常识。因此,本模型适合采用受限因变量回归模型形式之托宾模型。

托宾(Tobit)模型属于因变量受限制的一种模型,由经济学诺贝尔奖得主 Tobit 提出,后经多位学者的运用和改进,逐步走向成熟。通常,Tobit 模型用一个基本的潜变量来表示所观测到的相应 Y_i:

$$Y_i^* = \beta_0 + \beta X_i + u_i, u_i \mid X_i \sim N(0,\sigma^2) \tag{4.1}$$

$$Y_i = \max(0, Y_i^*) \tag{4.2}$$

式中,Y_i^* 为潜在变量,Y_i 为被观察到的因变量,X_i 为自变量向量,β 为相关系数向量,u_i 为随机误差项。

这两个方程意味着,当 $Y_i^* \geqslant 0$ 时,所观测到的变量 Y_i 等于 Y_i^*,但当 $Y_i^* < 0$ 时,则 Y_i 等于 0。

根据以上假设,构建校级层面上的高校文科教师科研生产率的 Tobit 模型:

$$Y_i = \beta_0 + \beta_1 X_{1i} + \beta_2 X_{2i} + \beta_3 X_{3i} + \beta_4 X_{4i} + \beta_5 X_{5i} + \beta_6 X_{6i} + u_i \tag{4.3}$$

式中,Y_i 为第 i 个高校文科教师 2017 年的科研技术效率 DEA 超效率值,$X_{1i} \sim X_{6i}$ 分别是第 i 个省份地区人均 GDP、地区高等教育数量、地区"211"高校数量、研究生培养占比、社会科学研究成果占比和社会科学学科竞争力,β_0 为截距项系数,u_i 为随机干扰项。

4.6.3 结果分析

1. 共线性诊断

数据相关分析(表 4-10)可以初步诊断各个解释变量是否存在贡献,一般相关

---

① 武书连. 2018 中国大学评价[EB/OL]. https://k.sina.cn/article_1261219854_4b2cb00e001008bdp.html?http=fromhttp&pos=12&subch=nauto,2018-05-12/2019-05-20.

系数低于 0.5 便可以接受,即共线性不严重,如表 4-11 所示。

表 4-10 因素间相关分析

	人均 GDP	"211"高校	高校数量	社会科学实力	研究生占比	社会科学研究占比
人均 GDP	1					
"211"高校	0.558**	1				
高校数量	-0.138	-0.067	1			
社会科学实力	-0.393*	-0.155	-0.142	1		
研究生占比	0.325*	0.155	0.071	-0.521**	1	
社会科学研究占比	0.243	0.192	-0.080	-0.229	-0.333*	1

** 在 0.01 水平(双侧)上显著相关;* 在 0.05 水平(双侧)上显著相关。

经相关分析发现,因素变量间的相关系数只有"211"高校与人均 GDP 相关系数和研究生占比与社会科学实力相关系数大于 0.5,并且呈现统计学意义上的显著相关,其他变量间系数都低于 0.5,这反映了有些因素间可能存在多重共线性关系。为了进一步检验共线性,将高校文科教师效率值作为因变量、5 个影响因素的数值作为解释变量,采用强制进入法建立回归模型来进一步诊断共线性。卢纹岱等人建议,若某些变量的特征值小于并且接近于 0 时,或者当条件值大于 15 时,变量间可能存在多重共性。[①] 分析发现特征值最小为 0.010,条件索引最大值为 15.750,这说明存在多重共线。另外,也可以通过容差和膨胀因子判断共线性。在判断共线性时,容差越小,说明变量间共线性越强。方差膨胀因子为容差的倒数,其值大于 5 或 10 时,说明存在共线性。由表 4-12 可知,6 个变量的容差和方差膨胀因子都在合理值范围内,可以认为不存在明显的共线性关系。总的来看,确实存在一定的共线性,但是并不严重,可以进行回归分析。

表 4-11 共线性诊断

维数	特征值	条件索引
	5.646	1.000
2	0.625	3.005
3	0.385	3.830
4	0.244	4.812
5	0.063	9.461
6	0.031	13.478
7	0.006	15.750

注:因变量为效率值。

表 4-12 变量的容差与膨胀因子

变量	共线性统计量	
	容差	VIF
人均 GDP	0.292	3.430
高校数量	0.899	1.112
社会科学实力	0.369	2.711
研究生占比	0.345	2.900
社会科学研究占比	0.518	1.931
211 高校占比	0.337	2.970

---

① 卢纹岱,朱红兵.SPSS 统计分析[M].北京:电子工业出版社,2015.

2. 回归分析结果

把校级文科教师科研生产率 DEA 超效率值作为因变量,把地区人均 GDP、地区高校数量、地区"211"高校数量、研究生培养占比、人文社会科学研究成果占比和人文社会学科竞争力作为自变量,构建 Tobit 模型。Tobit 回归结果如表 4-13 所示,回归模型除了通过多重共线检验,也通过异方差和序列相关检验,具有较高的解释力。从模型显著性检验来看,$F = 3.824$,$Sig = 0.04$,模型整体通过显著性检验。从模型的解释力来看,$R^2 = 0.432$,说明该地区人均 GDP、地区高校数量、地区"211"高校数量、研究生培养占比、人文社会科学研究成果占比和人文社会学科竞争力 6 个变量能够在 43.2% 上解释校级文科教师科研生产率变动。由表 4-13 可知,社会科学实力和社会科学研究占比在 0.05 水平上具有统计显著性,说明二者对校级文科教师科研生产率有正向影响,而其他变量影响不显著。所以本节假设 5 和假设 6 得到研究支持,而其他假设没有得到研究支持。

表 4-13　校级文科教师科研生产率影响因素的回归分析

变量	系数	标准误	Z 统计量	Sig
C	0.921	0.281	3.277	0.002
211 高校	0.002	0.004	0.461	0.648
人均 GDP	−0.000001408	0.000	−1.105	0.277
高校	−0.00005944	0.001	−0.073	0.942
社会科学实力	−0.003	0.001	−2.601	0.014
研究生占比	0.093	0.323	0.289	0.775
社会科学研究占比	0.231	0.125	1.819	0.05

模型估计结果说明,社会学科竞争力较强和社会科学研究比值较大的高校文科教师科研生产率更高,这也启示我们应该分类进行高校评估。

本章小结

本章运用 DEA 对 41 所高校科研效率研究发现,41 所高校技术效率值均值为 0.83,其中技术效率达到 DEA 有效的高校共 19 所,而技术效率没有达到 DEA 有效的高校共 22 所;纯技术效率达到 DEA 有效的高校共 24 所;规模效率达到 DEA 有效的高校共 20 所。经 DEA 超效率模型分析发现,在 41 所高校中,上海交通大学科研生产率最高,北京航空航天大学最低,排在前五名的高校分别为上海交通大学、山东大学、中央民族大学、中国人民大学和华南理工大学。投影分析发现,各高校需要在产出方面改进最大的是获奖成果数。可见,我国大部分一流大学在获奖成果数方面缺口较大;其次改进比例较大的方面是研究与咨询报告数。

从全要素生产率的变化来看,2013—2017 年五年间校级层面的高校文科教师科研效率 Malmquist 指数均值为 1.222,表明 41 所高校文科教师科研生产活动在 2013—2017 年之间的投入与产出效率整体上呈上升趋势,即呈现正增长,年均增长 22.2%,但是平均分受 2014/2015 年的极端值影响很大,2015 年全要素生产率变化值高达 2.837,而其余年份都没有达到 1,这说明除 2015 年之外的其他年份全要素生产率处于下降状态。从全要素的生产率指数分解来看,2013—2017 年 41 所高校的纯技术效率变化(Effch)均值为 1.107,从整体上看,表明我国校级层面的高校文科教师科研纯技术效率在统计的五年间年均提升 10.7%,说明存在追赶效应。纯技术效率变化和规模效率变化指数均值分别为 1.001 和 0.901,说明 41 所高校科研纯技术效率年均提升 0.1%,基本没有改进。规模效率年均下降 9.9%,反映了高校在科研管理、组织优化和技术创新方面有所倒退。在 41 所一流大学中,高校文科教师科研全要素生产率变化指数大于 1 的高校有 26 个,占比 83.9%,表明在 2013—2017 年间,有 40 所高校的文科教师科研全要素生产率变化指数大于 1,说明统计的五年间全要素生产率处于增长趋势。41 所高校的文科教师科研生产率技术进步变化指数大都大于 1;纯技术效率提升的高校有 30 所,11 所高校纯技术效率处于下降状态。为了探索高校文科教师科研生产率影响因素,本书构建了高校文科教师科研生产率影响因素规模模型,经模型估计发现,社会科学实力和社会科学研究占比对校级文科教师科研生产率有正向影响,而其他变量影响不显著。

第5章 高校文科教师个体科研生产率

第3章利用省级数据从宏观上分析了我国高校文科教师科研生产率的整体水平、趋势变化及影响因素，第4章利用41所高校数据分析了校级文科教师科研生产率状况。由于数据的限制，第3章和第4章在分析影响高校文科教师科研生产率因素时，只能分析宏观环境和学校环境对科研生产率的影响，无法分析教师个体特征对科研生产率的影响。那么高校教师的个体特征是不是也会对生产率产生影响呢？本章基于高校教师科研生产率调查数据对影响教师个体科研生产率的个体特征因素和微观环境因素进行分析，探索它们之间的路径关系，这对于进一步分析和研究高校文科教师生产率问题具有重要意义。

5.1 研究对象的描述性统计

本次调查研究对象是在高校从事研究工作的人文社科类教师。因为是利用网络、社交媒体发放问卷，所以调查对象不限地域、学校，即调查对象来源全国各地高校（表5-1）。

表5-1 因变量描述性统计

变量	类别	人数	占比
性别	男	173	48.6%
	女	183	51.4%
年龄	30岁以下	64	18.0%
	30~35岁	104	29.2%
	36~40岁	94	26.4%
	41~45岁	54	15.2%
	46~55岁	37	10.4%
	55岁以上	3	0.8%

续表

变量	类别	人数	占比
高教年龄	3年以下	89	25.0%
	3~5年	62	17.4%
	6~10年	91	25.6%
	11~15年	58	16.3%
	16~25年	39	11.0%
	25年以上	17	4.8%
职称	初级	66	18.5%
	中级	148	41.6%
	副高	111	31.2%
	正高	31	8.7%
博士学位	有博士学位	171	48.0%
	无博士学位	185	52.0%
最高学位授予单位	"985"高校	130	36.5%
	非"985"的"211"高校	122	34.3%
	其他院校	104	29.2%
任职单位	"985"高校	28	7.9%
	非"985"的"211"高校	64	18.0%
	其他院校	264	74.2%
从事研究的学科	哲学类	13	3.7%
	经济学类	16	4.5%
	教育学类	188	52.8%
	文学类	24	6.7%
	艺术学类	28	7.9%
	历史学类	5	1.4%
	管理学类	20	5.6%
	社会学类	17	4.8%
	其他	45	12.6%

从性别分布来看,男、女所占比例大致相同,分别占48.6%和51.4%,女性稍多。

从年龄分布来看,35岁以下的青年教师占47.2%,是本次调查最多的群体;其次是36~40岁的中年组老师,占26.4%;再次是46~55岁的中老年教师,占

10.4%；人数最少的是55岁以上的老年教师，占0.8%。

从高校教龄分布来看，5年以下的教师占42.4%，是被调查人数最多的群体；6~10年教龄的教师占25.6%；11~15年教龄的教师占16.3%；16~20年教龄的教师占11%；20年以上教龄的教师占4.8%。

从职称分布来看，初级教师占18.5%，中级教师占41.6%，副高级教师占31.2%，正高级教师占8.7%，可见中级教师所占比例最高，其次是副高级教师，所占比例最少的是正高级教师。

从是否拥有博士学位来看，拥有博士学位的教师占48%，没有拥有博士学位的教师占52%，二者分布相差不大，后者稍多。

从最高学位授予单位分布来看，毕业于"985"高校的教师占36.5%；毕业于非"985"的"211"高校的教师占34.3%；毕业于其他院校的教师占29.2%，可见，毕业于"985"高校的教师最多。

从任职单位级别来看，在"985"高校任职的教师占7.9%；在非"985"的"211"高校任职的教师占18%；在其他院校任职的教师占74.2%，可以发现，在其他院校任职的教师占绝对多数。

从研究所属学科大类的分布来看，教育学类占大多数，占52.8%；其次是其他类别的学科占12.6%；所占比例最少的学科类别是历史学类，仅占1.4%。整体来看，学科分布不是很均衡，教育学占多数，其他类别相对较少。这主要是调查者自己属于教育学类，所以学术关系以教育学类为主。不过，学科类别差异对教师科研生产率的影响并不是本书研究的关注重点，所以学科差异分布的不均衡不会对本研究造成多少影响。

5.2 研究思路与方法

DEA方法比较适合对相似的决策单元（如工厂、学校）进行效率评价，不太适合对个体进行效率评价，因此，本章根据科研生产率内涵，使用科研产出与科研投入的比值计算教师个体生产率水平。由于通过调查问卷获得教师个体特征变量很多都是通过几组指标变量测量一个潜在变量，这就造成了指标变量与测量变量、潜在变量与潜在变量之间具有复杂的关系。结构方程模型可以进行潜在变量与其指标变量所构成的测量模型进行估计，也可以进行潜在变量间路径分析的检验，这是传统的一般线性回归模型无法做到的，因此，本书使用结构方程模型分析高校文科教师个体科研生产率影响因素。

在计算教师个体生产率之前，需要把科研的生产多种投入与多种产出换算成投入综合指数和产出综合指数。科研产出形式多种多样，而且它们的影响力、重要性也各有差异,因此,本书首先运用层次分析法构建高校文科教师科研生产产出指标体系,利用构建的指标体系计算各个被调查教师的科研产出指数;其次,对科研投入指标进行平均加权处理,计算出科研综合指数;再次,使用科研产出综合指数和科研投入综合指数计算出教师个体科研生产率指数;最后,把教师个体生产率指数作为因变量,把影响教师个体产出的各个变量作为自变量建立结构方程模型,进行参数估计,得出各个因变量对科研产出的直接影响、间接影响以及它们之间的关系。

5.3 高校文科教师个体科研产出评价指标体系的构建

本节的目的是通过调查问卷数据分析影响教师的科研生产率的各种因素。分析影响因素的前提是对各个教师的科研生产成果作出科学准确的评价。科研成果即科研产出数量和效果,既包括科研产出,也包括科研产出的影响效果。而高校文科教师科研产出及其效果都具有多种形式、多种类型,为了综合评价高校文科教师的科研生产率状况,需要解决如何从众多指标中选择合适的指标,如何把这些指标所代表的信息综合起来,汇集成一个综合指标的问题。只有完成了对高校文科教师科研生产率的科学合理评价,才能把这种评价结果作为因变量,导入线性模型中,进一步分析影响这种结果的因素。因此,本节首先讨论如何选择产出指标,以及如何对这些产出指标赋值综合成一个评价指标。

5.3.1 科研产出评价指标体系构建的思路

在总结以往研究指标的基础上,结合专家建议选择指标,然后指标建立层次结构,最后利用层次分析法确定指标权重(图5-1)。

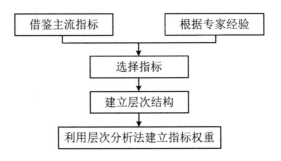

图 5-1 科研产出评价指标体系构建的思路

5.3.2 科研产出评价指标体系构建的目标

分析高校文科教师科研生产率影响因素,首先需要对高校文科教师科研产出作出适当的评价,然后用这个评价结果与因素指标建立线性模型,分析哪些因素对产出影响较为显著。评价高校文科教师科研产出需要构建科学合理的评价指标体系。高校文科教师科研产出可以从科研产出和科研效果两个维度进行分析。确定产出评价指标和效果评价指标后,还需要明确各个具体指标所属的构念,以及各个指标的权重。所以构建一个综合的高校文科教师科研生产率评价体系,一般包括系统元素的构建和系统结构的构建两方面。

1. 选择指标元素

选择指标元素是指明确高校文科教师科研产出指标应该有哪些元素构成,各个具体元素的具体内涵、计算范围、计算单位、核算方法等等,这是构建高校文科教师科研生产产出指标的基础。本书将在综合借鉴以往研究所采用的指标的基础上,运用层次分析法筛选符合本书需要的指标元素,并清晰界定内容、核算方法和计数单位。

2. 确定指标体系结构

所谓指标体系的结构即明确各个指标要素之间的权重地位以及从属关系。根据本书的需要,高校文科教师科研生产产出综合评价指标体系可以划分为三级,分别是一级指标、二级指标和三级指标。一级指标为总目标,二级指标为准则层,三级指标为方案层。

3. 确定指标权重

对于多指标综合评价问题,在确定了各个指标及其层次之后,还需要解决各个指标的权重系数问题。所谓权重系数是指某一因素或指标的相对重要程度,或者某一因素或指标相对于某一事物或综合评价指标的重要程度,即对总目标的贡献程度。当评价指标都确定时,不能简单地通过计算各个指标平均值反映其权值,而应依据一定的方法确定其相对重要性,然后再进行综合评价。只有设置科学合理的评价指标的权重系数才能保障评价结果的信度和效度。因此,对权重系数的确定非常重要。权重也称加权,即对各个指标重要程度的定量分配。加权的方法大致可分为两种:经验加权和数学加权。经验加权是一种由专家定性估价的方法;而数学加权则是在经验加权的基础上,依据一定的数学分析方法构建客观的权重配置。本书根据需要选择层次分析法作为高校文科教师个体科研产出指标权重系数的设置方法。

5.3.3 科研产出指标评价体系构建的过程

目前在指标权重的构建方面使用最多的是层次分析法。该方法在专家主观经验选择指标的基础上,利用数理方法确定指标权重,因此具有较高的可信度。

层次分析法(The Analytic Hierarchy Process,AHP)是20世纪70年代由美国著名运筹学家托马斯·塞蒂提出的一种多准则评估与决策方法。层次分析法基本原理是将评估单元有关元素划分成目标层、准则层、方案层等多个层次,综合运用定性和定量相结合的方法把人的思维决策过程数量化,从而为多目标、多准则的评价和决策问题提供简便可靠的决策依据。层次分析法尤其适用于对构建人的主观判断起重要作用、对评价指标无法直接计算的综合评价过程。高校文科教师科研生产包含各种类型和各种形式的产出,因此对此评价最适合用层次分析法。

用层次分析法进行决策和评价时,首先是对已经选择好的指标根据其性质和属性分解为几个层次,并按照各层次间的相互之间所属关系将不同层次构建成一个结构模型,然后利用数学分析方法,以对层次内各要素成对比较的方式计算出每一层次的因素相对于所属的上一层次因素影响力。层次分析法借助1-9标度法将比较判断权值数量化,形成判断矩阵。在判断矩阵基础上,采用相关的数学模型计算出判断矩阵的最大特征值和对应的特征向量,最后计算出每一层次的各个元素对应其所属的上一层次某个元素的单排序效应权重值,在此基础上,针对上一层次权值加权综合便可计算出某层次因素相对于上一层次的相对重要性权值及层次总排序权值。这样,由上而下逐层计算出最低层次某因素相对于最高层次的相对重要性权重值。

1. 指标的选择及其层次结构

如前所述,确定高校文科教师科研生产率的状况是分析其影响因素的前提,而要评价高校文科教师科研生产率状况,需要首先确定科研绩效的评价指标体系。评价指标是连接潜在变量和观察变量的桥梁,只有采用科学合理的评价指标才能实现评价对象的较为客观的评价。指标的选择恰当与否直接决定评价目标能否达成。但是评价指标既不是越多越好,也不是越少越好,越多可能造成重复信息增多,会干扰分析过程,也会造成评价过程更为复杂;而太少则可能造成指标代表性不足,不能全面反映评价对象的真实科研绩效。因此,指标的选择应遵循一定的原则。本书遵循杜栋等人提出指标宜少不宜多,宜简不宜繁,具有代表性、独立性、可行性等指标选择的原则[①],选择一定的指标作为本节评价高校文科教师科研生产率状况的指标,并根据专家意见和具体内涵进行层次结构分配(表5-2)。

如表5-2所示,指标层次结构共分为三级指标,分别是一级指标、二级指标和三级指标。一级指标即评价的综合指标,二级指标是一级指标下属的一个层次指标,而三级指标是具体的指标层次。一级指标为科研绩效指标;二级指标分为科研效果和科研成果两个指标,其中科研成果指标下又包含了5个三级指标,分别是著作、SCI/SSCI期刊论文、国外期刊论文、CSSCI期刊论文和核心期刊论文;科研效

---

① 杜栋,顾继光.基于投入产出表和DEA的城市经济转型评价研究[J].财经理论研究,2013(4):91-95.

果指标下又包含了4个具体指标,分别是省部级以上科研项目、省部级以上科研奖励、市厅级科研项目和论文转载篇数。

表 5-2　高校文科教师科研产出指标构成

一级指标	二级指标	三级指标	指标说明
科研绩效指标	科研数量与质量	著作	任职以来的专著或编著
		SCI/SSCI 论文	任职以来发表的 SCI/SSCI 期刊论文
		国外期刊论文	任职以来发表在国外期刊上的论文
		CSSCI 论文	任职以来发表的 CSSCI 期刊论文
		核心期刊论文	任职以来发表的核心期刊论文
	科研效果与影响	省部级及以上科研奖励	任职以来获得的省部级及以上奖励
		省部级及以上科研项目	任职以来获得的省部级及以上项目
		市厅级科研项目	任职以来获得的市厅级项目
		论文被转载篇数	任职以来论文被转载篇数

根据表 5-2,将高校文科教师科研生产率绩效指标作为分析决策的总目标,总目标只能有一个,其下属两个中间指标即科研成果和科研效果。方案层指标则是影响准则层两个指标的集合,应选择与准则层的某一个指标相关程度大的指标构建层次关系。

2. 构造判断矩阵

建立评价指标层次结构模型后,便能够对各个层次的高校文科教师科研产出评价指标进行两两比较,构造比较判断矩阵。判断矩阵中,对每一层次中各个指标之间的相对重要程度相互比较,这是进行指标权重计算的重要依据。

建立判断矩阵 C[①](表 5-3)的具体过程如下:

设准则层中的指标 B 对下一层次的指标 $C_1,C_2,C_3,\cdots,C_n$ 有支配关系,为了分析 $C_1,C_2,C_3,\cdots,C_n$ 等指标对于 B 指标的重要程度,即权重,需要构建 $C_1,C_2,C_3,\cdots,C_n$ 指标之间的两两比较关系,并通过相应赋值便是这种相对重要关系。例如,第 i 个指标 $C_i(i=1,2,3,\cdots,n)$ 与第 j 个指标 $C_j(j=1,2,3,\cdots,n)$ 进行比较,其权值可以表示为 c_{ij},对于某一层次 n 个指标来说,通过两两比较可以构造成 n 阶矩阵,即为判断矩阵,记作 $C=(c_{ij})$。

矩阵具有以下性质:

① $C_{ij}>0$;
② $C_{ij}=1/C_{ji}(i\neq j)$;
③ $C_{jj}=1(j=1,2,3,\cdots,n)$。

---

① 全书不涉及矢量运算,不区分黑白体。

表 5-3 判断矩阵 C

B	C_1	...	C_j	...	C_n
C_1	C_{11}	...	C_{1j}	...	C_{1n}
...	...	...	...	...	...
C_j	C_{j1}	...	C_{jj}	...	C_{jn}
...	...	...	...	...	...
C_n	C_{n1}	...	C_{nj}	...	C_{nn}

这种矩阵被称为正反矩阵,对正反矩阵 C,对任意 i,j,k,均有 $C_{ij} \times C_{jk} = C_{ik}$,此时该矩阵为一致矩阵。在实际问题求解中,由于在赋值时受人的主观性的影响,构造的判断矩阵不一定具有一致性,在构建矩阵后,需要对矩阵进行一致性检验。

如前文所述,层次分析法通过数字度量指标间的重要程度,一般使用较多的是 1-9 标度方法。本书也使用这种标度方法,具体标度含义如表 5-4 所示。构建的判断矩阵一般形式如下:

表 5-4 判断矩阵标度及含义

序号	重要性等级	C_{ij} 赋值
1	i,j 两元素同等重要	1
2	i 元素比 j 元素稍重要	3
3	i 元素比 j 元素明显重要	5
4	i 元素比 j 元素强烈重要	7
5	i 元素比 j 元素极端重要	9
6	i 元素比 j 元素稍不重要	1/3
7	i 元素比 j 元素明显不重要	1/5
8	i 元素比 j 元强烈不重要	1/7
9	i 元素比 j 元素极端不重要	1/9

注:$a_{ij} = 2,4,6,8,1/2,1/4,1/6,1/8$ 表示上述判断的中间值。

根据上述矩阵构建步骤,在咨询了相关专家和参考 S 大学科研产出评价办法的基础上,本书分别对目标层"高校文科教师科研生产率评价指标"和两个二级指标"科研成果""科研效果"构建了判断矩阵。为了计算方便,以后本书把上述矩阵记作 C,简写成如下形式:

$$C = \begin{bmatrix} 1 & 2 & 3 & 4 \\ 1 & 1 & 3 & 4 \\ 1/4 & 1/3 & 1/2 & 1 \\ 1/4 & 1/3 & 1/2 & 1 \end{bmatrix} \quad (5.1)$$

依据以上形式,本书把本研究涉及的三个矩阵分别写成矩阵 A(相对于高校文科教师科研生产率评价指标总目标,两个准则层之间的相对重要性比较)、B_1(相对于科研产出准则,各个成果指标的相对重要性比较)、B_2(相对于科研效果准则,各个研究效果指标之间的相对重要性比较)。具体矩阵如下:

高校文科教师科研生产率绩效评价指标矩阵:
$$A = \begin{bmatrix} 1 & 1/2 \\ 2 & 1 \end{bmatrix} \quad (5.2)$$

科研产出矩阵
$$B_1 = \begin{bmatrix} 1 & 2 & 3 & 3 & 4 \\ 1/2 & 1 & 2 & 2 & 4 \\ 1/3 & 1/2 & 1 & 2 & 2 \\ 1/3 & 1/2 & 1/2 & 1 & 3 \\ 1/4 & 1/4 & 1/2 & 1/3 & 1 \end{bmatrix} \quad (5.3)$$

科研效果矩阵
$$B_2 = \begin{bmatrix} 1/3 & 1 & 4 & 3 \\ 1 & 1 & 4 & 3 \\ 1/4 & 1/4 & 1 & 1 \\ 1/3 & 1/3 & 1 & 3 \end{bmatrix} \quad (5.4)$$

3. 层次单排序

在构建好各个层次的矩阵之后,就能计算出某一层次的指标相对于其所属的上一层次某指标的相对重要程度,这种排序计算被称为层次单排序。

通过计算判断矩阵的最大特征值及其特征向量就能完成层次单排序。一般通过计算机采用迭代法计算近似的最大特征值及其对应的特征向量。计算层次单排序的方法有最小二乘法、方根法、幂法等,本书使用方根法,因此仅对方根法计算原理作简要介绍:

① 计算判断矩阵每一行元素的乘积 M_i:
$$M_i = \prod_{j}^{n} c_{ij}, \quad i = 1,2,3,\cdots,n; j = 1,2,3,\cdots,n \quad (5.5)$$

② 计算 M_i 的 n 次方根 $\overline{W}_i$:
$$\overline{W}_i = \sqrt[n]{W_i} \quad (5.6)$$

③ 对向量 $\overline{W} = [\overline{W}_1, \overline{W}_2, \overline{W}_3, \cdots, \overline{W}_n]^T$ 正规化:
$$W = \frac{\overline{W}_i}{\sum_{i=n}^{n} \overline{W}_i} \quad (5.7)$$

则 $W = [W_1, W_2, W_3, \cdots, W_n]$ 即为所求的特征向量。

④ 计算判断矩阵的最大特征根 $\lambda_{\max}$:
$$\lambda_{\max} = \sum_{i=1}^{n} \frac{(AW)_i}{nW_i} \quad (5.8)$$

式中,$(AW)_i$ 表示向量 AW 的第 i 个元素。

利用上述方法可以计算高校文科教师科研生产率指标的单层次排序：
对于判断矩阵 A 来说，其计算结果为

$$W = \begin{bmatrix} 0.333 \\ 0.667 \end{bmatrix}, 最大特征值 \lambda_{\max} = 2$$

对于判断矩阵 B_1 来说，其计算结果为

$$W = \begin{bmatrix} 0.395 \\ 0.255 \\ 0.155 \\ 0.127 \\ 0.068 \end{bmatrix}, 最大特征值 \lambda_{\max} = 5.154$$

对于判断矩阵 B_2 来说，其计算结果为

$$W = \begin{bmatrix} 0.488 \\ 0.288 \\ 0.104 \\ 0.120 \end{bmatrix}, 最大特征值 \lambda_{\max} = 4.010$$

4. 层次总排序

层次单排序完成了某一层次的评价指标相对于所属的上一层次评价指标的重要性排序，而研究的目标则是确定最低层次的指标对于最高层次（总目标）的相对重要性的排序值。所以需要进行层次总排序，即完成最低层次的评价指标相对于最高层次的总目标的权重值计算。

总排序计算过程如下：若上一层次指标 $B_1, B_2, \cdots, B_m$ 层次总排序已实现，得到的权重值分别为 $b_1, b_2, b_3, \cdots, b_m$；与本层次元素 B_j 对的下一层次元素 $C_1, C_2, \cdots, C_n$，层次单排序结果为 $(c_{1j}, c_{3j}, \cdots, c_{ij})^T$（当 C_i 与 B_j 无联系时，$c_{ij}=0$），那么 C 层次的总排序结果如表 5-5 所示。

表 5-5　层次总排序列表

	$B_1(b_1)$	$B_2(b_2)$	$\cdots$	$B_m(b_m)$	总排序
C_1	c_1^1	c_1^2	$\cdots$	c_1^m	$\sum\limits_{j}^{n} b_j c_{1j}$
C_2	c_2^1	c_2^2	$\cdots$	c_2^m	$\sum\limits_{j}^{n} b_j c_{2j}$
$\cdots$	$\cdots$	$\cdots$	$\cdots$	$\cdots$	
C_n	c_n^1	c_n^2	$\cdots$	c_n^m	$\sum\limits_{j}^{n} b_j c_{nj}$

显然，$\sum\limits_{i=1}^{n}\sum\limits_{j}^{m} b_j c_{1j} = 1$，即层次总排序是归一化的正规向量。

依据前述方法，本书所涉及的高校文科教师个体各种科研成果指标相对于高

校文科教师科研生产率绩效评价指标总目标的层次总排序如表5-6所示。

表5-6 高校文科教师个体科研生产率评估指标总排序

	$B_1(0.333)$	$B_2(0.667)$	总排序 $\sum_{j}^{n} b_{ij} c_{ij} (i=1,2,3,\cdots,n)$
C_1	0.395	0	0.1318
C_2	0.255	0	0.0849
C_3	0.155	0	0.0517
C_4	0.127	0	0.0425
C_5	0.068	0	0.0225
C_6	0	0.388	0.2585
C_7	0	0.388	0.2585
C_8	0	0.104	0.0694
C_9	0	0.120	0.0802

5. 判断矩阵的一致性检验

层次分析法帮助我们使判断思维数学化,复杂问题简单化,使得对社会生活中的复杂问题定量分析提供了便利。然而,由于实际问题的复杂性,采用 AHP 法建构复杂的多层次判断时可能会出现判断思维不一致的情景,故在使用 AHP 法构建评价层次结构模型后,有必要进行判断思维的一致性检验以便确定判断之间的一致性。判断思维的一致性是指研究者在判断指标权重时,各个判断之间应保持一致性,不应有相互冲突的判断。在判断矩阵中,如果出现甲比乙重要,乙比丙重要,而丙又比甲重要的情景就违背了判断一致性。因此,为了保证运用 AHP 法得到科学合理的结果,有必要检验判断矩阵的一致性。

根据矩阵理论,我们可以获得如下结论:如果 $\lambda_1, \lambda_2, \lambda_3, \cdots, \lambda_n$ 是满足下列公式:

$$Ax = \lambda x \tag{5.9}$$

的数,也就是矩阵 A 的特征根,并且对于所有 $a_{ii}=1$,有

$$\sum_{i=1}^{n} \lambda_i = n \tag{5.10}$$

当矩阵具有完全一致性时,$\lambda_1 = \lambda_{\max} = n$,其余特征根均为零;而当矩阵 A 不具有完全一致性时,则有 $\lambda_1 = \lambda_{\max} > n$,其余特征特征根 $\lambda_1, \lambda_2, \lambda_3, \cdots, \lambda_n$ 有如下关系:

$$\sum_{i=1}^{n} \lambda_i = n - \lambda_{\max} \tag{5.11}$$

从上面的计算公式可以看出,当矩阵无法保证完全一致性时,对应的特征根会发生变化,如此一来,判断的一致性程度便可以通过判断矩阵的特征根的变化来检验。

因此，在层次分析法中，度量判断矩阵偏差一致性的指标可以借助判断矩阵最大特征根以外的其余特征根的负均值来实现，计算公式如下：

$$CI = \frac{\lambda_{\max} - n}{n - 1} \tag{5.12}$$

接下来，计算研究者判断思维一致性。

很明显，当判断矩阵完全一致时，CI＝0；CI 越大，偏离一致性越远；CI 越接近0，偏离一致性越小。一般情况下，若 CI≤0.01，可以初步认定判断矩阵具有一致性。除此之外，矩阵的一致性与矩阵的阶数有关。一般情况下，判断矩阵的阶数越大，判断过程中主观因素导致的偏差越大，与一致性的偏差程度越大。当阶数小于或等于 2 时，CI＝0，判断矩阵具有完全一致性。因此，为了将矩阵阶数纳入判断矩阵一致性判定中，还需引入判断矩阵的平均随机一致性指数 RI 值。RI 值随着矩阵阶数的提高而变大，具体数值如表 5-7 所示。表 5-7 列出了 1-9 阶判断矩阵的 RI 值。表中指标值是用随机方法构造的判断矩阵，经过 500 多次反复计算得出的一致性指标，最终的指数值为多次运算的算术平均数。

表 5-7　一致性指标值

阶数	1	2	3	4	5	6	7	8	9
RI 值	0.00	0.00	0.58	0.90	1.12	1.24	1.32	1.41	1.45

随机一致性比率是判断矩阵一致性指标值 CI 与同阶平均随机一致性指标值 RI 之比，记为 CR，当

$$CR = \frac{CI}{RI} < 0.10 \tag{5.13}$$

时，即可以认定判断矩阵具有一致性，则认为层次排序结果能够接受，不然则需要调整判断矩阵，使之满足一致性标准。

通过上述计算公式计算各个层次指标的一致性比率，如表 5-8 所示。

表 5-8　各指标一致性比率

指标	校级高校文科教师科研生产率综合评价指标	科研成果	科研效果
阶数	2	5	4
CI	0	0.0386	0.0035
RI	/	1.12	0.90
CR 值	0	0.0344	0.0038

由表 5-8 可知，各个指标 CR 值均小于 0.01，则说明各个判断矩阵具有一致性。

对于层次总排序矩阵，也可以进行一致性检验，但也有研究表明不需要进行一

致性检验,本书给出一致性检验结果,以供参考:

$$CI = 0.333 \times 0.0386 + 0.666 \times 0.0035 = 0.013$$
$$RI = 0.333 \times 1.12 + 0.666 \times 0.90 = 0.972$$

所以 $CR = \dfrac{CI}{RI} = 0.013 < 0.10$,故可以认定判断矩阵的总排序满足一致性要求。

5.3.4 科研产出评价指标体系构建结果

综合以上几节的分析结果,可以最终得出高校文科教师个体科研生产率综合评价指标体系及其权重分配,如表 5-9 所示。

表 5-9 高校文科教师个体科研生产率综合评价指标体系

综合指标	二级指标	权重	三级指标	最终权重	综合排序
高校文科教师个体科研生产率综合评价指标	科研效果	0.666	省部级及以上科研奖励	0.3585	1
			省部级及以上科研项目	0.1585	2
			论文被转载篇数	0.0694	6
			市厅级科研项目	0.0802	5
	科研成果	0.333	著作	0.1318	3
			SCI/SSCI 论文	0.0849	4
			国外期刊论文	0.0517	7
			CSSCI 期刊论文	0.0425	8
			中文核心期刊论文	0.0225	9

由表 5-9 中指标体系权重分配可知,科研效果指标影响度显著大于科研成果指标,其中省部级以上科研奖励和项目、著作是影响高校文科教师个体科研生产率综合评价结果的核心要素。

5.3.5 本书科研产出评价指标体系的特点

1. 突出人文社科学科特点

人文社科类研究绩效指标显著不同于自然科学的特点,主要表现为自然科学的科研成果主要以论文为主,且有较多的 SCI 期刊论文,而人文社会学科研究主要成果形式除了论文外,著作也是重要产出形式。就论文而言,人文社会科学的研究内容由于其包含较多文化背景,所以其学术论文主要发表在中文期刊上,还有少部分发表在国外人文社科期刊上,所以本书有关教师个体科研产出的指标包括著作和论文,其中论文包括发表在中文核心期刊(包括 CSSCI 来源期刊)的论文、SSCI

和 A&HI 收录的期刊上的论文,并且在层次分析法中的重要性比较环节,把著作、SCI 和 A&HI 收录期刊论文与 SCI 论文几乎赋予几乎同样的权重。在研究效果方面,专利授权与转让往往是自然科学研究中的一个重要指标,而在人文社科领域,专利授权与转让却不是一个主要指标,所以在本书中并没有把其纳入综合评价指标体系中去。

2. 突出研究的质量

本节在科研产出方面主要关注的是高质量研究成果的数量。本书认为,在一定的投入情况下,高质量的产出才是科研生产率的体现,而大量低质量的科研产出往往意味着科研的粗放式、低效率生产。因此,本节在选择指标时就排除了一些质量不高的论文。当前在科研成果评价领域,论文发表期刊的级别仍然是评判论文质量的主要指标之一,虽然这种以刊论文的方式遭到许多人的诟病,但迄今仍是评价论文质量的主流指标。因此,本书在论文质量指标方面,也以期刊级别作为判断标准。在科研效果指标方面,主要选择了省部级及以上科研项目和奖励、论文被转载篇数等。可以看出,本书所选择的教师个体科研产出指标突出了质量标准。

3. 可靠性高

任何评价指标首要要求是要有可靠性,没有可靠性的评价指标体系不能客观地反映被评价对象的属性,反而可能会传递错误的信息。正是因为评价指标的可靠性如此重要,所以本书在制定高校文科教师个体科研生产率综合评价指标时,特别重视程序的合规性和方法的适当性。在选择指标时,参考了众多研究成果,并结合本章节的主要问题,深入分析了高校文科教师科研产出的特征。在指标权重的构建过程中,首先使用专家打分法,确定各层次指标权值分配,然后利用层次分析法进行层次单排序和总排序,最后确定各个指标的权重。可以说,本评价体系无论是在指标的选择上,还是在指标权重建构方面,都尽量达到可靠性。

综上,本章节综合运用了文献法、专家打分法、层次分析法等方法,在参考了专家建议和本研究问题特殊性的基础上,构建了以提高高校文科教师科研生产率水平为导向的高校文科教师科研生产率综合评价指标体系。本指标体系反映了文科科研特征和高质量科研生产目的,能够较好地度量高校文科教师个体科研产出水平。

5.4　科研投入指标综合指数的计算

在研究省域和校级高校文科教师群体生产率时,我们选择的投入指标主要包括人力、财力指标,但是对于高校教师个体来说,科研生产时投入的生产要素主要是时间或精力,其次是财力(主要表现为获得科研项目资助费用)。由于文科教师科研的特殊性,物质设备并不是主要科研投入。本书在计算科研投入指标综合指标时只计算教师科研时间、精力投入量,以及科研经费投入量。上述数据都是通过问卷调查的方式收集。在计算科研投入指标综合指数时,首先把科研时间和精力数据以及科研经费数据进行标准化处理,以消除单位量纲的影响,然后计算三个变量的算术平均值,把所得算术平均值作为科研投入指标综合指数。

5.5 研究工具

本章对高校文科教师个体科研投入与产出数据采用自编的《高校文科教师科研生产率研究调查》问卷调查进行采集。该调查问卷是在以往研究的基础上,根据研究目的自编调查问卷,问卷编制过程中咨询了相关专家学者,并在前期小样本初步调查的基础上对问卷进行了修订,最终形成正式问卷。

高校文科教师科研生产率调查问卷共45题,其中,教师统计学特征题目共10题,题目类型为单项选择题;调查科研产出的题目共7题,题目类型为填空题;调查科研生产影响因素的题目共25题,题目类型为量表。25题调查科研生产影响因素的题目使用李克特7点计分量表,选项依次为完全符合、符合、基本符合、一般、基本不符合、不符合、完全不符合。25题调查影响因素题目分属六大维度,其中涉及学术交流的5题,学术资源的4题,组织环境的4题,科研目的与态度的5题,科研知识与能力的4题,科研习惯的3题。具体题目在各维度的分布如表5-10所示。

表 5-10 高校文科教师科研生产率影响因素问卷初始结构

维 度	题 项	题目数量
学术交流	Q1_R1,Q1_R2,Q1_R3,Q1_R4,Q1_R5	5
学术资源	Q1_R6,Q1_R7,Q1_R8,Q1_R9	4
组织环境	Q1_R10,Q1_R11,Q1_R12,Q1_R13	4
科研目的与态度	Q1_R14,Q1_R15,Q1_R16,Q1_R17,Q1_R18	5
科研知识与能力	Q1_R19,Q1_R20,Q1_R21,Q1_R22	4
科研习惯	Q1_R23,Q1_R24,Q1_R25	3
总计		25

5.5.1 项目分析

调查问卷测试完成后,要进行问卷或量表的项目分析,项目分析是为了检验自编的量表或问卷各个题项是否适当与可靠,并据此作为筛选题项的依据。项目分析可以借助计算项目的临界比值和题总相关程度、修正后的题总相关、信度检验、共同性以及因子负荷量实现。因为任何一个项目检验方式都可能存在偏差,上述6个检验方式最好相互印证,综合参考它们的检验结果。

量表临界比值能够反映量表各题项的区分度。项目分析中,量表题项得分前27%和后27%的差异称为两个极端组比较。极端组比较结果的差异称为决断值或临界比(Critical Ratio,CR)。[①] 经检验,决断值没有达显著性(显著性水平 P 大于 0.05)或临界比小于3的题项应该删除,因为一个设计良好的量表题项,高分组与低分组在该题项的平均得分差异应该是显著的,差异越大,题项区分度越好。另外,临界比值也应该越大越好。

除了以决断值作为项目分析的指标外,同质性检验也作为个别题项筛选的指标。两个检验方法相互印证,能获得更可靠的结果。这里的同质性检验采用单个题项与总分之间的相关性作为检验的标准,单个题项与总分相关性越高,说明该题项与量表整体的同质性越高。"个别题项与总分的相关系数未达到显著的题项,或两者为低度相关(相关系数小于 0.4),表示题项与整体量表的同质性不高,最好删除。"[①]

信度代表量表的一致性或稳定性,信度系数亦可作为同质性检验的标准之一。当信度用来检验同质性时,是通过检验题项删除后,观察整体量表的信度系数改变状况,若删除某题项后量表的整体信度系数比未删除时量表的信度系数有较明显的提高,则说明该题项与其他题项所要测量的属性可能属于不同的类别,这意味着该题项与其他题项同质性较低,因此可以考虑删除该题项。

共同性表示题项可以解释共同属性的变异量,共同性越高,就越能检测出共同的心理或行为特征;反之,如果题项共同性较低,则该题项检测出的心理或行为特征的共同性较低,表示该题项与量表的同质性较低,可以考虑删除这类题项。共同性可以通过因子分析得出的因子负荷量衡量,某题项的因子负荷量越高,说明该题项与量表的公共因子的相关性越高,即是同质性越高;反之,某题项的因子负荷量越低,说明该题项与整体量表的公共因子的关系越弱,即同质性越低。"一般而言,共同性值若低于 0.20(此时因子负荷量小于 0.45),则表示该题项与公共因子间的关系弱,此时可考虑删除该题项。"[②]

[①] 吴明隆.问卷统计分析实务:SPSS 操作与应用[M].重庆:重庆大学出版社,2017:181.

[②] 吴明隆.问卷统计分析实务:SPSS 操作与应用[M].重庆:重庆大学出版社,2017:190.

通过对量表的项目分析发现(表5-11),在25个题项中,有2个题项在6个指标(临界比值、题总相关系数、修正后的题总相关系数、题项删除后的α值、共同性值和因子负荷量)中都不达标,它们分别是Q1_9(由于忙于其他事务,我投入到科研活动的时间并不充足)和Q1_13(单位专职教师职称评定标准偏重科研业绩);有4个题项在上述6个指标中的其中5个指标不达标,这些题目是Q1_6(科研资源不足制约了我的科研成果的质与量)、Q1_12(单位的科研氛围不利于我踏实专心做研究)、Q1_15(我做科研更多的是为了晋升、或为了完成职务规定的科研任务、或为了追求经济利益)、Q1_16(有时候为了追求数量,我降低了对研究质量的要求)。根据筛选标准,以上6个题目不再保留。删除上述6道题目后,量表还有19题(表5-12)。

表 5-11 "高校文科教师科研生产率因素量表"项目分析摘要表

题项	临界比值	题总相关	校正的题总计相关	题项已删除的α值	共同性	因子负荷量	未达标准数	备注
Q1_1	12.771	0.657**	0.608	0.896	0.440	0.664	0	保留
Q1_2	14.939	0.694**	0.642	0.895	0.474	0.689	0	保留
Q1_3	13.121	0.677**	0.624	0.895	0.448	0.669	0	保留
Q1_4	14.082	0.701**	0.656	0.895	0.498	0.706	0	保留
Q1_5	13.698	0.689**	0.638	0.895	0.460	0.678	0	保留
Q1_6	4.612	0.260**	0.205	0.903	0.048	0.219	5	删除
Q1_7	11.245	0.573**	0.504	0.899	0.274	0.523	0	保留
Q1_8	13.295	0.646**	0.592	0.896	0.368	0.607	0	保留
Q1_9	2.255	0.141**	0.082	0.906	0.002	0.046	6	删除
Q1_10	7.936	0.491**	0.425	0.900	0.175	0.418	2	保留
Q1_11	7.317	0.437**	0.368	0.901	0.145	0.381	3	保留
Q1_12	3.603	0.258**	0.202	0.904	0.040	0.201	5	删除
Q1_13	1.641	0.139**	0.065	0.907	0.003	0.058	6	删除
Q1_14	13.298	0.626**	0.576	0.897	0.428	0.654	0	保留
Q1_15	4.050	0.249**	0.197	0.903	0.028	0.166	5	删除
Q1_16	4.577	0.269**	0.217	0.903	0.046	0.215	5	删除
Q1_17	12.759	0.613**	0.574	0.897	0.413	0.642	0	保留
Q1_18	11.904	0.595**	0.553	0.897	0.388	0.623	0	保留
Q1_19	13.239	0.703**	0.669	0.895	0.568	0.754	0	保留
Q1_20	15.983	0.748**	0.717	0.894	0.623	0.789	0	保留
Q1_21	16.293	0.712**	0.678	0.895	0.568	0.753	0	保留

续表

题项	临界比值	题总相关	校正的题总计相关	题项已删除的α值	共同性	因子负荷量	未达标准数	备注
Q1_22	12.475	0.649**	0.608	0.896	0.486	0.697	0	保留
Q1_23	15.816	0.703**	0.666	0.895	0.578	0.760	0	保留
Q1_24	13.410	0.642**	0.597	0.896	0.483	0.695	0	保留
Q1_25	11.922	0.620**	0.570	0.897	0.443	0.665	0	保留
筛选标准	≥3.000	≥0.400	≥0.400	≤0.902	≥0.200	≥0.450		保留

表 5-12 经项目分析调整后的量表结构

维　度	题　项	题目数量
学术交流	Q1_R1,Q1_R2,Q1_R3,Q1_R4,Q1_R5	5
学术资源	Q1_R7,Q1_R8	2
组织环境	Q1_R10,Q1_R11	2
科研目的与态度	Q1_R14,Q1_R17,Q1_R18	3
科研知识与能力	Q1_R19,Q1_R20,Q1_R21,Q1_R22	4
科研习惯	Q1_R23,Q1_R24,Q1_R25	3
总计		19

5.5.2 信度分析

用 Cronbach α 系数和分半信度来估计问卷各维度的内部一致性信度,结果表明,问卷总体的 Cronbach α 为 0.922,分半信度为 0.912;四个维度的 Cronbach α 在 0.764～0.895 范围内,各维度的分半信度在 0.780～0.912 范围内,说明问卷各维度具有较好的信度。具体分析结果如表 5-13 所示。

表 5-13 高校文科教师科研生产率调查问卷信度表

维　度	内部一致性(α)	分半信度
总体	0.922	0.912
科研交流	0.891	0.874
科研资源	0.777	0.780
组织环境	0.786	0.786
科研态度	0.764	0.786
科研能力	0.895	0.887
科研习惯	0.846	0.832

5.5.3 效度分析

效度(Validity)是指测验工具(如量表)所能准确反映所要考察的对象特质的程度。量表的效度一般可分为内容效度、专家效度和建构效度。

内容效度指测量工具的题项内容的适当性和代表性,即通过适当抽样方式设计的测验题目能否准确反映所要考察对象的某种特质。内容效度的检验一般通过双向细目表来验证。

专家效度也常用于改善量表的信度。专家效度是请相关领域的专家对量表内容效度进行分析。专家利用自己的经验和特长,对各个维度题目逐一审查,分析各个题目的内容是否能够真正测量出相应构念所表征的心理或行为特征。一般审查时,专家会对题目内容、数目、语句表达和构念等提出修改意见,研究者根据专家的意见逐步修改完善量表内容,提高量表效度。专家效度通常检验的是内容效度,一般是研究者在无法编制双向细目表时使用。

建构效度是指测量工具能够测量出理论上某种结构或特质程度,即实际测得分数能说明或解释心理特质的程度。研究者在根据一定的理论或假说编制好问卷后,选取一定的对象进行测试,然后对回收的测量进行统计检验。统计学上,检验建构效度最常用的分析方法是因子分析。经因子分析检验所提取的共同因素如果与根据理论所构建的构念较为接近,则说明此量表具有较好的建构效度。如果因子分析所提取的共同因素与理论建构的构念相差较大,一般需要根据因子分析结果对题目进行调整,或者依据相关理论作出是否调整或调整程度的决定。

本书使用专家效度和建构效度检验量表的效度。

1. 高校文科教师科研生产率影响因素量表的专家效度

笔者在大量阅读了与高校文科教师或高校教师科研生产影响因素相关的研究成果的基础上,建构了新的高校文科教师科研生产率影响因素假设性理论模型,根据建构的假设性理论编制了量表,然后把量表提交给导师和其他几位教育领域的专家学者,让他们帮忙检查问卷的效度,几位专家针对问卷的相关题目内容、构念和表述等提出了修改建议。笔者根据专家的建议对问卷进行了相应修改完善,以保证问卷具有较好的内容效度。

2. 高校文科教师科研生产率影响因素量表的建构效度

本书使用因子分析检验量表的建构效度。在进行因子分析前,首先应分析数据是否适合进行因子分析,通过 KMO 和 Bartlett 检验(表5-14)发现,KMO 值为 0.918,大于 0.8,说明各变量之间存在着共同因子,适合进行因素分析。另外,Bartlett's 球形检验的卡方值为 4099.034(自由度为171),达到 0.05 显著性概率水平,可拒绝虚无假设,即拒绝变量间的净相关矩阵不是单位矩阵的假设,表示变量间矩阵是单位矩阵,表示总体的相关矩阵之间存在共同因子。变量的数据文件适合进行因素分析。

表 5-14　KMO 和 Bartlett 检验

取样足够的 Kaiser-Meyer-Olkin 度量		0.918
Bartlett 的球形度检验	近似卡方	4099.034
	df	171
	Sig	0.000

采用 SPSS 18.0 软件对 19 题测量影响因素的题目进行因子分析。因子分析时因素提取方法选择主成分分析法估计因子负荷量。由于因子与因子之间具有中等程度的相关性(表 5-15),选择斜交转轴法作为转轴方法。因素筛选原则使用事先决定准则法,即提取特征值大于 1 的因子。

表 5-15　成分相关矩阵

成分	1	2	3	4
1	1.000	0.287	−0.527	0.432
2	0.287	1.000	−0.415	0.154
3	−0.527	−0.415	1.000	−0.274
4	0.432	0.154	−0.274	1.000

注:提取方法为主成分分析法。

旋转法:具有 Kaiser 标准化的斜交旋转法。

表 5-16 为每个变量的初始共同性以及主成分分析法提取主成分后的共同性。共同性越低,说明该变量越不适合投入主成分分析之中,反之,则表示该变量与其他变量可测量的共同特质越多,亦即该变量越有影响力。共同性估计值可以作为项目分析时筛选题项是否合适的指标之一,若题项共同性低于 0.20 便可考虑删除该题项。此处 19 题项的共同性都大于 0.20,所以适合进行因子分析。

表 5-16　公因子方差

题项	初始	提取
Q1_1	1.000	0.658
Q1_2	1.000	0.782
Q1_3	1.000	0.726
Q1_4	1.000	0.640
Q1_5	1.000	0.700
Q1_7	1.000	0.589
Q1_8	1.000	0.675
Q1_10	1.000	0.751

续表

题项	初始	提取
Q1_11	1.000	0.672
Q1_14	1.000	0.508
Q1_17	1.000	0.828
Q1_18	1.000	0.837
Q1_19	1.000	0.694
Q1_20	1.000	0.674
Q1_21	1.000	0.717
Q1_22	1.000	0.672
Q1_23	1.000	0.726
Q1_24	1.000	0.583
Q1_25	1.000	0.594

注：提取方法为主成分分析法。

由表 5-17 可知，特征值大于 1 的因子共 4 个，累计的变异百分比 68.560%，即四个共同因素可解释 68.560% 的变异量。显然这与预设的 6 个因子有所差别。为了以后分析的有效性，应以 4 个因子进行分析。

表 5-17 解释的总方差

成分	初始特征值			提取平方和载入			旋转平方和载入
	合计	方差(%)	累积(%)	合计	方差(%)	累积(%)	合计
1	8.293	43.647	43.647	8.293	43.647	43.647	6.893
2	2.258	11.883	55.530	2.258	11.883	55.530	3.793
3	1.418	7.461	62.991	1.418	7.461	62.991	5.976
4	1.058	5.569	68.560	1.058	5.569	68.560	3.387
5	0.859	4.521	73.081				
6	0.659	3.470	76.551				
7	0.568	2.992	79.543				
8	0.476	2.508	82.051				
9	0.465	2.447	84.498				
10	0.391	2.060	86.558				
11	0.382	2.011	88.569				
12	0.360	1.894	90.463				
13	0.332	1.749	92.211				

续表

成分	初始特征值			提取平方和载入			旋转平方和载入
	合计	方差(%)	累积(%)	合计	方差(%)	累积(%)	合计
14	0.300	1.581	93.792				
15	0.276	1.455	95.248				
16	0.252	1.328	96.575				
17	0.231	1.218	97.793				
18	0.217	1.142	98.935				
19	0.202	1.065	100.000				

注:提取方法为主成分分析法。

陡坡图检验结果也可以帮助决定因素的数目。观察图 5-2 可以发现第 4 个因素以后,陡坡线变得较为平坦,说明第 4 个因素之后无特殊因素值得提取,因而保留 4 个因素较为合适。

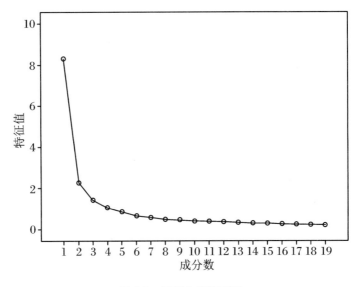

图 5-2　因子分析碎石图

表 5-18 为结构矩阵,此矩阵的意义与直交转轴法中转轴后的成分矩阵类似。由于因素结构矩阵中数值表示的是因子负荷量,数值高低反映变量与个别因素的关系,因而可以用个别因素包含的题项变量内容作为共同因素的命名。因素一包含 Q1_14、Q1_19、Q1_20、Q1_21、Q1_22、Q1_23、Q1_24、Q1_25 八题,由于除了 Q1_14 题之外,其他题项与科研习惯与能力相关,因此为了命名方便,把 Q1_14 题删除,删除后此因素可命名为科研习惯与能力;因素二包含 Q1_7、Q1_8、Q1_11、Q1_10 四题,可命名为科研资源与管理;因素三包含 Q1_1、Q1_2、Q1_3、Q1_4、Q1_5 五题,可命名为科研交流与合作;因素四包含 Q1_17、Q1_18 两题,可命名为科研态度。

表 5-18 结构矩阵

题项	内容	成分			
		1	2	3	4
Q1_23	我有经常阅读专业文献的习惯	0.846	0.224	-0.512	0.332
Q1_21	我有较强的分析、归纳、论证能力	0.844	0.298	-0.424	0.364
Q1_22	我处理运用事实数据或文献材料的能力比较强	0.816	0.214	-0.363	0.362
Q1_20	我对专业领域内的一种或几种方法掌握得非常娴熟	0.787	0.341	-0.509	0.515
Q1_19	我具备较为扎实、系统的专业理论和知识	0.779	0.262	-0.429	0.602
Q1_25	我有制定阶段性研究目标的习惯	0.761	0.218	-0.438	0.226
Q1_24	我有做读书笔记、札记或收集资料的习惯	0.757	0.204	-0.468	0.368
Q1_14	从内心深处喜欢研究工作	0.697	0.230	-0.378	0.435
Q1_10	在争取科研资源方面,我得到了学校或院部的公正对待	0.161	0.858	-0.349	0.171
Q1_11	学校科研评价制度和程序比较公正	0.185	0.810	-0.252	0.173
Q1_8	能够便利地获得所需的资源支持科研活动顺利开展	0.428	0.769	-0.533	0.104
Q1_7	获得的科研资助基金足以保障科研活动顺利开展	0.372	0.736	-0.432	
Q1_2	有固定且密切的研究搭档	0.424	0.353	-0.882	0.269
Q1_3	常与同行合作研究	0.441	0.369	-0.850	0.176
Q1_5	参与一个或多个研究团队	0.432	0.421	-0.832	0.248
Q1_1	常与同行交流学术	0.459	0.278	-0.806	0.280
Q1_4	常参加学术会议或听学术报告	0.514	0.385	-0.789	0.287
Q1_18	我的每一项研究都严格按照科研规范来做	0.488	0.216	-0.382	0.902
Q1_17	我一直以严谨的态度从事科研活动	0.533	0.215	-0.372	0.892

注:提取方法为主成分分析法;旋转法为具有 Kaiser 标准化的斜交旋转法。

5.5.4 信度再分析

由于根据效度分析调整了量表结构(表 5-19),虽然量表的整体信度没有变化,但是各个维度信度可能会有变化,故需要再次分析量表的信度。经信度分析发现,量表的各个维度信度良好(表 5-20)。

表 5-19　经建构效度分析后调整的量表结构

维　度	题　项	题目数量
科研交流与合作	Q1_1、Q1_2、Q1_3、Q1_4、Q1_5	5
科研资源与管理	Q1_7、Q1_8、Q1_10、Q1_11	4
科研态度	Q1_17、Q1_18	2
科研习惯与能力	Q1_19、Q1_20、Q1_21、Q1_22、Q1_23、Q1_24、Q1_25	8
总计		18

表 5-20　经效度分析后调整的问卷信度再分析

维　度	内部一致性（α）	分半信度
总体	0.922	0.912
科研交流与合作	0.891	0.874
科研管理与资源	0.810	0.713
科研态度	0.847	0.847
科研习惯与能力	0.912	0.877

5.6　数据来源与处理

本章节所需的指标变量主要涉及教师个人变量，例如科研交流情况、合作情况、科研态度等，这类指标只有通过调查被调查人才能获得，因此，本次使用自编的高校文科教师科研生产率调查问卷（见附录3）依据方便抽样的方式收集数据。通过现场发放、微信、email 等方式发放问卷进行调查。调查时间为 2017 年 9 月至 2018 年 3 月，回收问卷 362 份，剔除含有漏填、误填、错误填写的问卷共 6 份，实际有效问卷为 356 份。

5.7　高校文科教师个体科研生产率指数计算

根据本章节对于科研生产率概念的界定，科研生产率是指单位投入的科研产出。因此本章节以上文计算出的科研产出指数作为分子，以科研投入指数作为分母，计算出高校文科教师科研生产率指数，计算公式如下：

$$\text{高校文科教师科研劳动生产率} = \frac{\text{科研产出指数}}{\text{科研投入指数}} \tag{5.14}$$

5.8 高校文科教师科研生产率个体差异分析

5.8.1 变量的描述性统计

观察表 5-21 变量的描述性统计可以初步了解变量的结构特征,可以发现影响因素量表得分集中在 5~6 分,其中 5 分左右最多,这说明大部分人的得分处于中上水平(满分 7 分)。科研时间的均值是 4.55 分,反映了大部分人每天花费在科研上的时间在 1~8 小时,教师获得的研究经费均值是 20.67 万元。356 位高校文科教师的科研生产率指数均值是 0.333,标准差为 0.368。生理特征、职业特征、学术背景、单位特征、学科特征等在 5.1 节已经描述,在此不再赘述。

表 5-21 变量的描述性统计

变量	具体指标及测量	N	均值	标准差
科研交流	常与同行交流学术	356	5.10	1.350
	有固定且密切的研究搭档	356	4.49	1.570
	常与同行合作研究	356	4.50	1.511
	常参加学术会议或听学术报告	356	5.13	1.381
	参与一个或多个研究团队	356	4.68	1.491
科研资源	获得的科研资助基金足以保障科研活动顺利开展	356	4.13	1.620
	能够便利地获得所需的资源支持科研活动顺利开展	356	4.10	1.457
科研环境	在争取科研资源方面,我得到了学校或院部的公正对待	356	4.54	1.393
	学校科研评价制度和程序比较公正	356	4.50	1.379
科研态度	从内心深处喜欢研究工作	356	5.38	1.300
	我一直以严谨的态度从事科研活动	356	5.65	1.011
	我的每一项研究都严格按照科研规范来做	356	5.54	1.062
科研知识与能力	我具备较为扎实、系统的专业理论和知识	356	5.41	1.040
	我对专业领域内的一种或几种方法掌握得非常娴熟	356	5.26	1.126
	我有较强的分析、归纳、论证能力	356	5.38	1.064
	我处理运用事实数据或文献材料的能力比较强	356	5.27	1.105

续表

变量	具体指标及测量	N	均值	标准差
科研习惯	我有经常阅读专业文献的习惯	356	5.36	1.160
	我有做读书笔记、札记或收集资料的习惯	356	5.26	1.225
	我有制定阶段性研究目标的习惯	356	5.14	1.285
生理特征	性别(男=1,女=2)	356	1.51	0.501
	年龄(30岁以下=1,30～35岁=2,36～40岁=3,41～45岁=4,46～50岁=5,51～55岁=6,55岁以上=7)	356	2.73	1.260
职业特征	高校教龄(3年以下=1,3～5年=2,6～10年=3,11～15年=4,16～25年=5,25年以上=6)	356	2.85	1.480
	职称	356	2.30	0.870
学术背景	是否拥有博士学位(博士=1,非博士=2)	356	1.52	0.500
	最高学位授予单位("985"高校=1,非"985"的"211"高校=2,其他高校=3)	356	1.93	0.809
单位特征	任职学校级别("985"高校=1,非"985"的"211"高校=2,其他高校=3)	356	2.66	0.618
	研究所属大类(哲学类=1,经济学类=2,教育学类=3,文学类=4,艺术学类=5,历史学类=6,管理学类=7,社会学类=8,其他=9)	356	4.37	2.341
科研时间	每天科研工作时间(1小时以下=1,1～3小时=2,4～8小时=3,9～12小时=4,12小时以上=5)	356	2.18	0.914
研究类型	擅长的研究类型(观察与调查研究=1,实验研究=2,行动与实践研究=3,测验与计量研究=4,案例研究=5,文献研究=6,思辨研究=7,元分析=8,其他=9)	356	4.55	2.408
研究经费	获得的项目研究经费	356	20.67	69.263
科研生产率	科研生产率	356	0.333	0.368
	有效的N(列表状态)	356		

注:量表测量使用李克特7点量表:完全不符合=1,完全符合=7。

5.8.2 不同特征的高校文科教师科研生产率分析

对于分类变量,可以使用独立样本 t 检验或单因素方差分析等均值比较的方式发现各组差异。对于二分自变量,独立样本 t 检验可以有效分析在因变量上差异,对于三个以上类别的自变量,单因素方差分析则可以有效分析各个分类在因变量上差异。无论是单样本 t 检验和还是单因素方差分析都是参数检验,如果因变量在各组的分布不能通过方差齐性检验,则使用非参数检验,一般常用的非参数检验有 Welch 检验和 Brown-Forsythe 检验,当方差相等的假设不成立时,这种统计量优于 F 统计量。若三组及以上因变量均值通过相应的检验存在显著统计差异,则需要进行多重比较检验。多重比较又称为两两比较,即对各个水平下观测变量总体均值的逐对比较,以便分析组间产生差异的具体原因。多重比较检验分两种情况,一种是假定方差相同,对应一组检验方法;另一种是假定方差不相同,对应"未假定方差齐性"一组检验方法;不同情况对应不同的方法,每种方法有其对应的检验统计量和统计量的分布,本部分选择"LSD(L)"和"Tamphane's T2(M)"。

1. 不同性别的高校文科教师科研生产率分析

性别是二分变量,可以使用独立样本 t 检验分析男性教师和女性教师在科研生产率方面的差异(表 5-23)。男女教师的科研生产率分布通过了方差齐性检验($F=2.268$,$P=0.133$),因此需要观察独立样本 t 检验分析结果中的假设方差相等一栏的统计量。从表 5-22 中可知,女性与男性教师在科研生产率方面存在统计上的显著差异($P=0.006$),结合均值统计表分析可知,男性教师科研生产率显著高于女性,这说明科研生产率确实受性别影响。

表 5-22 男女教师科研生产率统计量

	性别	N	均值	标准差	均值的标准误
科研生产率	男	173	0.38801	0.366262	0.027846
	女	183	0.28112	0.363888	0.026899

表 5-23 男女教师科研生产率独立样本 t 检验

方差方程的 Levene 检验		均值方程的 t 检验				
F	sig.	t	df	Sig	均值差值	标准误差值
2.268	0.133	2.761	354	0.006	0.106897	0.038710

2. 不同年龄的高校文科教师科研生产率分析

从各年龄组(35 岁以下,36~40 岁,41~45 岁,46~55 岁,55 岁以上)高校文科教师科研生产率描述性统计中呈现的均值可以大致判断出科研生产率随着年龄的增加而增加(表 5-24),由均值图也可以看出这种趋势(图 5-3)。各年龄组科研生产率通过了方差同质性检验($P=0.073$),因此可以使用方差分析方法进行检验。

表 5-24 各年龄组教师科研生产率描述性统计

	N	均值	标准差	标准误	极小值	极大值
30 岁以下	64	0.20949	0.288096	0.036012	0.000	1.168
30～35 岁	104	0.31047	0.415827	0.040775	0.000	3.049
36～40 岁	94	0.33448	0.318763	0.032878	0.000	2.010
41～45 岁	54	0.42284	0.358998	0.048853	0.000	1.759
46～55 岁	37	0.41396	0.317888	0.052261	0.022	1.202
55 岁以上	3	1.09445	0.944673	0.545407	0.129	2.016
总数	356	0.33306	0.368434	0.019527	0.000	3.049

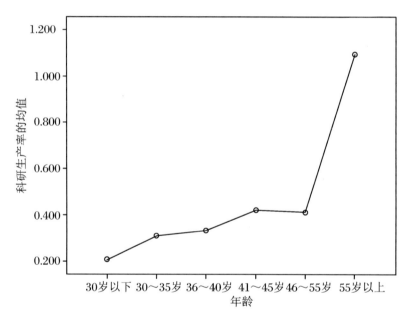

图 5-3 各年龄组科研生产率均值图

由方差分析结果(表 5-25)可知,各年龄组高校文科教师之间在科研生产率上确实存在统计上显著差异,说明年龄的确是影响科研生产率的重要变量。通过方差的多重分析,可以进一步发现到底是哪些年龄组之间在科研生产率上存在显著差异。经多重比较发现,55 岁以上教师的科研生产率显著高于其余各组教师(P 值在 0.000～0.002 范围),30 岁以下教师科研生产率显著低于除了 30～35 岁年龄组之外的其余各组老师(P 值在 0.000～0.032 范围),其余各组教师之间的科研生产率不存在显著差异。

表 5-25　各年龄组教师科研生产率方差分析结果

	平方和	df	均方	F	显著性
组间	3.447	5	0.689	5.393	0.000
组内	44.742	350	0.128		
总数	48.189	355			

3. 不同教龄的高校文科教师科研生产率分析

从不同教龄的教师(3 年以下,3～5 年,6～10 年,11～15 年,16～25 年,25 年以上)科研生产率描述性统计结果(表 5-26)和均值图 5-4 来看,科研生产率整体上随着教龄的增加而提高,但是有些教龄(6～10 年,16～25 年)教师科研生产率反而比前一个教龄段的教师要低。那么各个教龄段教师科研生产率到底有没有统计上的显著差异,需进行方差分析,因为各教龄段教师科研生产率数据没有通过方差齐性检验($P = 0.002$),所以不适合用方差分析,而适合使用非参数检验,例如 Welch 检验或 Brown-Forsythe 检验。经 Welch 检验和 Brown-Forsythe 检验发现(表 5-27),两种检验的概率值分别为 $P = 0.027$ 和 $P = 0.005$,拒绝原假设,可以认为各教龄组教师科研生产率存在显著统计差异。经多重比较发现,3 年以下教龄的教师科研生产率在统计上显著低于 3～5 年($P = 0.045$)、6～10 年($P = 0.047$)、11～15 年($P = 0.009$)和 25 年以上教龄段的教师($P = 0.000$);25 年以上教龄段的教师科研生产率显著高于其余各教龄段的教师(P 值在 0.000～0.021 范围);其余各教龄段教师科研生产率没有显著统计差异。这说明,3 年以下教龄段教师科研生产率明显较低,而 25 年以上教龄段教师科研生产率明显较高。教龄对科研生产率有一定的影响。

表 5-26　各年龄组教师科研生产率方差分析结果

	N	均值	标准差	标准误	极小值	极大值
3 年以下	89	0.22958	0.367350	0.038939	0.000	3.049
3～5 年	62	0.34997	0.402827	0.051159	0.000	1.784
6～10 年	91	0.33708	0.306591	0.032139	0.000	1.614
11～15 年	58	0.39029	0.411957	0.054093	0.008	2.010
16～25 年	39	0.32196	0.200728	0.032142	0.031	0.801
25 年以上	17	0.62189	0.510261	0.123757	0.129	2.016
总数	356	0.33306	0.368434	0.019527	0.000	3.049

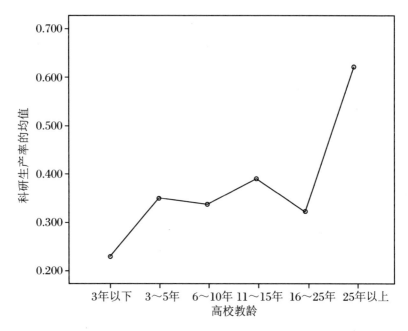

图 5-4 各教龄组教师科研生产率均值图

表 5-27 均值相等性的健壮性检验

	统计量	df1	df2	显著性
Welch	2.652	5	102.663	0.027
Brown-Forsythe	3.536	5	113.832	0.005

注:统计量为渐近 F 分布。

4. 不同职称的高校文科教师科研生产率分析

由各个级别职称教师(初级、中级、副高、正高)描述性统计的均值(表 5-28)和均值图 5-5 提供的信息可以初步判断,教师科研生产率随着职称级别的升高而明显提升。为了更准确地判断各级职称间的科研生产率差异,需进一步做方差分析。由于各组科研生产率统计值通过了方差齐性检验,适合进行方差分析。由方差分析可知(表 5-29),不同职称的教师在科研生产率上存在着统计上的显著差异($P = 0.000$)。经方差分析的多重比较发现,各个职称的教师之间都存在着统计上的显著差异(P 值在 $0.000\sim0.039$ 范围)。

表 5-28 各年龄组教师科研生产率方差分析结果

	N	均值	标准差	标准误	极小值	极大值
初级	66	0.16529	0.220365	0.027125	0.000	1.168
中级	148	0.27135	0.375813	0.030892	0.000	3.049

续表

	N	均值	标准差	标准误	极小值	极大值
副高	111	0.43166	0.349858	0.033207	0.000	2.010
正高	31	0.63189	0.388938	0.069855	0.135	2.016
总数	356	0.33306	0.368434	0.019527	0.000	3.049

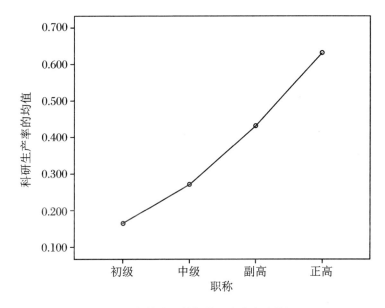

图 5-5　各教龄组教师科研生产率均值图

表 5-29　各年龄组教师科研生产率方差分析结果

	平方和	df	均方	F	显著性
组间	6.269	3	2.090	17.546	0.000
组内	41.920	352	0.119		
总数	48.189	355			

5. 不同学位的高校文科教师科研生产率分析

由于本次调查教师学位主要区分博士学位和非博士学位,所以本次只分析有博士学位的教师与没有博士学位教师之间的区别。从均值上看(表 5-30),有博士学位的教师科研生产率明显高于无博士学位的教师。为进一步更准确地区分二者差异,可以进行均值差异的检验分析,二值变量适合使用独立样 t 检验进行。经 t 检验发现(表 5-31),有博士学位教师与无博士学位教师科研生产率确实存在统计上的显著差异($P=0.000$),即有博士学位的教师科研生产率显著高于无博士学位的教师。这说明拥有博士学位确实对科研生产率有积极影响。

表 5-30 有无博士学位的教师科研生产率描述性统计

是否拥有博士学位	N	均值	标准差	均值的标准误
有博士学位	171	0.44486	0.420733	0.032174
无博士学位	185	0.22973	0.275675	0.020268

表 5-31 有无博士学位的教师科研生产率独立样本 t 检验

方差方程的 Levene 检验		均值方程的 t 检验				
F	sig.	t	df	Sig	均值差值	标准误差值
14.970	0.000	5.747	354	0.000	0.215137	0.037432
		5.658	289.564	0.000	0.215137	0.038026

6. 高校文科教师科研生产率在最高学位授予单位上的差异分析

从描述属性统计提供的均值信息(表 5-32)并结合均值图 5-6 可以初步发现,教师科研生产率因最高学位授予单位不同而不同,具体地说在"985"高校取得最高学位的教师科研生产率最高,其次是在"非 985"的"211"高校取得最高学位的教师,最低的是在其他类别高校取得最高学位的教师。为了确定三者差异是否具有统计上的显著性,需进行方差分析。由于各组数据没有通过方差齐性检验($P = 0.01$),使用 Welch 和 Brown-Forsythe 检验比方差分析更为稳妥。经 Welch 和 Brown-Forsythe 检验发现(表 5-33),在不同级别的单位取得最高学位的教师科研生产率确实存在统计上的显著差异($P = 0.000, P = 0.000$),为了确定各组之间是否都存在显著差异,需进行多重比较,经比较发现在"其他院校"类别的高校取得最高学位的教师科研生产率显著低于在"985"高校($P = 0.000$)和"非 985"的"211"高校($P = 0.001$)取得最高学位的教师,而后两者在科研生产率上没有显著差异($P = 0.640$)。

表 5-32 在不同级别的单位取得最高学位的教师科研生产率描述性统计

	N	均值	标准差	标准误	极小值	极大值
"985"高校	130	0.40765	0.449562	0.039429	0.000	3.049
"非 985"的"211"高校	122	0.35440	0.342658	0.031023	0.000	1.784
其他院校	104	0.21480	0.234766	0.023021	0.000	1.202
总数	356	0.33306	0.368434	0.019527	0.000	3.049

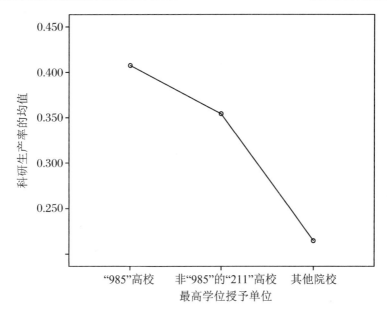

图 5-6　最高学位授予单位不同的教师科研生产率均值图

表 5-33　在不同级别的单位取得最高学位的教师科研生产率均值相等性的健壮性检验

	统计量	df1	df2	显著性
Welch	11.907	2	231.491	0.000
Brown-Forsythe	9.135	2	311.969	0.000

注：统计量为渐近 F 分布。

7. 在不同高校任教的文科教师科研生产率分析

由描述性统计（表 5-34）及均值图 5-7 可初步发现，在不同单位（"985"高校、"非 985"的"211"高校、其他院校）任职的教师在科研生产率上存在差异，具体地说，在"985"高校任职的教师生产率最高，其次是在"非 985"的"211"高校任职的教师，最低的是在其他类别高校任职的教师。为了进一步检验在三种不同级别的学校任职的教师科研生产率之间是否存在统计上的显著差异，可以进一步进行方差分析。但是在三个级别学校任职的教师科研生产率数据没有通过方差齐性检验（$P = 0.000$），因此使用非参数 Welch 和 Brown-Forsythe 检验比方差分析更为稳妥。经 Welch 和 Brown-Forsythe 检验发现（表 5-35），在不同级别的单位任职的教师科研生产率确实存在统计上的显著差异（$P = 0.000, P = 0.001$）。为了确定各组之间是否都存在显著差异，需进行多重比较，经比较发现在"其他院校"类别的高校任职的教师科研生产率显著低于在"985"高校（$P = 0.000$）和"非 985"的"211"高校（$P = 0.000, P = 0.000$）任职的教师，后两者在科研生产率上也存在统计上的显著差异（$P = 0.021$）。这说明在不同级别学校任职确实会影响教师科研生产率。

表 5-34　在不同级别的单位任职的教师科研生产率描述性统计

	N	均值	标准差	标准误	极小值	极大值
"985"高校	28	0.64620	0.681526	0.128796	0.000	3.049
非"985"的"211"高校	64	0.46384	0.419903	0.052488	0.000	2.016
其他院校	264	0.26815	0.272905	0.016796	0.000	1.784
总数	356	0.33306	0.368434	0.019527	0.000	3.049

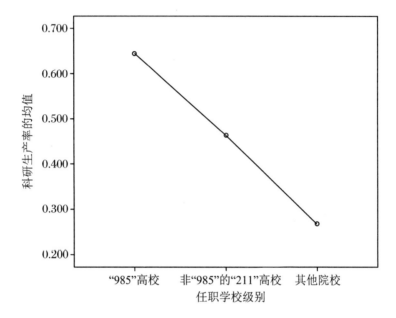

图 5-7　在不同级别单位任职的教师科研生产率均值图

表 5-35　在不同级别的单位任职的教师科研生产率均值相等性的健壮性检验

	统计量	df1	df2	显著性
Welch	10.026	2	54.349	0.000
Brown-Forsythe	8.368	2	49.217	0.001

注：统计量为渐近 F 分布。

8. 不同研究方向的高校文科教师科研生产率分析

由描述性统计（表 5-36）及均值图 5-8 提供的信息能够发现，生产率较高的是从事哲学类和管理学类研究的教师，生产率较低的是从事艺术类和社会学类研究的教师。为了明确从事不同学科大类（哲学类、经济学类、教育学类、艺术学类、历史学类、管理学类、社会学类、其他）的教师科研生产率是否存在统计上差异，需进一步进行统计分析。各学科大类教师科研生产率没有通过方差齐性检验，因此适合用非参数 Welch 和 Brown-Forsythe 检验。经 Welch 和 Brown-Forsythe 法检验发现（表 5-37），研究所属大类不同的教师科研生产率存在统计上的显著差异（$P=0.002$，$P=0.040$）。为了进一步确定到底是哪些组别之间的教师科研生产率存在显著差异,需进一步进行多重比较。经多重比较发现,从事哲学类研究的教师科研生产率显著高于教育学类($P = 0.006$)、文学类($P = 0.025$)、艺术学类($P = 0.001$)、历史学类($P = 0.050$)、社会学类($P = 0.003$)及"其他"学科类别的教师($P = 0.007$);从事管理学类研究的教师科研生产率显著高于从事教育学类($P = 0.028$)和艺术学类($P = 0.002$)、社会学类($P = 0.011$)和"其他"学科大类($P = 0.029$)研究的教师;其余各组教师之间不存在统计上的显著差异。由此可知,从事不同的学科在一定程度上会对教师科研生产率产生影响。

表 5-36 研究所属大类不同教师科研生产率描述性统计

	N	均值	标准差	标准误	极小值	极大值
哲学类	13	0.61465	0.608898	0.168878	0.000	2.010
经济学类	16	0.39621	0.427293	0.106823	0.000	1.168
教育学类	188	0.32976	0.333621	0.024332	0.000	2.016
文学类	24	0.33404	0.635810	0.129784	0.000	3.049
艺术学类	28	0.19069	0.152042	0.028733	0.000	0.659
历史学类	5	0.24008	0.126729	0.056675	0.123	0.443
管理学类	20	0.51797	0.336175	0.075171	0.000	1.190
社会学类	17	0.21151	0.224388	0.054422	0.000	0.815
其他	45	0.30520	0.322321	0.048049	0.000	1.392
总数	356	0.33306	0.368434	0.019527	0.000	3.049

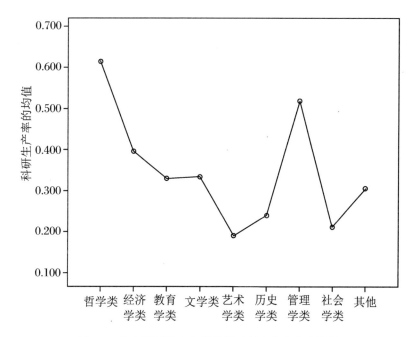

图 5-8 从事不同研究大类的教师科研生产率均值图

表 5-37 从事不同研究大类的教师科研生产率均值相等性的健壮性检验

	统计量	df1	df2	显著性
Welch	3.586	8	48.932	0.002
Brown-Forsythe	2.153	8	77.858	0.040

9. 科研时间投入不同的高校文科教师科研生产率分析

从描述性统计(表 5-38)和均值图 5-9 能够初步看出,教师科研生产率与科研时间存在正向关系,即随着投入科研时间的增多,教师科研生产率逐步提高。那么这几组(1 小时以下、1~3 小时、4~8 小时、9~12 小时、12 小时以上)差距有没有达到统计上的显著性呢?为回答这个疑问需要进一步进行统计检验。由于各组统计值没有通过方差统计性检验($P=0.000$),适合使用非参数检验。利用非参数 Welch 和 Brown-Forsythe 检验发现(表 5-39),各组确实存在显著差异($P=0.000$)。进一步进行多重比较发现,每天科研时间在 9~12 小时段的教师科研生产率与每天科研时间在 1 小时以下($P=0.001$)、1~3 小时的教师($P=0.007$)存在显著差异;每天科研时间在 4~8 小时段的教师科研生产率与每天科研时间在 1 小时以下($P=0.000$)、1~3 小时的教师($P=0.005$)存在显著差异;其余各组之间不存在显著的统计差异。这说明每天投入科研时间在 4~12 小时的教师科研生产率较高,投入 12 小时以上的教师科研生产率反而不高;投入科研时间并不是越长越好,应该是在保证一定时间的前提下提高科研效率。

表 5-38 研究所属大类不同教师科研生产率描述性统计

	N	均值	标准差	标准误	极小值	极大值
1 小时以下	81	0.19231	0.197921	0.021991	0.000	1.162
1~3 小时	164	0.27548	0.290798	0.022707	0.000	2.010
4~8 小时	84	0.47797	0.474747	0.051799	0.000	3.049
9~12 小时	20	0.72882	0.495446	0.110785	0.000	1.759
12 小时以上	7	0.44124	0.359143	0.135743	0.000	1.053
总数	356	0.33306	0.368434	0.019527	0.000	3.049

表 5-39 从事不同研究大类的教师科研生产率均值相等性的健壮性检验

	统计量	df1	df2	显著性
Welch	11.173	4	34.897	0.000
Brown-Forsythe	11.756	4	62.588	0.000

注:统计量为渐近 F 分布。

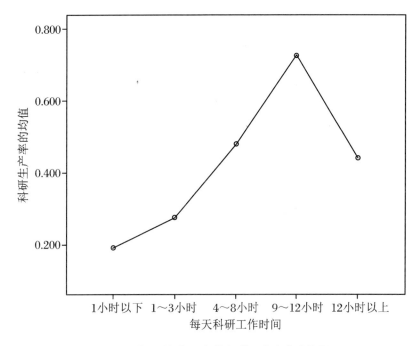

图 5-9 科研时间投入与教师科研生产率均值图

10. 采用不同研究方法的高校文科教师科研生产率分析

教师采用不同的研究方法会对科研生产率有影响吗？为了回答这个问题，本书把研究方法分为观察与调查研究、实验研究、行动与实践研究、测验与计量研究、案例研究、文献研究、思辨研究、元分析、其他研究方法等共 9 种，其中由于使用元分析方法的只有 1 人，不具有统计分析意义，故将其合并到其他类别。通过观察用不同方法进行研究的教师科研生产率描述性统计分析（表 5-40）及其均值图 5-10 可以初步发现，使用测验与计量研究法的教师科研生产率均值最高，其次是使用实验研究和案例研究的老师，科研生产率最低是使用其他类别研究方法的教师。为了进一步确认这差别是否达到了统计上的显著性，需进行统计假设检验。由于各组统计值通过了方差齐性检验（$P=0.122$），可以使用方差检验方法，经过方差分析发现（表5-41），使用不同研究方法的老师的科研生产率没有达到统计上的显著性（$P=0.176$）。

表 5-40 使用不同研究方法的教师科研生产率描述性统计

	N	均值	标准差	标准误	极小值	极大值
观察与调查研究	55	0.32820	0.317682	0.042836	0.014	1.287
实验研究	32	0.39452	0.412612	0.072940	0.000	2.016
行动与实践研究	53	0.30921	0.318560	0.043758	0.000	1.614
测验与计量研究	33	0.42683	0.388026	0.067547	0.000	1.392

续表

	N	均值	标准差	标准误	极小值	极大值
案例研究	28	0.38183	0.431284	0.081505	0.000	2.010
文献研究	65	0.26951	0.305437	0.037885	0.000	1.784
思辨研究	65	0.37651	0.466668	0.057883	0.000	3.049
其他	25	0.18958	0.206845	0.041369	0.000	0.661
总数	356	0.33306	0.368434	0.019527	0.000	3.049

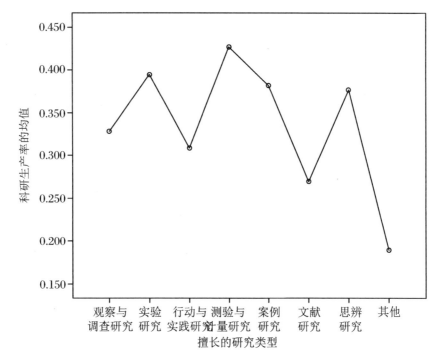

图 5-10　使用不同研究方法的教师科研生产率均值图

表 5-41　使用不同研究方法的教师科研生产率方差分析

	平方和	df	均方	F	显著性
组间	1.409	7	0.201	1.497	0.167
组内	46.780	348	0.134		
总数	48.189	355			

5.9 高校文科教师个体科研生产率因果模型

5.9.1 假设模式设定

本小节探讨影响高校文科教师个体生产率的因素,根据以往的研究结果以及各个变量间的逻辑关系,结合项目分析结果,本书认为影响高校文科教师个体科研生产率的主要因素有四个变量:科研管理与资源、科研交流与合作、科研态度和科研习惯与能力,上述四个变量都对科研生产率有直接影响效应,此外,"科研交流与合作"和"科研态度"又通过"科研习惯与能力"对"科研生产率"产生影响,其提出的路径分析假设模型如图5-11所示。

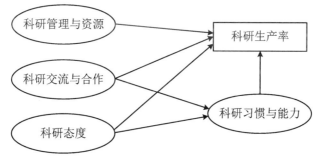

图 5-11 初始模型路径图

5.9.2 统计方法的选择

为了验证假设模型,除了进行问卷设计、数据收集、指标权重的确定之外,还需要选择合适的模型分析方法。鉴于本章节各个因素之间的高度相关性,以及模型关系的复杂性,本章节主要采用结构方程模型之路径分析方法。结构方程模型(Structural Equation Modelling,SEM)是一种融合了多元回归分析(multiple linear regression)、路径分析(path analysis)和验证性因子分析(CFA)而形成的多元统计分析技术。结构方程模型综合了形成性指标(formative indicators)与反映性指标(reflective indicators)两种指标类型。结构方程模型分析把因子分析、路径分析整合在一起,可以同时估计结构模型与测量模型,还可以检验整个模型的拟合程度,进而确定自变量对因变量影响的直接效应(direct effects)、间接效应(indirect effects)或总效应(total effects)。

5.9.3 参数估计方法的选择

在 Amos 分析中,极大似然法(Maximum likelihood,简称 ML 法)和一般化最小平方法(Generalized least squares,简称 GLS 法)是最常用的估计方法。ML 法适用条件较高,即大样本且数据分布符合正态分布,若样本数据为大样本,但数据分布不满足多变量正态性假定,可以采用 GLS 法。因此在假设检验之前最好先进行假设数据的正态性检验。在 SEM 分析中,正态性检验可以通过计算样本数据观察变量的偏度系数和峰度系数实现。当偏度系数大于 3、峰度系数大于 8,说明样本数据不符合正态分布。由表 5-42 可知,变量"科研生产率"峰度系数为 11.241,大于 8,该变量数据可能不符合正态性假定,因此宜选择 GLS 法进行参数估计。

表 5-42 变量的正态性检验

变量	最小值	最大值	偏度	临界比值	峰度	临界比值
科研生产率	0.000	3.049	2.701	20.806	11.241	43.293
Q1_25	1.000	7.000	-0.720	-5.549	0.688	2.650
Q1_24	1.000	7.000	-0.434	-3.343	-0.249	-0.960
Q1_23	1.000	7.000	-0.513	-3.952	-0.002	-0.008
Q1_22	1.000	7.000	-0.428	-3.298	0.314	1.210
Q1_21	1.000	7.000	-0.413	-3.184	0.181	0.697
Q1_20	1.000	7.000	-0.573	-4.416	0.681	2.624
Q1_19	1.000	7.000	-0.587	-4.524	1.030	3.966
Q1_1	1.000	7.000	-0.616	-4.742	0.278	1.071
Q1_2	1.000	7.000	-0.337	-2.592	-0.633	-2.436
Q1_3	1.000	7.000	-0.237	-1.828	-0.532	-2.048
Q1_4	1.000	7.000	-0.589	-4.540	0.105	0.403
Q1_5	1.000	7.000	-0.341	-2.624	-0.370	-1.426
Q1_17	2.000	7.000	-0.499	-3.845	0.110	0.423
Q1_18	2.000	7.000	-0.584	-4.501	0.311	1.196
Q1_7	1.000	7.000	-0.191	-1.471	-0.639	-2.460
Q1_8	1.000	7.000	-0.148	-1.141	-0.405	-1.558
Q1_10	1.000	7.000	-0.520	-4.005	0.162	0.625
Q1_11	1.000	7.000	-0.409	-3.153	0.041	0.156
多元正态性检验					130.430	43.558

5.9.4 参数估计结果与模型修正

1. 初始模型

图 5-12 与图 5-13 是初始模型非标准化与标准化效应路径图,参数估计的结果发现,卡方值为 467.5,显著性概率值为 0.000<0.05,据此可以拒绝观察数据与模型匹配的虚无假设,即理论模型与观察数据无法匹配,说明模型适配不够理想,有必要根据修正指数对模型进行修正。模型修正指数表示在固定或限制参数被更改为可以估计的自由参数后,模型的整体卡方值减少量。

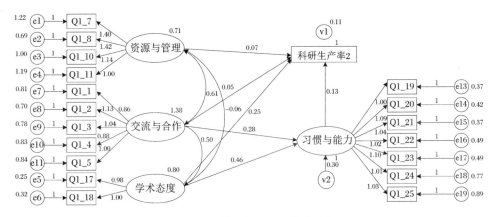

图 5-12 初始模型非标准化效应路径图

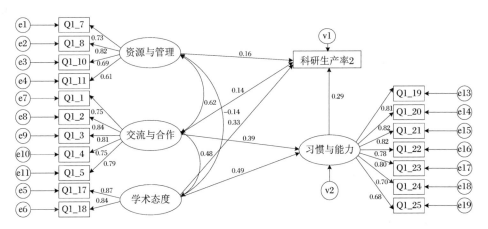

图 5-13 初始模型标准化效应路径图

2. 修正模型 1

根据初始模型估计后给出的修正指数,增列残差项 e2 与 e11,e3 与 e5,e3 与 e4,e7 与 e8,e8 与 e9,e6 与 e6,e19 与 e13,e13 与 e18,e13 与 e17,e17 与 e14,e14 与 e18,e17 与 e19,e18 与 e19 相关关系。

图 5-14 是第一次修正模型路径图,修正模型增加某些残差间的相关关系。选用 GLS 法进行参数估计结果显示,卡方值为 174.072,显著性水平为 0.006<0.05,因此拒绝虚无假设,表示假设模型与观察数据不适配。因此需要进一步对模型进行修正(图 5-15)。

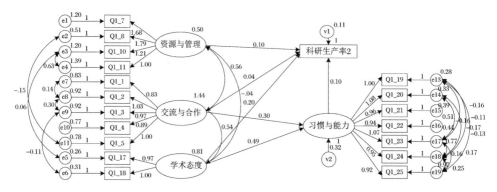

图 5-14　第一次修正模型非标准化效应路径图

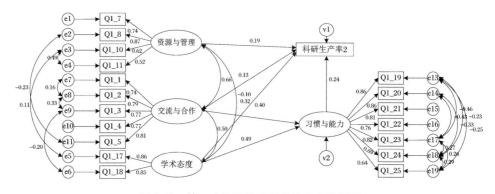

图 5-15　第一次修正模型标准化效应路径图

3. 修正模型 2

由于 e1 与 e3,e2 与 e18,e8 与 e9,e10 与 e11,e5 与 e6,e13 与 e14,e16 与 e17 方差值较为接近,每对方差设置为相等。设置好之后重新进行估计,结果如表 5-43、图 5-16 和图 5-17 所示。

由于卡方值对受试样本的大小非常敏感,样本数越大,卡方值越大。学者 Rigdon(1995)认为,使用真实世界的数据来评价理论模型时,卡方统计通常实质帮助不大,因为卡方值受估计参数及样本数影响很大。估计的参数越多(自由度越大),样本数越大,容易造成卡方值越大,越容易拒绝虚无假设,接受对立假设。所以在判定 SEM 模型适配度时,除了依据卡方值及其显著性之外,还要综合参考一系列适配统计量,主要有卡方自由度比、RMR(残差均方和平方根)、RMSEA(渐进残差均方和平方根)、GFI(适配度指数)、AGFI(调整后适配度指数)、ECVI(期望跨效度指数)、NCP(非集中性参数)、SNCP(量尺非集中性参数)、CFI(比较适配指数)、ACFI(调整后比较适配指数)、AIC(讯息效果)及其调整值 CAIC、PNFI(简约调整后的规准适配指数)、PGFI(简约适配指数)、CN 值(临界样本数)等。

表 5-43 修正模型 2 适配指数及其参考值

统计检验量	适配的标准或临界值	修正后模型适配指数	模式适配判断
绝对适配指数			
χ^2 值	显著性概率值 $P>0.05$	159.916($P=0.088>0.05$)	是
GFI 值	>0.90 以上	0.953	是
AGFI 值	>0.90 以上	0.934	是
RMR 值	<0.05	0.071	否
RMSEA 值	<0.05(适配良好)<0.08(适配合理)	0.024	是
NCP 值	越小越好,90% 置信区间包含 0	27.802,90% 置信区间包含 0	是
ECVI 值	理论模型的 ECVI 值小于独立模型,且小于饱和模型的 ECVI 值	0.873<1.183 0.873<2.229	是
增值适配指数			
NFI 值	>0.90 以上	0.777	否
RFI 值	>0.90 以上	0.721	否
IFI 值	>0.90 以上	0.960	是
TLI 值	>0.90 以上	0.948	是
CFI 值	>0.90 以上	0.958	是
简约适配度指数			
PGFI 值	>0.50 以上	0.687	是
PNFI 值	>0.50 以上	0.622	是
CN 值	>200	357	是
NC 值(χ^2 自由度比值)	1<NC<3,表示模型有简约适配度 NC>5,表示模型需要修正	1.167	是

续表

统计检验量	适配的标准或临界值	修正后模型适配指数	模式适配判断
AIC	理论模型的 AIC 值小于独立模型,且小于饱和模型的 AIC 值	265.916＜380.000 265.916＜754.406	是
CAIC	理论模型的 AIC 值小于独立模型,且小于饱和模型的 AIC 值	524.287＜1306.237 524.287＜847.029	是

从上表中分析可知,除了少数指标(RMR 值、NFI 值、RFI 值)之外,其余适配度指标均达到模型适配标准,表示假设模型适配情景良好。

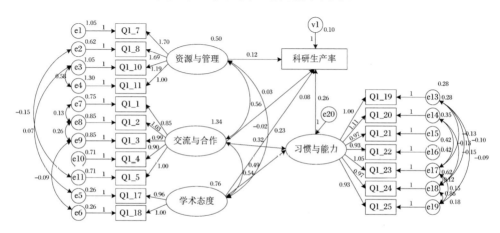

图 5-16 修正模型 2 非标准化效应路径图

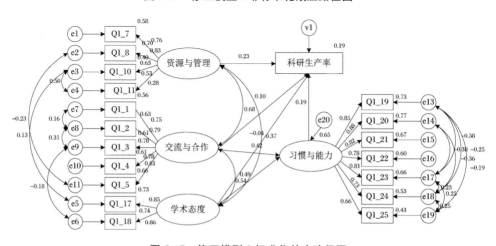

图 5-17 修正模型 2 标准化效应路径图

表 5-44 给出了修正模型 2 的回归系数及其统计检验结果。由该表发现,科研

交流与合作对科研生产率的效应路径系数,以及科研态度对科研生产率的效应路径系数都较小,临界值也较小,没有达到统计显著性水平(P 值分别为 0.355 和 0.656),而习惯与能力对科研生产率效应的路径系数也不大,不过接近统计显著性水平($P=0.062$)。说明科研交流与合作、科研态度对科研生产率的直接影响效应较小,因此应该删除两个路径系数,对模型进一步修正。

表 5-44　修正模型 2 回归系数

			估计值	标准误	临界比值	P	标签
习惯与能力	←	交流与合作	0.317	0.045	7.113	***	路径6
习惯与能力	←	学术态度	0.488	0.064	7.653	***	路径5
Q1_11	←	资源与管理	1.000				
Q1_10	←	资源与管理	1.190	0.113	10.551	***	par_26
Q1_8	←	资源与管理	1.687	0.184	9.189	***	par_27
Q1_7	←	资源与管理	1.699	0.198	8.577	***	par_28
Q1_18	←	学术态度	1.000				
Q1_17	←	学术态度	0.958	0.050	19.191	***	par_29
Q1_5	←	交流与合作	1.000				
Q1_4	←	交流与合作	0.902	0.062	14.477	***	par_30
Q1_3	←	交流与合作	0.987	0.068	14.482	***	par_31
Q1_2	←	交流与合作	1.035	0.065	15.895	***	par_32
Q1_1	←	交流与合作	0.846	0.062	13.631	***	par_33
Q1_19	←	习惯与能力	1.000				
Q1_20	←	习惯与能力	1.110	0.057	19.636	***	par_34
Q1_21	←	习惯与能力	0.974	0.058	16.779	***	par_35
Q1_22	←	习惯与能力	0.930	0.061	15.305	***	par_36
Q1_23	←	习惯与能力	1.051	0.073	14.380	***	par_37
Q1_24	←	习惯与能力	0.973	0.082	11.889	***	par_38
Q1_25	←	习惯与能力	0.932	0.085	10.992	***	par_39
科研生产率	←	资源与管理	0.116	0.048	2.432	0.015	路径2
科研生产率	←	交流与合作	0.032	0.034	0.925	0.355	路径4
科研生产率	←	习惯与能力	0.078	0.042	1.869	0.062	路径1
科研生产率	←	学术态度	−0.016	0.036	−0.446	0.656	路径3

4. 最终模型及适配度检验

依据科学简效原则,在 SEM 模型检验中,若参数没有达到显著的水平(误差项除外),则不是理论模型的重要路径,从理论上讲,这些未达到 0.05 显著水平的参数应从理论模型中移除。因此本章节删除科研交流与合作及科研态度对科研生产率的直接影响路径,重新进行修正模型并检验,模型适配度指标如表 5-45 所示,参数估计结果如图 5-18、图 5-19 所示。从表 5-45 来看,最终模型与观察数据整体适配较好。

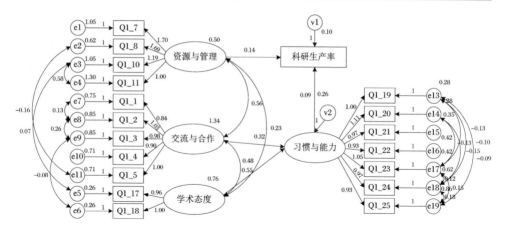

图 5-18 修正模型 3 非标准化效应路径图

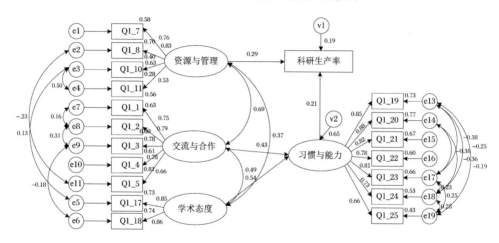

图 5-19 修正模型 3 标准化效应路径图

表 5-45 最终模型适配指数及其参考值

统计检验量	适配的标准或临界值	修正后模型适配指数	模式适配判断
绝对适配指数			
χ^2 值	显著性概率值 $P>0.05$	$160.918(P=0.098>0.05)$	是
GFI 值	>0.90	0.952	是
AGFI 值	>0.90	0.935	是
RMR 值	<0.05	0.071	否
RMSEA 值	<0.05(适配良好)<0.08(适配合理)	0.021	是
NCP 值	越小越好,90%置信区间包含 0	21.918.90%置信区间包含 0	是
ECVI 值	理论模型的 ECVI 值小于独立模型,且小于饱和模型的 ECVI 值	0.741<1.070 0.741<2.125	是

续表

统计检验量	适配的标准或临界值	修正后模型适配指数	模式适配判断
增值适配指标			
NFI 值	>0.90	0.775	否
RFI 值	>0.90	0.724	否
IFI 值	>0.90	0.962	是
TLI 值	>0.90	0.951	是
CFI 值	>0.90	0.952	是
简约适配度指数			
PGFI 值	>0.50	0.697	是
PNFI 值	>0.50	0.630	是
CN 值	>200	370	是
NC 值(χ^2 自由度比值)	1<NC<3,表示模型有简约适配度 NC>5,表示模型需要修正	1.158	是
AIC	理论模型的 AIC 值小于独立模型,且小于饱和模型的 AIC 值	262.918<380.000 262.918<754.406	是
CAIC	理论模型的 AIC 值小于独立模型,且小于饱和模型的 AIC 值	511.539<1306.237 511.539<847.029	是

当整体模型适配度高度契合时,但是个别参数可能未必契合,因此需要做模型内在结构适配检验,包括两个方面:一个是测量模型适配检验;另一个是结构模型适配检验。测量模型适配检验的目的是评价测量变量是否可以很好地反映其对应的潜在变量,其指标是潜在建构的效度与信度;结构模型适配检验则是评价理论构建阶段定义的因果关系是否成立。若指标变量 X 假定为潜在变量 ξ 的有效度量值,则二者之间的直接关系应该属于非零值的显著性,该关系在测量方程式中表示如下:

$$X = \lambda\xi + \delta \quad (5.15)$$

式中,λ 为因子负荷量,δ 为测量误差。

若测量模型中的因子负荷量均达显著($P<0.05,|t|>1.96$),说明指标变量能较好地反映出所测量的构念,表示该指标变量具有较好的效度证据(validity evidence)。测量误差越小越好,但也要非 0 的显著性。一般用指标变量多元相关系数的平方(R^2)值衡量信度,若指标变量具有较好的信度,则 R^2 值达到显著性概率水平,且其值越高,表示潜在变量可以解释指标变量的变异量越多。按照 Bogozzi 和 Yi 观点,R^2 值应在 0.5 以上。

检验了个别观察变量的信度后,为了保障一组潜在变量所属的指标的一致性,还需要计算变量的建构信度(construct reliability),又称组合信度(composite reliability)。组合信度主要检验某潜在变量所有测量指标分享该潜在变量的程度,构建信度越高,说明测量指标间关联度越高。Raine-Eudy 认为,组合信度最高在 0.5 以上。组合信度公式如下:

$$\text{组合信度 } \rho_c = \frac{(\sum \lambda)^2}{(\sum \lambda)^2 + \sum \theta} \tag{5.16}$$

式中,ρ_c 为组合信度;λ 为观察变量在潜在变量上的标准化参数(因子负荷量),即指标因子负荷量;θ 为指标变量误差变异量,即 δ 变异量。

平均方差抽取量是一个衡量指标变量反映潜在变量的指标,表示相对于误差方差的大小,潜在变量可以解释指标变量方差的程度,即对于某个测量模型,潜在变量可以解释全部观察变量方差的百分比,该指标用 ρ_v 表示,其值一般需要大于 0.5。平均方差抽取量公式如下:

$$\text{平均方差抽取量 } \rho_v = \frac{(\sum \lambda^2)}{(\sum \lambda^2) + \sum \theta} \tag{5.17}$$

式中,ρ_v 平均方差抽取量;λ 为观察变量在潜在变量上的标准化参数(因子负荷量),即指标因子负荷量;θ 为指标变量误差变异量,即 δ 变异量。

内在适配度各指标计算结果如表 5-46 所示,观察表中所提供的检验结果发现,测量模型内在结构适配度较好,而结构模型内在适配度不是很理想。这说明还有其他影响教师个体科研生产率重要因素没有纳入模型中去。但是总体来说,各个因子负荷量均达到显著,具有统计意义和理论价值。

表 5-46 模型内在结构适配度指标

测量指标	因子	因子负荷量	信度系数	测量误差	综合信度	平均变异量抽取值
Q1_11	资源与管理	0.527	0.277729	0.722271		
Q1_10	资源与管理	0.635	0.403225	0.596775		
Q1_8	资源与管理	0.834	0.695556	0.304444		
Q1_7	资源与管理	0.761	0.579121	0.420879		
					0.788	0.4889
Q1_18	学术态度	0.862	0.743044	0.256956		
Q1_17	学术态度	0.852	0.725904	0.274096		
					0.8469	0.7345
Q1_5	交流与合作	0.81	0.6561	0.3439		
Q1_4	交流与合作	0.78	0.6084	0.3916		
Q1_3	交流与合作	0.777	0.603729	0.396271		
Q1_2	交流与合作	0.792	0.627264	0.372736		
Q1_1	交流与合作	0.748	0.559504	0.440496		
					0.887	0.611

测量指标	因子	因子负荷量	信度系数	测量误差	综合信度	平均变异量抽取值
Q1_19	习惯与能力	0.854	0.729316	0.270684		
Q1_20	习惯与能力	0.877	0.769129	0.230871		
Q1_21	习惯与能力	0.818	0.669124	0.330876		
Q1_22	习惯与能力	0.777	0.603729	0.396271		
Q1_23	习惯与能力	0.814	0.662596	0.337404		
Q1_24	习惯与能力	0.73	0.5329	0.4671		
Q1_25	习惯与能力	0.656	0.430336	0.569664		
					0.9215	0.6282
资源与管理	科研生产率	0.291	0.084681	0.915319		
习惯与能力	科研生产率	0.212	0.044944	0.955056		
					0.1192	0.06481
交流与合作	习惯与能力	0.428	0.183184	0.816816		
学术态度	习惯与能力	0.49	0.2401	0.7599		
					0.3483	0.2116

5.9.5 最终模型及其参数估计结果

用 GLS 法估计回归系数参数,除了四个参照指标值不需估计外,其他回归加权值都是显著的。结构模型中所有四个回归加权值均达到显著性水平,估计标准误值处于 0.027~0.199 范围。

潜在变量间的直接效果值或路径系数为潜在变量间的标准化回归系数;潜在变量对指标变量的标准化回归系数为因子负荷量。由表 5-47 可知,"科研资源与管理"对"科研生产率"的直接效果值为 0.291,"科研习惯与能力"对"科研生产率"的直接效果值为 0.212,"科研交流与合作"对"科研习惯与能力"的直接效果值为 0.428,"学术态度"对"科研习惯与能力"的直接效果值为 0.490。

Q1_7 等四个指标变量在潜在变量"科研资源与管理"上的因子负荷量介于 0.527~0.834,Q1_17、Q1_18 两个指标变量在潜在变量"学术态度"上的因子负荷量分别为 0.852 和 0.862,Q1_1 至 Q1_5 五个指标变量在潜在变量"科研交流与合作"上的因子负荷量介于 0.777~0.810,Q1_19 至 Q1_25 七个指标变量在潜在变量"科研习惯与能力"上的因子负荷量介于 0.656~0.877。可见,大部分测量指标的因子负荷量大于 0.71,说明潜在因素能较好地反映指标变量。

表 5-47　高校文科教师科研生产率因果模型所有估计参数显著性检验摘要表

影响路径			估计值	标准误	T 值	P 值	标准化估计值
习惯与能力	←	交流与合作	0.319	0.045	7.134	***	0.428
习惯与能力	←	学术态度	0.484	0.064	7.578	***	0.490
Q1_11	←	资源与管理	1.000				0.527
Q1_10	←	资源与管理	1.194	0.113	10.542	***	0.635
Q1_8	←	资源与管理	1.689	0.184	9.171	***	0.834
Q1_7	←	资源与管理	1.703	0.199	8.567	***	0.761
Q1_18	←	学术态度	1.000				0.862
Q1_17	←	学术态度	0.956	0.050	19.235	***	0.852
Q1_5	←	交流与合作	1.000				0.810
Q1_4	←	交流与合作	0.904	0.062	14.522	***	0.780
Q1_3	←	交流与合作	0.980	0.067	14.523	***	0.777
Q1_2	←	交流与合作	1.029	0.065	15.942	***	0.792
Q1_1	←	交流与合作	0.842	0.062	13.630	***	0.748
Q1_19	←	习惯与能力	1.000				0.854
Q1_20	←	习惯与能力	1.111	0.057	19.652	***	0.877
Q1_21	←	习惯与能力	0.974	0.058	16.788	***	0.818
Q1_22	←	习惯与能力	0.929	0.061	15.306	***	0.777
Q1_23	←	习惯与能力	1.052	0.073	14.404	***	0.814
Q1_24	←	习惯与能力	0.974	0.082	11.933	***	0.730
Q1_25	←	习惯与能力	0.933	0.085	11.008	***	0.656
科研生产率	←	资源与管理	0.144	0.039	3.666	***	0.291
科研生产率	←	习惯与能力	0.086	0.027	3.221	0.001	0.212

注：*** 在 0.06671 水平上显著。

5.10　高校文科教师个体科研生产率影响因素

从表 5-48 中可知，高校文科教师个体科研生产率受科研资源、科研管理、科研习惯、科研能力的直接影响，也受科研交流、科研合作和科研态度的间接影响。科研资源与科研管理对科研生产率的路径系数为 0.291，大于科研习惯与能力对科研生产率的路径系数 0.212，这反映了科研外部环境（包括科研资源的充足性和科研管理的公正性）对教师个体生产率有较大影响，而且这种影响要大于教师个体科研素质和能力对科研生产率的直接影响。这启示我们，为了促进高校教师个体生产率的提高，一方面，管理者首先应创造一种良好的科研氛围，提高管理的透明度和公正性,为科研人员提供必需的资料、资金和设备。另一方面,也要积极通过各种途径培育青年教师的科研能力,例如鼓励青年教师接受学历或非学历进修学习。

表 5-48　潜变量路径系数显著性检验

影响路径			估计值	标准误	T 值	P 值	标准化估计值
习惯与能力	←	交流与合作	0.319	0.045	7.134	***	0.428
习惯与能力	←	学术态度	0.484	0.064	7.578	***	0.490
科研生产率	←	资源与管理	0.144	0.039	3.666	***	0.291
科研生产率	←	习惯与能力	0.086	0.027	3.221	0.001	0.212

由表 5-49 可知,"科研交流与合作"和"学术态度"对"科研习惯与能力"有直接的显著影响,而且二者对科研习惯与能力的影响路径系数都接近 0.5,分别为 0.428 和 0.490。这启示我们,积极参与科研合作与交流能够提高自身的科研知识与能力水平,也有助于培育良好的科研习惯。另外,端正科研态度既有利于养成良好的科研习惯,也有利于提高科研知识与能力水平。但是"科研交流与合作"和"学术态度"对"科研生产率"并没有直接的影响(表 5-49),或者说这种效应不明显,前两者都是通过影响"科研习惯与能力"而间接影响"科研生产率"(表 5-50、表 5-51)。"科研交流与合作"对"科研生产率"间接效应值等于 $0.428 \times 0.212 = 0.091$,这说明教师进行科研交流与合作对教师个体科研生产率的影响不大。"学术态度"对"科研生产率"间接效应值等于 $0.490 \times 0.212 = 0.104$,这说明教师个体的学术态度也对科研生产率有积极影响,且影响效果高于"科研交流与合作"。

表 5-49　高校教师科研生产率模型潜在变量标准化直接效应

	交流与合作	学术态度	资源与管理	习惯与能力
习惯与能力	0.428	0.490	0.000	0.000
科研生产率	0.000	0.000	0.291	0.212

表 5-50　高校教师科研生产率模型潜在变量标准化间接效应

	交流与合作	学术态度	资源与管理	习惯与能力
习惯与能力	0.000	0.000	0.000	0.000
科研生产率	0.091	0.104	0.000	0.000

表 5-51　高校教师科研生产率模型潜在变量标准化总效应

	交流与合作	学术态度	资源与管理	习惯与能力
习惯与能力	0.428	0.490	0.000	0.000
科研生产率	0.091	0.104	0.291	0.212

本 章 小 结

本章的主要目的是通过对教师个体科研生产率的分析,了解影响教师个体生产力的因素。数据来源于问卷调查,分为人口统计学特征、科研生产率因素量表和科研产出三个部分。首先使用层次分析法确定产出指标权重,建立了高校文科教师科研的产出评价指标体系;其次通过科研产出评价体系计算出被调查老师科研产出指数;再次通过采用平均加权求出科研投入指数;最后利用生产率公式计算教师个体科研生产率指数。经计算发现,356名高校文科教师科研生产率指数均值是0.333。针对高校文科教师科研生产率影响因素量表,本书进行了项目分析、信度分析和效度分析,并根据分析结果对变量进行了调整。

在完成了项目分析和调整后,本章首先使用科研生产率指数作为因变量,把教师人口统计学变量作为因子,进行了均值比较检验,目的是探索教师个体生产率在不同群体上的分布特征。经分析发现,教师科研生产率在性别、年龄、教龄、职称、学位、学位授予单位、任职单位、研究所属大类、花费在科研上的时间共9个特征上都有差异。具体地说,在性别上,男性教师科研生产率显著高于女性教师;在年龄上,高年龄组教师的科研生产率显著高于低年龄组教师;在教龄上,3年以下教龄的教师科研生产率在统计上显著低于3~5年、6~10年、11~15年和25年以上教龄段的教师,25年以上教龄段的教师科研生产率显著高于其余各教龄段的教师;在职称上,各个职称的教师之间都存在着统计上的显著差异,职称越高,科研生产率越高;在学位上,有博士学位的教师科研生产率显著高于无博士学位的教师;在最高学位授予单位上,在"985"高校和"非985"的"211"高校取得最高学位的教师显著高于在"其他院校"类别的高校取得最高学位的教师科研生产率;在任职单位上,"985"高校和"非985"的"211"高校任职的教师科研生产率显著高于在任职单位上在"其他院校"类别的高校任职的教师,在"985"高校任职的教师的科研生产率显著高于在"非985"的"211"高校任职教师;在研究所属大类上,从事哲学类研究的教师科研生产率显著高于教育学类、文学类、艺术学类、历史学类、社会学类及其他学科类别的教师,从事管理学类研究的教师科研生产率显著高于从事教育学类和艺术学类、社会学类和其他学科大类研究的教师;在科研时间上,每天科研时间在9~12小时段的教师科研生产率显著高于每天科研时间在1小时以下、1~3小时的教师,每天科研时间在4~8小时段的教师科研生产率显著高于每天科研时间在1小时以下、1~3小时的教师。教师科研生产率在采用研究方法上没有显著的统计差异。

在分析了高校文科教师科研生产率人口统计的差异分布后,本章使用结构方程模型建立了高校文科教师科研生产率影响因素模型。经模型适配度检验三次修订模型,最终确定的模型通过了模型适配度检验。经模型估计发现,高校文科教师个体科研生产率受科研资源、科研管理公正的直接影响,也受科研交流、科研合作和科研态度的间接影响。由路径系数判断,"科研资源与管理"和"科研习惯与能力"对科研生产率都有直接显著的影响,其中科研资源与科研管理对科研生产率的影响大于科研习惯与能力对科研生产率的影响。这反映了科研外部环境(包括科研资源的充足性和科研管理的公正性)对教师个体生产率有较大影响,而且这种影响要大于教师个体科研素质和能力对科研生产率的直接影响。"科研交流与合作"和"学术态度"对"科研习惯与能力"直接影响显著。但是"科研交流与合作"和"学术态度"对"科研生产率"并没有直接的显著影响,前两者都是通过影响"科研习惯与能力"而间接影响教师个体的"科研生产率"。

第6章 主要结论与建议

本书研究的目标除了评价当前我国高校文科教师科研生产率水平与影响因素外,还要在研究他人研究成果的基础上提出促进高校文科教师科研生产率提升的建议。在提出建议之前,首先总结书中前几章的主要发现,概括出主要结论。

6.1 我国高校文科教师科研生产率状况

本书从省级、校级和教师个体三个层次对我国高校文科教师科研生产率进行全面和深入的分析,发现了我国高校文科教师科研生产率在三个层面上的水平、分布特征、发展趋势及影响因素。

6.1.1 科研生产技术效率整体上不佳,规模效率不佳是主因

基于2017年我国31个省(直辖市、自治区)的面板数据对高校文科教师科研技术率进行静态分析发现,我国大多数省份高校文科教师科研生产运行效率并不理想,超过三分之二的省份科研技术效率没有达到DEA有效,技术效率达到DEA有效的省份不到三分之一;规模效率达到DEA有效的省份占42%;纯技术效率达到DEA有效的省份占58%。

对41所一流大学文科教师科研效率分析发现,41所大学文科教师科研技术效率均值为0.83,其中技术效率达到DEA有效的高校共19所,而技术效率没有达到DEA有效的高校共22所,即超过一半的一流大学文科教师科研技术效率综合不佳;纯技术效率达到DEA有效的高校共24所;规模效率达到DEA有效的高校共有20所,占比不到一半。

技术效率可以分解为规模效率和纯技术效率,经对技术效率分解发现,无论是在省级层面,还是在校级层面上,规模效益与技术效率变化趋势高度一致,技术效率非DEA有效的省份或高校都存在规模效率非DEA有效,说明规模效率无效是我国大部分省份与高校文科教师科研技术效率非DEA有效的主要原因,只有部分

技术效率非 DEA 有效分决策单元是由纯技术效率和规模效率共同影响的。

6.1.2 高校文科教师科研全要素生产率整体不佳,技术进步不足是主因

采用 DEA-Mamuqist 指数对省域高校文科教师科研全要素生产率动态变动分析发现,2013—2017 年这五年间我国 31 省的高校文科教师科研全要素生产率变化指数均值为 1.098,说明这五年全要素生产率整体上呈上升趋势,年均增长增加 9.8%,但是全要素生产率变化均值受极端值影响大,即除了 2015 年全要素生产率提高 163.8%之外,其他四个年份的全要素生产率都处于下降状态;对 41 所高校文科教师科研全要素生产率进行分析时也发现了相似的结果,41 所一流大学科研全要素生产率在 2013—2017 年整体上在提高,年均增长 22.2%,但进一步分析发现,除了 2015 年度科研全要素生产率的提高较大(183.7%)外,其他三个年度的科研全要素生产率都处于下降趋势,而且下降幅度由远及近逐渐增加。对全要素生产率分解发现,无论是从省级还是校级层面上分析,技术进步在 2015 年相对于 2014 年有较大提升,而在其他三个年份却处于下降状态,这一变化趋势与全要素生产率变化趋势高度一致,而技术效率变化指数、纯技术效率变化指数和规模效率变化指数的变动趋势基本一致,四年间变化不大,这说明我国省级和校级文科教师科研全要素生产的变化主要是由技术进步变化导致的。

6.1.3 高校文科教师科研生产率在区域、校际和个体间差异明显

对省域高校文科教师科研生产技术效率分析发现,高校文科教师科研技术效率达到 DEA 有效的省份主要集中在东部和中部,技术效率比较低的省份主要位于经济欠发达的西部地区。经对各区域(东、中、西部)超效率值进行方差分析发现,区域间不存在显著差异,但是进一步观察发现,这种不显著现象主要是受区域内极少数极端值的影响,去掉这些极少数极端个案后再进行区域间效率值分析,发现区域间差异显著,这说明区域内各省、各校科研效率分化明显,一些极端个案效率值掩盖了区域间差异显著的真相。从全要素生产率变化来看,我国东部、中部和西部三大区域的高校文科教师科研全要素生产率在 2013—2017 年间都有所提高,其中东部提升最快,西部次之,中部最慢。从科研全要素生产率的分解来看,三大区域的技术进步变化指数、技术效率变化指数、纯技术效率变化指数、规模效率变化指数都有所提升,其中东部在全要素生产率和技术进步变化指数方面最高,中部在技术效率变化和纯技术效率变化指数方面最高,西部在全要素生产率及其分解指数方面都不占优势。科研生产规模收益递减的省份主要位于东部和中部,而规模递

增的省份全部位于西部地区。通过 DEA 超效率分析发现,科研效率最高的五个省市中,四个直辖市占据四席,而在后五名的省份中,中西部省份占 4 个。

对校级文科教师科研生产率分析发现,科研技术效率、纯技术效率和规模效率没有达到 DEA 有效的高校中理工类高校占多数。例如,规模效率非 DEA 有效的高校中理工类高校占多数,而且大部分都处于规模递增阶段。

对高校文科教师个体科研生产率分析发现,教师科研生产率在性别、年龄、教龄、职称、学位、学位授予单位、任职单位、研究所属大类、花费在科研上的时间共 9 个变量上都存在统计上显著差异。

6.1.4 高校文科教师科研高质量成果产出不足

科研生产的目的是生产具有学术价值或应用价值的高质量科研成果,如果科研产出质量不高,就会造成科研资源的极大浪费。从产出角度对 DEA 投影分析发现,在投入一定的情况下,造成我国大部分省份和一流大学文科教师科研生产效率非 DEA 有效的原因是高质量科研产出不足。一部分省份和高校获得省部级以上科研奖励数为 0,例如河北、山西、黑龙江、甘肃、青海等省份,北京航空航天大学、南开大学、天津大学、东南大学、电子科技大学、西安交通大学、重庆大学、西北农林科技大学、新疆大学等高校 2017 年省部级获奖数都是 0。除了省部级获奖数少之外,很多省份和高校在研究与咨询报告数、国外发表论文数等方面的产出也较少,如中西部边疆省份和理工类高校。这说明西部省份和理工类高校应该大力提高科研产出的质量水平。

6.2 高校文科教师科研生产率主要影响因素

6.2.1 影响高校文科教师科研生产率的宏观因素

在第 4 章对高校文科教师科研生产率宏观分析中,主要探讨了影响科研生产率的宏观因素。由 DEA 和 Mamquist 指数分析可知,公共财政科研投入对省域高校文科教师科研生产率有影响,东部大部分省份由于投入有余,造成科研生产率低下,而西部某些省份恰恰相反,是因为投入不足导致科研生产率不高。研究发现,我国高校文科教师科研效率的提升主要是由技术进步引起的,科研管理水平、资源配置水平的优化和管理能力的提升对科研生产率有较为突出的积极影响。这说明我国文科科研在改革开放后获得了较快的发展,特别在科研管理能力、科研能力方面提升较快,极大促进了我国高校文科教师科研生产率的较快提升,但也应看到,过去我国科研的发展主要还是以粗放式发展为主,管理能力、科研能力等方面仍然有很大的提升空间。经 Tobit 模型估计发现,以 GDP 为代表的地区经济发展水平和国际合作研究对省域高校文科教师科研生产率有显著影响。

6.2.2 影响高校文科教师科研生产率的学校因素

本书研究发现,学校为教师提供科研资源的充足性和科研管理的公正性对教师个体生产率有较大影响,而且这种影响要大于教师个体科研素质和能力对科研生产率的直接影响。当教师在评定职称、科研奖励、项目评审、公职竞选方面感到公正和透明时,他们就往往有较高的科研生产率。此外,科研氛围同样对高校文科科研生产率有影响,如果高校科研氛围浓厚,就会感染身在其中的每一位教师,使其投入科研生产中;如果身边的人都以认真和高度负责的态度从事科研活动,那么就会形成一种积极的科研氛围。此外,高校教师积极参与科研合作和科研交流也对科研生产率有积极影响。因此可以推论,高校如果能够为教师科研提供合作平台,如建立常规的研究合作机构或者定期开展学术研讨会,会对高校教师科研生产率提升产生积极影响。

6.2.3 影响高校文科教师科研生产率的教师个体因素

本书研究发现,高校文科教师的科研习惯和科研能力对他们的科研生产率有直接影响。科研习惯主要包括思考的习惯、总结的习惯、写作的习惯、阅读的习惯、科研计划的习惯;科研能力主要包括写作能力、分析能力、归纳能力、论证能力、运用事实数据或文献材料的能力。另外,教师科研能力还体现为具有较为扎实、系统的专业理论和知识,能够娴熟地掌握领域内的一种或几种研究方法与技术等。科研态度、科研交流与科研合作通过科研能力对科研生产率产生间接影响。也就是说,高校文科教师科研态度和科研交流与合作能够提升他们的科研能力,进而促进科研生产率的提升。科研态度在本书中主要指对科研工作的喜爱程度、对科研规范的遵守程度、对科研的严谨态度;科研交流与合作主要包括与同事交流科研信息、研究合作者情况、参加学术会议或听报告的情况、参与研究团队的情况。本书发现学者的学位、职称、科研时间和教学工作量都会对教师科研效率产生影响,其中前三者会产生积极影响,后者会产生负面影响。

6.3 提升高校文科教师科研生产率的建议

6.3.1 针对教师个人的建议

1. 端正态度,回归本真,遵守规则

本书研究发现,教师科研态度和科研习惯对提高教师科研生产率水平有积极的影响。因此,为了提高科研生产率,高校文科教师应该坚持科学精神,遵循学术规范,恪守学术道德,避免浮躁,注重积累,沉下心来,踏实研究。这样做一方面是提高教师科研生产率的根本之策;另一方面通过教师自身规范的学术活动可以有效地影响学生,有利于提高人才培养质量。"回归本真"是指高校教师科研活动要摆脱短期功利诱惑,回归到追求真理、探索事情真相和成因、解决不确定性问题,获得内心从容等目的上来,真正让学术研究志向成为个体科研生产的内在驱动力。学者有了求知欲,就会把知识范围扩展到未知的疆域,解答困惑与难题。学者有了求真知的欲望和志向,就会与不学无术、装腔作势、虚无主义、一知半解、弄虚作假者势不两立。科研活动只有以追求真理和知识为终极目标,以学术志向为驱动力,才能持之以恒地深入研究,才能产生真正有价值的学术成果。因此,高校文科教师的科研活动应该从浮躁心态中解放出来,耐住寂寞,静下心来,回归科研本真,在艰苦曲折的科研活动中体验拨云见日、曲径通幽的探索乐趣,感受获得真知的欣喜和论著成名后的兴奋。所谓"遵守规则",是指科研生产过程中必须遵循学术规范与道德。首先,应遵守学术道德,做到求真求实,杜绝弄虚作假;其次,应遵循基本学术规范和科学共同体认可的研究范式与方法;最后,实事求是地报告或发表研究结果,有一说一,不隐瞒、不虚报、不造假。

2. 培养良好的科研习惯,注重科研积累,不断提高科研素质和能力

本书研究发现,教师科研习惯对教师科研生产率有直接显著影响。所以养成良好的科研习惯有利于提高高校文科教师科研生产率,例如,坚持每天阅读、写作、反思和制定阅读计划等。所以本书建议高校文科教师在日常的科研工作中应注重良好科研习惯的养成,例如坚持每天阅读本领域国内外最新科研成果,掌握相关研究问题的最新动态。鉴于文科科研的特殊性,文科教师要广泛阅读或分析自己研究领域内的经典著作和作品,在阅读的过程中做好笔记,以便日后查看和使用,在阅读过程中要批判性思考,也可以在阅读过程中结合当前社会问题进行创造性思考。高校教师往往既要从事教学工作,又要从事科研工作,甚至有些教师还要从事行政工作,这就决定了教师科研的时间和精力十分有限。如何在时间和精力有限的情况下做好科研工作呢？本书研究发现，制订科研计划对于高校文科教师科研效率有直接正向影响。高校文科教师通过制定研究计划和规划，可以明确研究任务和目标，把业余时间有效地利用起来，提高工作效率和积极性。

研究发现，科研能力对于高校文科教师科研生产率有直接正向影响。科研能力包括写作能力、分析能力、归纳能力、论证能力、运用事实数据或文献材料的能力，还包括具有较为扎实、系统的专业理论和知识，可以娴熟地掌握领域内的一种或几种方法等。所以，高校文科教师在日常工作、学习、生活过程中，一方面要通过养成良好的习惯持续提高自身科研能力和素质；另一方面本书研究发现，拥有博士学位的高校文科教师的科研生产率比没有博士学位的明显较高，这说明接受博士教育确实能够提高高校文科教师的科研生产率，所以有条件的教师可以通过继续深造的方式提高自身科研能力和素质。

文科教师要想生产出有高度和创见的研究成果，除了要养成良好的科研习惯、提高自身科研能力和素质之外，还要依靠持之以恒的积累过程。具有历史厚度、知识广度和创新力度的好作品，总是在经历了长期知识积累和专心思考之后"精耕细作"的成果。作为专业学者，高校文科教师必须在坚守学术规范的前提下秉持求真知、搞真学问的理念，沉下心来，在不断体察社会现实的同时，持续积累与思考，笔耕不辍，在田野调查与实践反思中构建理论，在理论框架与科学方法指导下，验证或修正理论，在实践、认识、再实践、再认识的多次循环验证中生产首创性科研成果。

3. 从个人独作转向合作创新

本书研究发现，教师参与学术交流与研究合作对科研生产率有直接的影响，所以，参加学术交流活动，积极进行合作研究是教师提高科研生产率的重要手段。随着人文社科研究的不断深入发展，研究问题越来越复杂，多学科交叉问题日益增多，研究成本日益上升，而科研资源相对有限，与此同时，学者研究更加细化和专业化，单靠个人力量很难应对复杂课题纵深研究的挑战，可以说，现代社科领域的新视角、新方法、新思想、新理论的产生越来越依赖于学术同行间的交流与合作。科研合作可以实现学者之间优势互补、共享智慧与技术、共享稀缺资源、降低创新成本、提升科研产出效率，因此，科研合作成为科研组织行为发展的基本趋势。"所谓科研合作，是指两个或两个以上的科研人员或组织共同致力于同一研究任务，通过相互配合、协作工作而实现科研产出最大化目标的一种科学活动，其本质是合作者之间的资源共享。"[1]当前社科领域的科研合作生产形式主要表现为合著书籍、论文共同作者、共同完成科研项目、师生合作等。然而，大多数科研合作采取的是将科研任务划分好后单兵作战、各自负责的方式，较少发生观点交流、思想碰撞、智慧分享、协作创新等活动，最终的研究成果实质上是个体单项作品的"拼盘"。像论文

---

[1] 赵蓉英，温芳芳. 科研合作与知识交流[J]. 图书情报工作，2011，55(20)：6-10，27.

共同作者这类合作,往往表现为基于利益交换多添加一个作者而已;很多"师生合作"也算不上真正的科研合作,因为这种合作活动多数体现为导师分配任务、学生按照导师要求完成研究任务,师生合作信息主要为单向传递,即教师向学生提出要求或给予指导,学生被动接受。真正的科研生产合作创新,应该是发生在等级地位相同或相似的学术同行之间,他们平等、自由、自主地对话交流,发挥各自所长,相互启发,超越差异,求同存异,协作、协同,达成研究目标。高校文科教师应该充分认识到文科科研生产率的提高,需要建立在合作创新的基础之上。单兵作战、闭门造车的小作坊式科研生产方式应该坚决摒弃,与时俱进的科研生产合作创新模式才能产生高质量、高贡献、高影响的科研成果。文科科研合作的形式多种多样,例如为了完成一项科研课题,可以通过访谈、学术会议、读书会、研讨会、科研团队交流会等多种方式进行。无论采用哪种形式的合作,目的都是相互启发、取长补短、共享资源、激发创见,最终提高个体和集体的科研生产率。

6.3.2 学校应创设良好的科研环境

本书研究发现,学校科研管理制度、管理水平和学术文化氛围、学校科研资源支持丰富程度等对高校教师科研生产率有较大影响,而且这种影响大于教师个体素质和能力对科研生产率的影响。对 41 所一流大学的研究也发现,2013—2017 年间全要素生产率处于下降状态,说明 41 所高校的管理水平、科研能力和技术水平、制度建设等方面在近五年的四个年份里都不太好,需要重点提高。纯技术效率变化和规模效率变化指数均值分别为 1.001 和 0.901,说明 41 所高校科研纯技术效率年均提升分别为 0.1%,基本没有改进,规模效率年均下降 9.9%,反映了高校在科研管理、组织优化和技术创新方面基本没有进步。所以,如果高校要提升本校教师的科研生产率,需要不断完善本校的科研管理制度,提高科研管理水平,提供必备和优质的科研资源和设备,形成良好的科研氛围。

在科研管理制度方面,构建公正、透明、民主的管理制度,让身在其中的高校文科教师都能感受到被公平、公正的对待,制定基于质量导向的科研激励制度,有效引导高校文科教师踏实深入研究。研究发现,我国大部分省份高校文科科研规模收益都不太理想,只有很少一部分处于规模递增阶段,这说明高校必须放弃以前粗放式、外延式的发展模式和管理方式,应该重视科学的、合理的科研管理方式方法,优化资源配置,科学、合理地优化人力、物力、财力和信息资源,达到人尽其才、财尽其力、物尽其用,使信息资源得到合理的开发与整合,从而有效提高资源利用开发效率,进而促进高校文科教师科研生产率的提升。

学校领导在科研工作方面,应该关心和支持教师的工作,提供必要的科研条件和政策支持。学校应为那些有潜力的高校文科教师提供宽松的研究环境和优质的研究条件,在某些情况下可以放宽科研评价期限,或者在一定时期内免予评价,以鼓励教师从事长期深入的研究。

高校应积极为高校教师合作研究搭建合作平台。在学校内部选拔骨干科研人员、组建研究团队，积极争取筹建相关研究领域的研究中心，积极鼓励高校文科教师开展国际合作研究，为教师国际合作研究搭建平台，提供政策支持和物质保障；重视高校之间的科研合作、积极开展校企、校地横向研究合作，以及高校与其他相关科研机构（专门的研究所、研究中心等）之间的科研协作与资源共享，形成集群效应、协同创新、合作研究等。

良好的学术风气是高校教师开展研究必备的环境条件，高校及研究单位应积极建设积极向上的科研文化，鼓励和引导高校文科教师端正研究态度，严格遵守学术道德与规范，坚决惩治不良科研风气。

鼓励高校文科教师出国学习，支持他们攻读博士学位、参加国内外学术会议，以及其他形式学习、交流和进修活动，以提升高校文科教师科研理论水平、知识储备、科研技巧和科研能力。

6.3.3 创新教师科研生产评价体系与方法

本书研究发现，科研评价制度对教师个体科研生产率有较大影响。因为科研评价制度对于教师科研生产具有激励和导向作用。教师科研生产积极性和科研成果规格（质量与数量）直接受到科研评价制度的影响。传统的科研评价制度具有唯论文、唯职称、唯学历、唯奖项（简称"四唯"）倾向，把高校教师科研生产导向粗制滥造和追求名利的歧途。大量低质量科研成果不仅没有学术价值和社会价值，也造成科研资源的极大浪费。为了提高高校文科教师生产的质量、效益、效率和影响，有必要创新科研评价体系。

1. 以人为本，实施发展性评价

科研评价功能不仅要有甄别、监督的导向功能，更要注重诊断、激励和发展性的功能。因此，在评价理念与目的上，要坚持激励相容原则，实施形成性、发展性评价。高校文科教师科研生产评价的根本目的是促进教师与高校相向而行、共同发展，将教师个人发展目标与高校战略目标融合起来，将教师科研及其社会服务目标融入高校人才培养、品牌打造、声望与综合实力提升等战略目标中。放弃教师科研工具价值论，树立教师科研人本价值论，依靠基于人本价值论的科研评价制度，推进科研生产评价模式由现行的自上而下的总结性、奖惩性模式，向自下而上的对教师科研生涯诉求作出应答的形成性、发展性模式转变，推动自由、自主的文科教师创造学术共同体的言说、行动与伦理规范，帮助他们在舒畅、自导的科研生产过程中实现专业发展目标,而不引致科研失范行为。① 为了激励高校文科教师成长与发展,在管理上要做到以人为本,即使文科教师在一定时期内没有科研成果,也要在生活和科研生产活动中为他们提供必要的支持和帮助。

2. 实施分类评估

根据教师从事的科研活动类型,分类建立相应的评价指标、方式和方法,探索对特殊人才采取特殊评价标准。针对自然科学、人文社会科学等不同学科门类特点,建立相应类别的评价指标体系和评价管理规范。不同科研生产有不同特点与规律,如果不采纳差异化分类综合评价方法,仅依靠统一量化指标来搞相对评价,并依靠这一评价结果来分配科研资源,可能会使部分教师产生为获取更多资源而投机取巧、拉关系、靠人情、搞帮派,导致科研不端行为发生,致使科研生态遭到破坏。因此,不能完全依靠计量学和计件制考核办法来评价社科研究过程及其结果,因为短期内难以度量其首创性、价值与贡献,同时,数量上的排序,缺乏质性价值判断,不能称为完整的评价。即使有些高校将教师考核内超出规定的那部分科研业绩点计入下一个考核周期,鼓励教师长时间科研积累与探索,仍然无法克服单一量化评价的缺欠。"多一把尺子",配合科研档案袋形式的质性评价,就会多一批研究型高校文科教师。其实,每一位合格的高校文科教师都具备基本的科研素养和科研生产能力,也都有成为研究型教师的愿望,如果高校管理者不考虑教师个体职业生涯差异和科研生产阶段差异,过度采取统一的相对量化评价,忽视自我参照性评价和质性评价,将会使部分科研生产能力低、产出不足的教师过早进入科研高原期,产生科研倦怠感和自卑感,可能从此放弃科研活动,成为典型的高校"教书匠"。

3. 重视质量考核,实行代表作制度

在文科研究领域,国家和社会投入了大量的资源,高校文科教师则投入了大量的时间和精力,目的是生产出高质量的具有一定价值的学术成果,以期对学术的发展或对社会发展做出相应的贡献。所以,质量应该是我们高校文科教师进行科研的一个最为基本的要求,没有质量的成果,不但占有大量资源和精力而且没有任何价值。由上文论述可知,当前我国对高校文科教师科研的评价侧重对成果数量的计量,而对成果质量的考评重视和投入不足。这就造成了近年来"科研通货膨胀"现象出现,表面上学术研究繁荣异常,其实真正有较高价值和影响力的成果少之又少。从发达国家评价体系来看,无论是英国的"卓越研究框架"评价体系,还是澳大利亚的"卓越研究计划",建立的初衷都是为了提高研究质量。重视科研质量已经成为世界科研的趋势。2018年7月中共中央办公厅国务院办公厅印发《关于深化项目评审、人才评价、机构评估改革的意见》指出,在科研评价中"克服唯论文、唯职称、唯学历、唯奖项倾向,推行代表作评价制度,注重标志性成果的质量、贡献、影

---

① 郑承军,潘建军."双一流"建设背景下高校科研评价改革的路向[J].北京教育(高教),2018(10):70-73.

响。把学科领域活跃度和影响力、重要学术组织或期刊任职、研发成果原创性、成果转化效益、科技服务满意度等作为重要评价指标。"[①]当前我国许多领域的科研论文产出量在世界上已经处于第一位置,但是科研论文的质量处于中下位置。所以说,提高研究质量是我国当前以及以后相当长的一段时间内最为紧迫的任务。为了引导高校文科教师提高科研质量水平,必须在科研评价制度上有所改进,即在科研评价中强化质量考核,提高质量指标的权重,相对降低数量指标的权重。对科研产出质量的考核,由专业同行评议成果的原创性和首发权,由科研管理部门考察成果发表媒体的质量,依靠网络搜索与文献计量技术,度量成果被引用、转载和被机构采纳的程度,依靠这三方面的综合价值判断结果来评价教师科研产出的质量、贡献与影响。这种科研成果多维度综合评价模式,能够激励高校文科教师潜心深入研究,有效避免学术浮躁和学术泡沫化现象,将会大大促进文科教师科研生产率提升。

4. 重视科研效率和效益评价

近年来,我国为了实现人力资本强国、教育强国和科技强国战略,向教育领域和科研领域投入了大量的资源,以期实现上述目标。应该说,增加对高校科研的投入对于促进我国高校文科科研产出水平的提高至关重要,但是在逐步增加高校文科科研投入的同时,还必须加强科研管理与评价制定,引导高校和教师高效利用科研投入,优化资源配置,由科研粗放式生产向科研集约型生产转变。提高科研生产的效率和效益,既是科研生产可持续发展的重要保障,也是提高我国文科科研能力必由之路。为了强化科研生产效率意识,引导科研组织和人员提高管理水平,优化配置资源,提高科研生产率,必须转变现有评价中只强调科研产出的问题,应尽快把科研投入与效益纳入评价范畴,引导科研组织和人员走科研集约化、内涵式发展道路。把投入要素纳入人文社科科研评价中就是在科研评价中引入科研生产理念,重视科研生产的效率和效益问题,在此理念的指引下构建科研生产率分析模型,引导科研组织和个人强化科研生产成本核算意识和行为,提高科研资源的使用效率和效益,同时改善科研管理制度,提高科研资源的优化配置能力,最终提升高校文科教师的科研生产效率和效益,保障高校科研可持续和高质量的发展。当前,在我国科研评价中,不重视科研投入与产出关系,常将科研投入与科研产出一道作为产出指标评价研究者的科研业绩,而忽视了产出与投入比例关系,即效率问题;同时,对科研投入与产出的评价侧重不同,或仅侧重于对产出评价的关注,或虽两者皆有关注,但指标内容的选择随意性较大,缺乏理论依据,影响评价结果的解释,也难以获得共识性结论。[②] 因此,在高校文科教师科研评价中,有必要引入经济学

---

① 中共中央办公厅 国务院办公厅.关于深化项目评审、人才评价、机构评估改革的意见[EB/OL].(2018-07-03)[2019-02-11].http://www.gov.cn/zhengce/2018-07/03/content_5303251.htm.

② 胡咏梅,段鹏阳,梁文艳.效率和生产率方法在高校科研评价中的应用[J].北京大学教育评论,2012,10(3):57-72,189.

中生产率概念和思想,从科研投入与产出的视角评价科研生产率水平,以期引导科研组织和人员提高科研资源的利用效率和效益。这就要求制定科学合理的科研产出和投入指标体系,构建具有说服力的科研效率模型。需要强调的是,对于基础研究其产出指标应重点考核学术创新价值,对于应用和发展研究,其产出指标应重点考核成果转化、被采纳情况、给外部合作单位带来的收入和自己机构分配的收入,以及其他社会影响力的效果。

5. 遵循文科研究规律,放宽评价周期,引导科研人员潜心研究

2018年7月中共中央办公厅国务院办公厅印发《关于深化项目评审、人才评价、机构评估改革的意见》指出,科研评价遵循科技人才发展和科研规律,科学设立评价目标、指标、方法,引导科研人员潜心研究、追求卓越。加强顶层设计,统筹和精简"三评"工作,简化优化流程,为科研人员和机构松绑减负,并形成长效机制。[①]这些指示为我们进行科研评价改革指明了思路。

科研工作不像工业流水线生产活动可以短时间内造成大量产品,它有自己的规律,其中最突出的基本规律是科研活动需要长期的积累,文科更是如此。越是有创见的、有重大价值的成果产生往往越没有预见性和现成路径模仿,其凝结了学者长期阅读、实践或实验、论证和写作,可能苦思冥想数十载也没有拿得出手的成果面世,不过一旦有灵感、一旦打开思路,论证如行云流水般顺畅,成果就会爆发式地接踵而至。因此必须拿出"板凳需坐十年冷"的精神和意志才能从事真正意义的文科科研生产。以诺贝尔奖获得者为例,他们往往在长期的工作中都没有任何或者只有小部分成果产出,一些有价值的成果甚至是20~30年长期积累后才出版发行。有学者对高校教师访谈研究,发现教师普遍认为三年的时间有点短,应适当延长考核时间,尤其对于原创性研究更是如此,对于像资深教授等学术声誉较好的学者也应适当延长考核期,几次考核优秀后还可以免考核。[②] 对高校文科的评价也应该遵循学术创造的这种客观规律,把时间还给科研人员,在一定时期内允许犯错,允许暂时不产出成果,对于一些重大攻关课题项目,可以在允许的合理项目研究周期内不提交阶段性过程。这样做的目的是遵循科研生产周期的规律,给予科研工作者充分的时间,自由探索性基础研究项目评价应保障其科学研究的自由,减少外部干扰,为他们从事科研生产提供良好的外部环境。为此,在科研评价管理上,应减少评价频次,放宽评价周期,必要时可以施行"延迟评议",即等学术成果发表之后的5~8年,乃至更长时间,等成果接受了时间的检验后,再进行评价。[③] 正所谓真金不怕火炼,通过时间和长时间实践检验的成果才是真正有价值的成果。

---

① 中共中央办公厅 国务院办公厅.关于深化项目评审、人才评价、机构评估改革的意见[EB/OL].(2018-07-03)[2019-03-5].http://www.gov.cn/zhengce/2018/07/03/content_5303251.htm.

② 刘莉,季子楹.现实与理想:目标群体认同视角下的高校科研评价制度[J].高等教育研究,2018,39(3):37-44.

③ 邱均平,等.人文社科科学评价理论与实践(上)[M].武汉:武汉大学出版社,2012:179.

科技部2003年印发的《科学技术评价办法》(试行)中规定对研究和发展机构和人员的评价周期一般为3～5年,对重大科研项目实行全程评价,包括立项评审、中期评估和结题验收,并可根据需要在项目结题后2～5年内进行后期绩效评价。一般性科研项目评价应侧重立项评审和结题验收,实行年度进展报告制度。① 科技部出台的这个《科学技术评价办法》具有进步意义,在一定程度上给予了广大科研工作人员充分的时间潜心研究,但是3～5时间对于一些科研活动来说仍然不够,像获得诺贝尔奖的有重大原始创新评价,可能需要10～20年才行。北京大学推行代表作制度,有条件地放宽考核评价周期,如果某论著是该领域最有代表性的成果,则在一定聘期内(如3～5年)不再对该教师进行科研成果的量化考核,即使他在这个时期内没有任何成果,科研方面的一切待遇照旧。② 这个制度是值得推广的,具体需要多长周期才科学,这应该结合不同类型的研究活动属性,考虑学科差异,针对具体不同的项目制定合适的评价周期,以便遵循研究规律,让教师依据他们的研究进度开展研究,给予科研活动足够的自由空间。

6. 加强对科研环境和科研合作的评价

"环境"指支持研究的战略、管理、服务、资源和基础设施。我国高校文科教师许多科研活动往往都是独自完成的,高校对文科科研支持较少。虽然文科科研特性决定了一部分科研活动主要可以通过个人阅读、沉思等活动单独完成,但是对于一些重大攻关项目和跨学科重大创新的项目,仅靠教师单打独斗,然后拼接成果的方式不利于提高科研生产率和科研效益。高校教师所在的机构应该承担为高校文科教师科研创设良好科研环境的责任。例如英国的REF评估,高校需向REF小组提交一个科研环境模板(environment template)。该文件要详细呈现科研单位的研究战略、对研究人员和学生的支持、研究投入和收入、基础设施和设施,以及研究合作和对学科的更广泛贡献。高校还要向小组提交评价周期内每个学年的研究收入数额;以及授予的博士学位数量。英国对于科研环境的评价标准是依据"活力和可持续性"。③

本书认为,科研单位除了要向高校文科教师提供必要科研支持、创设良好的科研环境之外,还要协助科研工作者建立科研合作机制,支持、鼓励高校文科教师进行合作研究,特别是跨学科研究。例如,英国的RAE对某些评价模式进行了调整以适合跨学科研究④。

因此,为了鼓励科研单位积极作为,为高校文科教师提供必要的环境支持,有必要把科研环境评价作为一个考核指标,这也是科研评价的发展趋势。

---

① 科技部.科学技术评价办法(试行)[EB/OL].(2003-09-20)[2019-03-6].http://www.china.com.cn/chinese/2003/Nov/436413.htm.

② 邱均平,谭春辉,任全娥,等.人文社会科学评价理论与实践(上)[M].武汉:武汉大学出版社,2012:179.

③④ 刘莉.英国大学科研评价改革:从RAE到REF[J].科学学与科学技术管理,2014,35(2):39-45.

7. 科研评价主体多元化、专业化

在我国高校文科科研评价制度中,主要是以自上而下的评价为主,教育行政部门和科研管理机构掌握着大部分科研资源,他们往往承担制定考评规则、组织考核事宜。这种以行政体制为主的考核体制,把考核体制官僚体制化,导致"等级学术"和"审批学术",学术评价"去学术化"现象显著,向行政级别靠拢,丧失学术自主性。例如,学者申报项目需要逐层审批,需要达到一定的职称要求才能申报某一级别的项目。在行政体制为主的考评中,考核时还容易受到"本位主义""平衡法则""地区照顾"等行政逻辑的侵扰,使核的政治标准高于学术标准,丧失学术评价的意义。行政考核评价客体——高校文科教师,他们的参与度低、存在感低、地位低下,而官僚审批手续多,高校老师需要不断地重复填各种表格,跑各个部门,导致老师不能专心做研究。

为了改变这种不良局面,应该逐步减少行政机构对评价权的垄断,引导和鼓励各利益相关者,特别是专业学者和被评价对象参与评价活动。第四代评价理论提倡全面、积极地参与,要求利益相关者和其他相关人在评估当中处于平等地位,无论是评估方案的设计、实施、理解还是最后的结论阶段,都要以政治上的完全平等来对待他们。评价主体不再仅是评价的管理者和组织者,被评价对象也不再仅作为被管理、评价对象,评价者和被评价者以及其他相关者都平等地参与评价过程,各方相互合作完成评价过程。评价主体多元化能够反映高校文科评价价值多元化的特点,能够全面考虑到不同价值观利益群体,能够给予利益相关者能力和权利,能够将评估行为和后续工作融合成一个不可分割的整体。[①]

此外,借鉴美国的评估体系经验,积极鼓励支持社会评估机构发展。在评估时以独立、客观、专业为基本要求通过公开招标等方式委托社会评估机构开展,充分发挥社会独立评估机构作用,还可以根据需要与国外评估机构或专家合作,开展国际合作评估,以保障评估的科学性、客观性和公正性。

多元化评估主体能够确立学术共同体的主体地位,让高校文科科研评价回归以学术为主的评价本质。具体而言,应逐步建立起以同行专家为主,高校行政管理人员及校外第三方机构为辅,同时注重评价客体参与的多元评价主体;在此基础上,进一步吸纳相关利益方参与评价,建立多元化评价体系。[②]

[①] 埃贡·G·古贝,伊冯娜·S·林肯.第四代评估[M].秦霖,蒋艳玲,译.北京:中国人民大学出版社,2008:11.

[②] 刘莉,季子楹.现实与理想:目标群体认同视角下的高校科研评价制度[J].高等教育研究,2018,39(3):37-44.

6.4 研究展望

受现有的资料、技术、能力和时间的制约,本书仍然有许多可改进和提升的空间,因此本书在即将结束时指出一些在这个问题上可继续深入研究的方向。

1. 高校文科教师科研生产率国际比较研究

本书由于数据和篇幅限制,只分析了我国的高校文科教师的科研生产率状况。DEA方法又是一种相对效率评价方法,只有站在国际视角上,对比各国、特别与发达国家相比较,才能更全面更深入地分析我国高校文科教师科研生产率的水平、优势与不足。当前我国科研成果数量在国际上已经超过美国,成为第一科技大国,但是这些科研产出到底投入了多少人力、物力和财力,其他国家在相同的投入下产出又是多少,值得我们深入分析。

2. 多种方法对比分析

本书在评价教师科研生产率时主要使用了 DEA、Malmquist 指数方法,其实除了该方法外,在科研生产率评价方面还有随机前沿分析、多元回归分析、文献计量分析等多种方法。每一种方法既有优势也有不足,如果同时运用几种方法评价高校文科教师科研生产率,可以实现优势互补,通过对集中结果的对比与权衡,可以得出更为可靠的结果。

附　　录

附录1　各省文科科研投入与产出数据

附表1-1　2013年各省高校人文社科科研投入与产出数据

省份	研发支出（百元）	社科人员（人）	著作（部）	学术论文（篇）	国外发表论文(篇)	被采纳报告(篇)	成果获奖（项）
北京市	16195418.56	36347	4447	33406	1867	236	379
天津市	2695952.27	11320	662	6358	209	101	210
河北省	1448693.19	12706	519	10607	121	136	12
山西省	989315.34	7596	274	3271	25	37	0
内蒙古自治区	594594.09	2579	338	4244	124	36	2
辽宁省	2379179.06	13243	1239	13794	532	162	22
吉林省	2706396.84	13023	660	9920	614	68	20
黑龙江省	1083264.71	8630	681	8374	150	11	8
上海市	9328591.3	14163	2151	18146	1134	271	126
江苏省	6694328.83	27524	1732	25417	578	681	77
浙江省	9165726.54	22995	1221	12011	624	333	80
安徽省	2614437.11	11221	598	10384	115	59	3
福建省	2875550.26	9458	515	7090	265	163	250
江西省	1311960.7	5386	369	6375	215	30	315
山东省	2708152.51	12333	1234	12861	508	211	255
河南省	1826168.55	12653	1225	15771	187	35	155
湖北省	6331750.76	14675	1558	19804	457	370	306
湖南省	3696782.24	17554	831	13363	237	17	24
广东省	9390724.49	23296	1380	17765	785	975	249
广西壮族自治区	1530317.16	9273	461	6802	84	12	0

续表

省 份	研发支出（百元）	社科人员（人）	著作（部）	学术论文（篇）	国外发表论文（篇）	被采纳报告（篇）	成果获奖（项）
海南省	218981.6	1940	342	2551	45	17	1
重庆市	2957292.81	11046	789	9909	438	538	23
四川省	4485393.62	18922	838	13490	396	322	23
贵州省	892277.2	6611	289	6386	17	45	105
云南省	1386141.37	8620	594	7902	84	57	86
西藏自治区	89836.5	943	14	546	4	0	10
陕西省	2817145.83	9866	640	10588	270	44	179
甘肃省	709664.72	4196	508	6190	158	31	195
青海省	90212	605	55	656	0	1	26
宁夏回族自治区	209718.79	1302	79	880	4	13	22
新疆维吾尔自治区	466269.09	5475	130	3683	71	62	4

附表1-2　2014年各省高校人文社科科研投入与产出数据

省 份	研发支出（百元）	社科人员（人）	著作（部）	学术论文（篇）	国外发表论文（篇）	被采纳报告（篇）	成果获奖（项）
北京市	15786582	38772	4439	34177	1916	243	199
天津市	2537316	11521	553	6425	240	175	8
河北省	1653548	14550	551	10224	115	111	156
山西省	1247427	7791	340	3909	41	50	191
内蒙古自治区	320598.2	2264	298	3840	128	21	0
辽宁省	2295945	15075	1333	13048	484	87	13
吉林省	2591324	14696	675	9994	438	96	306
黑龙江省	1050861	8093	721	7618	171	7	361
上海市	9148423	13961	2257	17806	1299	337	293
江苏省	7085560	31153	1899	27651	846	1048	389
浙江省	9371126	25278	1132	11298	523	374	178
安徽省	3216251	11675	609	9998	100	30	68
福建省	2962748	10602	540	7147	268	242	10
江西省	1434011	6455	445	6118	192	54	0
山东省	4069692	16632	1286	13913	472	169	209
河南省	2063542	14790	1253	16485	186	18	184

续表

省　份	研发支出（百元）	社科人员（人）	著作（部）	学术论文（篇）	国外发表论文(篇)	被采纳报告(篇)	成果获奖（项）
湖北省	7838958	16101	1803	19673	507	442	52
湖南省	3548514	16733	972	13234	322	52	1
广东省	10928423	24588	1332	17221	814	558	11
广西壮族自治区	1594472	9370	472	6465	91	35	261
海南省	226001	2136	275	2434	40	17	78
重庆市	3369258	11041	870	10634	531	474	113
四川省	4558492	28221	875	14132	566	286	292
贵州省	1259593	7461	310	6697	29	69	1
云南省	3087661	9712	717	8891	87	51	125
西藏自治区	121548.5	1012	38	647	3	0	16
陕西省	2987856	10926	720	11087	303	34	39
甘肃省	713447.2	4291	483	5811	141	25	0
青海省	86302.3	657	33	416	0	0	1
宁夏回族自治区	251792.5	1368	103	1162	12	6	0
新疆维吾尔自治区	605700.5	6816	188	4119	38	27	177

附表1-3　2015年各省高校人文社科科研投入与产出数据

省　份	研发支出（百元）	社科人员（人）	著作（部）	学术论文（篇）	国外发表论文(篇)	被采纳报告(篇)	成果获奖（项）
北京市	1881837	41428	4151	33372	1740	333	247
天津市	284033.8	12750	589	7151	481	167	24
河北省	190395.8	18197	673	9323	102	118	2
山西省	123198.7	8262	324	4441	46	87	6
内蒙古自治区	44794.7	3160	625	5509	149	17	8
辽宁省	276264.4	17405	1808	17496	388	126	240
吉林省	257510.7	14901	723	8935	433	126	29
黑龙江省	116345.2	8088	675	7191	102	1	8
上海市	1133549	16223	2378	18318	1321	459	179
江苏省	779791.3	34407	1927	27882	858	1203	92
浙江省	992778	30351	1372	14058	711	536	263
安徽省	335465.8	12143	682	9977	108	52	10

续表

省　份	研发支出（百元）	社科人员（人）	著作（部）	学术论文（篇）	国外发表论文（篇）	被采纳报告（篇）	成果获奖（项）
福建省	359419.2	16288	586	9683	361	380	34
江西省	142425.3	6239	444	6599	150	72	225
山东省	544474.2	19202	1473	14126	458	348	257
河南省	264404.8	19638	1612	19940	221	3	221
湖北省	768718.9	18013	1800	19880	646	622	307
湖南省	436509.5	19841	1033	14324	292	33	24
广东省	1272054	32412	1534	21529	868	725	233
广西壮族自治区	198232.8	14178	530	8406	81	23	11
海南省	29224.36	2383	240	2698	22	3	1
重庆市	365150	12825	952	10774	508	567	33
四川省	535786.8	31945	1102	16727	716	323	45
贵州省	126769.8	7746	370	6977	22	29	125
云南省	221034.5	11281	678	8890	74	62	138
西藏自治区	83198.78	864	26	470	3	0	9
陕西省	334423.1	11558	877	13840	309	49	234
甘肃省	100872.3	5647	538	5624	77	48	13
青海省	8247.89	786	32	451	0	0	0
宁夏回族自治区	24650.22	1525	73	1323	16	9	7
新疆维吾尔自治区	66180.61	7945	196	4024	21	26	5

附表1-4　2016年各省高校人文社科科研投入与产出数据

省　份	研发支出（百元）	社科人员（人）	著作（部）	学术论文（篇）	国外发表论文（篇）	被采纳报告（篇）	成果获奖（项）
北京市	1819597.47	40440	2121	29156	1678	211	79
天津市	308748.6	12699	265	6651	509	115	148
河北省	256951.3	20985	505	11348	136	115	210
山西省	128666.8	6963	208	4693	60	12	131
内蒙古自治区	54320.63	3995	179	5302	70	49	200
辽宁省	282343.2	18098	605	15407	419	74	48
吉林省	291726.6	15687	433	8920	153	177	10
黑龙江省	118685.3	7874	222	6791	91	42	355

续表

省　份	研发支出（百元）	社科人员（人）	著作（部）	学术论文（篇）	国外发表论文(篇)	被采纳报告(篇)	成果获奖（项）
上海市	1204096.56 1198424.31	14890	1078	15936	1524	560	348
江苏省	811138.5	33785	962	26981	1002	1166	402
浙江省	1168064.07 1159593.87	33683	920	15190	666	584	31
安徽省	372710	11845	325	10068	157	52	6
福建省	437222.4	18019	305	9600	445	247	262
江西省	164548	7509	275	7894	186	90	0
山东省	429685.5	19808	825	12023	367	322	227
河南省	290644	17626	651	17999	257	23	241
湖北省	716081.5	18605	1046	18721	813	627	301
湖南省	450920.2	20857	669	15043	283	67	80
广东省	1650378.33 1644606.77	31281	740	23018	993	1053	21
广西壮族自治区	254243.8	15477	219	7145	62	25	250
海南省	33267.04	2982	119	2716	30	15	0
重庆市	510890.1	13255	460	10308	330	366	13
四川省	600749.9	22624	619	14468	626	401	307
贵州省	118309	7468	225	6837	31	92	0
云南省	295725	12483	380	9515	125	71	143
西藏自治区	14385.62	1129	19	398	3	0	2
陕西省	350959.7	13904	472	14094	374	39	5
甘肃省	100600.4	5696	256	5538	50	74	222
青海省	15997.21	931	23	244	1	0	23
宁夏回族自治区	29665.22	1578	72	1512	15	9	0
新疆维吾尔自治区	84630.66	8316	130	4146	28	18	160

附表 1-5 2017 年各省高校人文社科科研投入与产出数据

省 份	研发支出（百元）	社科人员（人）	著作（部）	学术论文（篇）	国外发表论文(篇)	被采纳报告(篇)	成果获奖（项）
北京市	2071267	36551	2128	30923	1897	321	195
天津市	316016.7	15336	327	7278	593	128	0
河北省	364926.8	32366	591	11590	180	117	0
山西省	160012.7	17595	366	5530	55	40	0
内蒙古自治区	68728.82	11270	251	4375	141	57	197
辽宁省	331068.7	31367	675	14578	476	58	193
吉林省	355485.2	19310	419	8831	260	175	263
黑龙江省	151427.3	21099	332	6325	77	23	0
上海市	1477468	23072	1087	17366	1621	688	55
江苏省	1000544	46028	1076	29044	1007	1228	5
浙江省	1418449	35805	921	16214	845	627	197
安徽省	420974.7	26825	378	10146	167	129	3
福建省	523577.2	23756	368	10624	515	718	3
江西省	231099.4	22043	383	8111	241	98	255
山东省	515052.6	45438	987	12193	475	391	231
河南省	452498.3	43422	921	17902	267	14	240
湖北省	732573.8	31125	1051	18241	732	661	10
湖南省	557139.1	29742	886	17607	380	49	94
广东省	1916280	52461	849	25210	1470	1259	228
广西壮族自治区	309589.2	21198	349	7776	54	32	7
海南省	49228.11	6044	144	3074	50	33	83
重庆市	655251.7	19805	568	10771	297	872	3
四川省	701074.7	33658	670	15207	744	666	20
贵州省	287941.7	14012	289	7023	42	59	2
云南省	331816.1	18441	431	9621	208	64	169
西藏自治区	18073.63	1282	20	356	3	3	9
陕西省	440601.4	26154	626	14416	511	38	1
甘肃省	181917.2	10598	278	5114	39	38	0
青海省	22494.35	1916	27	324	2	4	0
宁夏回族自治区	35378.72	3960	88	1551	29	14	6
新疆维吾尔自治区	88852.23	9344	98	3448	21	9	2

附录2 41所大学2013—2017年人文社科科研统计数据

附表2-1 2013年41所大学人文社科科研投入与产出统计数据

学校名称	课题数	著作数	论文数	研究与咨询报告	获奖成果统计	活动人员合计	研发人员合计	研究与发展经费当年支出(千元)	课题经费当年支出(千元)
北京大学	1415	406	3110	50.00	88.00	1438	2035	2097511	1469351
中国人民大学	3817	414	3219	27.00	43.00	1767	1722	997450	874130
清华大学	1751	259	2465	70.00	31.00	1284	2341	1723693	1607931
北京航空航天大学	377	38	357	6.00	0.01	477	200	164893	158073
北京理工大学	131	58	484	2.00	0.01	498	603	329390	307330
中国农业大学	853	80	778	0.01	2.00	396	1832	358198	273485
北京师范大学	2390	352	2950	85.00	53.00	1112	2527	1366868	884913
中央民族大学	82	157	735	0.00	6.00	1037	161	1001061	61646
南开大学	2338	220	1960	90.00	79.00	1308	2862	884304	619102
天津大学	252	19	399	0.00	23.00	474	699	172416	152810
大连理工大学	50	47	346	18.00	5.00	638	390	153143	134493
东北大学	703	59	663	56.00	1.00	709	886	584576	466799
吉林大学	151	34	423	0.01	0.01	1008	436	81978	38721
哈尔滨工业大学	184	22	172	0.01	0.01	525	314	168009	123259
复旦大学	2376	265	2490	72.00	29.00	1348	1777	1469484	494596
同济大学	673	56	736	16.00	4.00	898	599	332443	29055
上海交通大学	1525	118	687	13.00	11.00	913	402	986226	637763
华东师范大学	3078	426	3303	176.00	23.00	1313	3107	1227482	856566
南京大学	1441	214	1936	55.00	31.00	1015	1638	1085971	746521
东南大学	598	104	459	26.00	6.00	752	1375	283096	227236
浙江大学	3810	188	1270	222.00	33.00	1172	1130	2612735	2147323
中国科学技术大学	122	13	92	0.01	0.01	199	238	77905	34395

续表

学校名称	课题数	著作数	论文数	研究与咨询报告	获奖成果统计	活动人员合计	研发人员合计	研究与发展经费当年支出(千元)	课题经费当年支出(千元)
厦门大学	2858	167	1815	142.00	93.00	1408	1813	1355592	762395
山东大学	1177	223	1544	50.00	54.00	1927	698	492228	45228
中国海洋大学	290	40	318	1.00	6.00	478	100	46814	14620
郑州大学	1221	161	1041	20.00	26.00	1431	913	248417	176872
武汉大学	3217	295	2731	333.00	87.00	1446	2101	1609819	1392602
华中科技大学	1098	95	754	3.00	31.00	825	770	179375	145972
中南大学	1053	62	526	4.00	6.00	1091	1020	444048	170464
湖南大学	1602	82	957	0.01	9.00	1113	1043	663682	245545
中山大学	2761	139	1631	318.00	76.00	1160	2349	1842659	574959
华南理工大学	2602	43	996	189.00	21.00	749	1295	570638	477078
四川大学	3177	190	1495	80.00	16.00	1381	2704	1354934	794963
电子科技大学	186	19	338	0.01	0.01	481	305	124429	113485
重庆大学	931	71	747	241.00	2.00	771	1154	573241	453068
云南大学	925	55	675	0.01	11.00	1061	932	233826	72670
西安交通大学	1115	87	894	36.00	10.00	985	1094	561266	353486
西北工业大学	73	17	120	3.00	4.00	400	248	17436	6656
西北农林科技大学	209	14	162	0.01	7.00	464	241	64286	51326
兰州大学	683	108	2182	22.00	41.00	743	1167	336009	310207
新疆大学	665	29	770	14.00	1.00	1055	2045	150816	89633

附表2-2　2014年41所大学人文社科科研投入与产出统计数据

学校名称	课题数	著作数	论文数	研究与咨询报告	获奖成果统计	活动人员合计	研发人员合计	研究与发展经费当年支出(千元)	课题经费当年支出(千元)
北京大学	1525	372	2658	55.00	27.00	1479	1320	2271776	992963
中国人民大学	4523	379	3254	61.00	34.00	1805	2090	1008120	860258
清华大学	1845	256	2148	104.00	12.00	1302	2116	1738036	1645192
北京航空航天大学	164	36	323	5.00	0.01	459	152	48847	40127
北京理工大学	129	44	498	2.00	0.01	477	552	148570	128094

续表

学校名称	课题数	著作数	论文数	研究与咨询报告	获奖成果统计	活动人员合计	研发人员合计	研究与发展经费当年支出(千元)	课题经费当年支出(千元)
中国农业大学	852	31	1062	8.00	2.00	414	1773	509257	324598
北京师范大学	3034	381	2805	118.00	26.00	1090	3148	1121857	1002677
中央民族大学	436	136	984	5.00	2.00	1004	629	259327	147297
南开大学	2410	139	1939	150.00	1.00	1321	2882	793812	638748
天津大学	330	19	414	0.01	0.01	492	773	234585	168825
大连理工大学	404	21	394	3.00	0.01	665	330	182705	166235
东北大学	641	41	558	42.00	0.01	726	733	511298	379882
吉林大学	3283	135	2200	82.00	99.00	1886	4141	965917	674541
哈尔滨工业大学	203	9	135	0.01	24.00	538	318	105637	74200
复旦大学	2276	324	2302	104.00	98.00	1388	1645	1093045	206969
同济大学	907	74	582	36.00	6.00	937	720	361345	318027
上海交通大学	1597	143	846	7.00	24.00	972	460	1001995	585157
华东师范大学	3379	387	3071	162.00	45.00	1299	2238	1317051	1047371
南京大学	1504	226	2175	89.00	73.00	1021	2072	1276453	951437
东南大学	747	60	648	28.00	27.00	794	1652	306999	243999
浙江大学	3663	180	1249	228.00	61.00	1136	1282	2786644	2318782
中国科学技术大学	139	8	114	0.01	0.01	184	205	100617	47811
厦门大学	2584	162	1839	127.00	6.00	1437	1964	1428839	727843
山东大学	1339	160	1252	23.00	33.00	1989	388	1081477	525738
中国海洋大学	360	29	372	0.01	5.00	475	86	107064	46944
郑州大学	1195	96	977	68.00	36.00	1404	1936	279403	171783
武汉大学	3465	299	2930	426.00	14.00	1470	2193	2109380	1529080
华中科技大学	1043	77	785	2.00	1.00	784	695	319645	146922
中南大学	1281	71	501	5.00	0.01	1088	980	297224	247222
湖南大学	1497	102	943	0.01	0.01	1126	1435	662719	236871
中山大学	3069	160	1808	53.00	4.00	1174	2786	1825211	1232811
华南理工大学	2581	52	807	174.00	0.01	736	1113	819518	528680
四川大学	6276	190	1800	47.00	57.00	1334	7876	1007801	735219

续表

学校名称	课题数	著作数	论文数	研究与咨询报告	获奖成果统计	活动人员合计	研发人员合计	研究与发展经费当年支出(千元)	课题经费当年支出(千元)
电子科技大学	262	15	262	8.00	18.00	474	372	120763	106605
重庆大学	890	76	1027	269.00	15.00	797	1025	479453	364810
云南大学	829	68	561	32.00	34.00	860	1148	1889922	1754324
西安交通大学	238	69	530	0.01	21.00	877	575	136911	41326
西北工业大学	141	8	104	0.01	0.01	390	208	27131	21018
西北农林科技大学	230	10	180	0.01	0.01	520	351	82381	60321
兰州大学	562	96	1905	21.00	0.01	757	1212	281780	266480
新疆大学	730	26	684	15.00	38.00	1122	2136	133532	77052

附表2-3 2015年41所大学人文社科科研投入与产出统计数据

学校名称	课题数	著作数	论文数	研究与咨询报告	获奖成果统计	活动人员合计	研发人员合计	研究与发展经费当年支出(千元)	课题经费当年支出(千元)
北京大学	2050	464	3316	106.00	49.00	1466	1881	264232	184343
中国人民大学	4422	390	3134	71.00	41.00	1913	2035	151704	74246
清华大学	1960	196	1754	125.00	36.00	1292	2170	189755	181364
北京航空航天大学	345	29	387	1.00	1.00	488	412	19982	13346
北京理工大学	120	36	479	3.00	0.01	470	493	19942	17772
中国农业大学	865	31	761	8.00	1.00	382	1762	35919	25890
北京师范大学	3484	302	2306	96.00	43.00	1126	3202	115126	95866
中央民族大学	470	106	2067	0.01	0.01	1002	586	26699	14416
南开大学	2431	132	1711	135.00	17.00	1316	2732	80022	64824
天津大学	432	60	465	13.00	1.00	507	830	32638	23654
大连理工大学	462	17	359	2.00	31.00	665	295	11471	8364
东北大学	644	77	621	30.00	9.00	876	712	59428	43784
吉林大学	3418	195	2192	92.00	20.00	1904	3547	100486	76786
哈尔滨工业大学	203	23	125	2.00	0.01	542	296	13010	10696
复旦大学	2579	256	2358	105.00	38.00	1367	1687	217524	51089
同济大学	1158	104	634	24.00	6.00	971	838	45817	32056

续表

学校名称	课题数	著作数	论文数	研究与咨询报告	获奖成果统计	活动人员合计	研发人员合计	研究与发展经费当年支出（千元）	课题经费当年支出（千元）
上海交通大学	1616	177	969	238.00	24.00	806	469	110300	74863
华东师范大学	3444	360	2917	165.00	37.00	1287	2345	150179	121421
南京大学	1335	197	1892	62.00	32.00	1034	1784	132797	77065
东南大学	869	89	470	23.00	11.00	808	2161	37387	27323
浙江大学	3889	153	1308	264.00	89.00	1129	1329	264469	202900
中国科学技术大学	187	15	90	0.01	0.01	186	219	11057	6432
厦门大学	2778	1385	1875	159.00	16.00	1457	2250	148643	76728
山东大学	1837	168	1369	6.00	44.00	1917	662	75393	45388
中国海洋大学	411	22	237	0.01	9.00	483	151	11340	8690
郑州大学	1225	118	930	14.00	40.00	1470	1766	37347	24632
武汉大学	3442	297	2870	467.00	83.00	1525	2148	275036	215636
华中科技大学	1490	76	1015	61.00	30.00	815	644	28744	13810
中南大学	1505	59	435	2.00	7.00	1110	948	33285	24485
湖南大学	1248	89	1056	9.00	3.00	1098	1177	72151	34102
中山大学	3710	171	1834	121.00	62.00	1169	2990	187550	106700
华南理工大学	2553	52	905	230.00	22.00	747	1216	72443	60753
四川大学	6116	235	2052	127.00	13.00	1366	10450	127790	98857
电子科技大学	336	11	218	0.01	2.00	475	390	14240	9093
重庆大学	853	74	1118	215.00	7.00	828	1057	57319	35200
云南大学	974	98	648	14.00	44.00	860	1625	20658	5902
西安交通大学	1676	67	807	27.00	51.00	995	1278	72219	49601
西北工业大学	184	5	161	7.00	4.00	540	187	2398	625
西北农林科技大学	288	8	172	0.01	2.00	542	308	9571	5440
兰州大学	587	73	1582	46.00	2.00	761	1482	30103	28524
新疆大学	740	24	532	13.00	2.00	1073	2897	16926	4149

附表 2-4　2016 年 41 所大学人文社科科研投入与产出统计数据

学校名称	课题数	著作数	论文数	研究与咨询报告	获奖成果统计	活动人员合计	研发人员合计	研究与发展经费当年支出(千元)	课题经费当年支出(千元)
北京大学	1749	440	2877	59.00	11.00	1464	1135	242372	170972
中国人民大学	4937	291	2909	40.00	9.00	1795	2508	144023	126191
清华大学	1771	179	1586	175.00	4.00	1346	2119	181163	164664
北京航空航天大学	365	37	208	0.01	1.00	498	308	20663	18625
北京理工大学	164	34	239	34.00	0.01	275	413	13208	10476
中国农业大学	764	24	1082	21.00	0.01	348	1373	31236	26023
北京师范大学	3911	414	2640	85.00	29.00	1196	3795	149510	131250
中央民族大学	744	183	1042	0.01	0.01	1088	1335	37224	25153
南开大学	2365	104	1757	114.00	49.00	1319	2677	103480	48547
天津大学	446	56	443	17.00	20.00	530	452	35115	23305
大连理工大学	498	40	334	1.00	1.00	699	274	10605	9440
东北大学	742	38	548	40.00	0.01	933	623	57105	41874
吉林大学	3203	141	2182	125.00	2.00	1910	3030	110638	81005
哈尔滨工业大学	277	30	127	0.01	0.01	571	357	12087	8672
复旦大学	2675	311	2731	174.00	102.00	1428	1913	188718	41575
同济大学	1320	82	532	37.00	7.00	998	890	50262	34553
上海交通大学	1097	214	800	177.00	33.00	843	551	131335	67004
华东师范大学	3489	310	2395	124.00	76.00	1317	2197	167474	128777
南京大学	1206	160	2038	82.00	78.00	1051	1060	105932	44532
东南大学	1208	106	497	23.00	23.00	840	2322	25713	17817
浙江大学	4167	164	1315	364.00	11.00	1144	1365	266007	197433
中国科学技术大学	170	9	104	0.01	0.01	196	208	16458	8204
厦门大学	2871	152	1890	97.00	88.00	1490	1763	149268	90195
山东大学	2113	151	1150	17.00	46.00	1845	895	62574	56055
中国海洋大学	356	15	74	3.00	12.00	499	162	13879	10869
郑州大学	1386	167	730	10.00	44.00	1565	1306	42006	32496
武汉大学	3488	294	2907	399.00	78.00	1522	2154	189154	147454
华中科技大学	1038	71	788	72.00	37.00	810	763	28174	12578

续表

学校名称	课题数	著作数	论文数	研究与咨询报告	获奖成果统计	活动人员合计	研发人员合计	研究与发展经费当年支出(千元)	课题经费当年支出(千元)
中南大学	1715	51	556	10.00	6.00	1070	1066	43050	23333
湖南大学	1388	69	1062	22.00	7.00	1116	1059	84768	30961
中山大学	3956	164	1736	373.00	5.00	1432	2469	181920	77018
华南理工大学	2454	69	848	702.00	2.00	780	1214	85711	66239
四川大学	3424	185	1758	87.00	69.00	1079	2608	134446	90536
电子科技大学	376	13	212	7.00	4.00	476	329	13812	11366
重庆大学	863	72	916	225.00	2.00	839	1158	60330	34423
云南大学	1216	124	679	42.00	35.00	926	2035	60213	46869
西安交通大学	1822	58	789	65.00	0.01	1011	1991	66002	44145
西北工业大学	414	16	182	5.00	0.01	413	300	10782	9538
西北农林科技大学	272	9	149	0.01	0.01	545	305	9558	6752
兰州大学	548	65	1530	49.00	42.00	768	1365	31605	27993
新疆大学	775	21	621	36.00	29.00	1202	2837	24838	6896

附表2-5 2017年41所大学人文社科科研投入与产出统计数据

学校名称	课题数	著作数	论文数	研究与咨询报告	获奖成果统计	活动人员合计	研发人员合计	研究与发展经费当年支出(千元)	课题经费当年支出(千元)
北京大学	1556	383	3054	48.00	27.00	1456	1314	243970	191570
中国人民大学	5014	512	3851	79.00	23.00	1721	2397	196283	92618
清华大学	1961	189	1724	143.00	19.00	1453	2272	198817	191017
北京航空航天大学	368	26	245	0.01	0.01	506	321	25845	20689
北京理工大学	176	16	250	21.00	0.01	302	298	22272	16440
中国农业大学	813	32	839	25.00	4.00	366	1455	40498	25451
北京师范大学	3384	423	2333	115.00	21.00	1196	3517	165579	146319
中央民族大学	774	121	888	27.00	7.00	1110	1693	17210	11250
南开大学	2305	132	1611	103.00	0.01	1326	2103	81675	56632
天津大学	579	58	512	16.00	0.01	530	432	37771	24759
大连理工大学	576	36	484	0.01	0.01	716	311	9389	5793

学校名称	课题数	著作数	论文数	研究与咨询报告	获奖成果统计	活动人员合计	研发人员合计	研究与发展经费当年支出(千元)	课题经费当年支出(千元)
东北大学	763	50	455	55.00	11.00	951	593	60545	49127
吉林大学	3316	163	1843	157.00	90.00	1925	2430	130029	80327
哈尔滨工业大学	292	27	153	0.01	0.01	571	364	16371	9863
复旦大学	3035	356	2608	236.00	5.00	1386	2019	282748	62385
同济大学	1397	73	543	34.00	3.00	1013	886	58065	40268
上海交通大学	1187	216	1033	156.00	7.00	835	483	137377	65609
华东师范大学	3405	278	2245	103.00	8.00	1469	2480	217212	160299
南京大学	1232	182	2055	62.00	2.00	1060	935	106707	61111
东南大学	1018	72	403	29.00	0.01	850	1882	41670	35688
浙江大学	4379	168	1409	374.00	40.00	1130	1382	296511	227424
中国科学技术大学	189	3	120	3.00	0.01	198	266	13641	7082
厦门大学	2608	148	1925	152.00	3.00	1440	1746	153675	98816
山东大学	2174	181	959	59.00	51.00	1866	1025	56259	46726
中国海洋大学	445	6	158	4.00	5.00	535	410	20465	16205
郑州大学	1576	83	634	17.00	31.00	1621	1150	62784	56339
武汉大学	3392	271	3018	382.00	2.00	1500	2276	176999	132199
华中科技大学	964	62	822	67.00	0.01	813	781	33530	18637
中南大学	1659	53	571	11.00	0.01	1082	1139	43440	22317
湖南大学	1384	63	1114	5.00	13.00	1133	1274	69361	39132
中山大学	4474	242	2202	381.00	53.00	1544	3210	227969	99145
华南理工大学	2528	71	901	764.00	20.00	802	1342	112933	70675
四川大学	3856	132	1924	399.00	1.00	1298	4553	115443	67325
电子科技大学	313	16	229	2.00	0.01	490	373	14601	9699
重庆大学	917	73	990	208.00	0.01	870	1398	95969	51822
云南大学	1465	88	585	52.00	47.00	983	2473	49795	32795
西安交通大学	1977	59	608	159.00	0.01	977	1941	60845	44827
西北工业大学	379	6	250	21.00	0.01	436	218	31812	24066
西北农林科技大学	317	17	156	5.00	0.01	544	234	11750	8307
兰州大学	803	58	1177	21.00	0.01	797	1207	48242	33180
新疆大学	636	16	339	3.00	0.01	1208	1051	20264	15139

附录3 高校文科教师科研生产率及其影响因素调查问卷

尊敬的老师：

您好！感谢您参与"高校文科教师科研生产率"问卷的调查，调查结果仅用于研究，并对一切信息予以保密。以下是对您工作和生活的描述，请根据自身实际情况选择答案，谢谢！

1. 单选题

题　　目	完全符合	基本符合	一般	基本不符合	完全不符合
经常与专业同仁进行学术探讨	○	○	○	○	○
有固定或密切的研究搭档	○	○	○	○	○
经常与校内(外)同行合作进行研究	○	○	○	○	○
时常参加学术会议或听学术讲座	○	○	○	○	○
时常参与一个或多个研究团队	○	○	○	○	○
与领域内一名或多名一流学者有较为密切的人际关系	○	○	○	○	○
获得的科研经费不足，一定程度上制约了科研活动	○	○	○	○	○
获得的科研资助足以保障科研活动顺利开展	○	○	○	○	○
能够便利地获得所需资源支持科研活动顺利开展	○	○	○	○	○
学校每年会承办或举办多场国内(外)高层次学术交流活动	○	○	○	○	○
有足够的精力和时间投入到科研活动上	○	○	○	○	○
由于忙于其他事务，投入到科研活动的时间不充足	○	○	○	○	○
在科研方面获得了单位在资源和政策上的有力保障	○	○	○	○	○
在获得科研资源或信息方面能获得学校和院部的公正对待	○	○	○	○	○
学校科研评价制度和程序比较公正	○	○	○	○	○
单位科研氛围不利于我踏实专心做研究	○	○	○	○	○
单位专职教师职称评定标准偏重于科研业绩	○	○	○	○	○
同事的科研业绩给我很大的紧迫感	○	○	○	○	○

续表

题　　目	完全符合	基本符合	一般	基本不符合	完全不符合
科研事务让我承受了很大的压力	○	○	○	○	○
做科研让我感觉到一种无助感	○	○	○	○	○
科研业务使我时常处于焦虑状态	○	○	○	○	○
从内心深处喜欢研究工作	○	○	○	○	○
申请科研项目,科学探究之外的动机占很大一部分	○	○	○	○	○
做科研更多地是为了晋升、完成职务规定的科研任务或经济利益	○	○	○	○	○
有时候为了追求数量降低了对研究质量的要求	○	○	○	○	○
一直以严谨的态度从事科研活动	○	○	○	○	○
每一项研究都严格按照科研规范来做	○	○	○	○	○
具备较为扎实、系统的专业理论和知识	○	○	○	○	○
有人说我比较能写(作)	○	○	○	○	○
发现新问题或提出新观点对我来说不是很难	○	○	○	○	○
时常运用新方法或新思路解决问题	○	○	○	○	○
我的论文或研究报告都是分析深入、论证严密、结构严谨	○	○	○	○	○
处理运用事实数据或文献材料的能力比较强	○	○	○	○	○
有经常阅读专业文献的习惯	○	○	○	○	○
有做读书笔记、札记或收集资料的习惯	○	○	○	○	○
有制定阶段性研究目标的习惯	○	○	○	○	○
自己的研究方向已经非常稳定、集中、明确	○	○	○	○	○

2. 您任职以来获得的省部级及以上项目共多少项？获得的市厅级研究项目共多少项？（多项填空题＊必答）

　　选项 1 _____

　　选项 2 _____

3. 您任职以来发表在国外期刊上的论文共多少篇？其中 SCI/SSCI 共多少篇？（多项填空题＊必答）

　　选项 1 _____

　　选项 2 _____

4. 您任职以来发表在中文核心期刊上的论文共多少篇？其中 CSSCI 共多少篇？（多项填空题＊必答）

选项 1 _____

选项 2 _____

5. 您任职以来以独立或主要著作者撰写的专著共多少册？（填空题＊必答）

_____

6. 您的被引次数最多的那篇文章的被引次数约为多少次？（填空题＊必答）

_____

7. 您任职以来获得科研资助综合约多少万元？（填空题＊必答）

_____

8. 您任职以来获得过的省部级及以上科研奖励共多少项？（填空题＊必答）

_____

9. 您的性别是（单选题＊必答）
○ 男
○ 女

10. 您的年龄是（单选题＊必答）
○ 30 岁以下
○ 30～35 岁
○ 36～40 岁
○ 41～45 岁
○ 46～55 岁
○ 55 岁以上

11. 您的高校教龄是（单选题＊必答）
○ 3 年以下
○ 3～5 年
○ 6～10 年
○ 11～15 年
○ 16～25 年
○ 25 年以上

12. 您的职称是(单选题 * 必答)
○ 初级
○ 中级
○ 副高
○ 正高

13. 您是否拥有博士学位(单选题 * 必答)
○ 是
○ 否

14. 您的最高学位授予单位是(单选题 * 必答)
○ "985"高校
○ 非"985"的"211"高校
○ 其他院校

15. 您的任职学校是(单选题 * 必答)
○ "985"高校
○ 非"985"的"211"高校
○ 其他院校

16. 您的研究所属的大类是(单选题 * 必答)
○ 文史哲类
○ 社会科学类
○ 经济管理学类
○ 艺术类
○ 其他

17. 您的职务类别是(单选题 * 必答)
○ 专职教师
○ 专职研究员
○ 行政管理人员
○ 教学行政双肩挑人员

18. 您平时每天投入到科研工作的时间是(单选题 * 必答)
○ 1小时以下
○ 1～3小时

○ 4~8 小时
○ 9~12 小时
○ 12 小时以上

19. 您最擅长的研究类型是(单选题 * 必答)
○ 量化研究
○ 质性研究
○ 文献研究
○ 思辨研究
○ 其他

参 考 文 献

[1] Elizer G.科学技术测度体系[M].周萍,等译.北京:科学技术文献出版社,2004.
[2] 卜卫,周海宏,刘晓红.社会科学成果价值评估[M].北京:社会科学文献出版社,1999.
[3] 杜栋,庞庆华.现代综合评价方法与案例精选[M].北京:清华大学出版社,2005.
[4] 范文正,江华.统计学基础教程[M].山西:山西经济出版社,2002.
[5] 黑格尔.哲学史讲演录:第1卷[M].贺麟,王太庆,译.北京:商务印书馆,1959:56.
[6] 侯定丕,王战军.非线性评估的理论探索与应用[M].合肥:中国科学技术大学出版社,2000.
[7] 侯杰泰,温忠麟,成子娟.结构方程模型及其应用[M].北京:教育科学出版社,2004.
[8] 黄芳铭.结构方程模式:理论与应用[M].北京:中国税务出版社,2005.
[9] 金伟良,张晓林.鲁索与中国科学计量学的发展[M].北京:科学出版社,2015.
[10] 李京文,钟学义.中国生产率分析前沿[M].北京:社会科学文献出版社,1998.
[11] 刘明.学术评价制度批判[M].湖北:长江文艺出版社,2006.
[12] 马克思,恩格斯.马克思恩格斯全集:第1、23、26、40、46、49卷[M].北京:人民出版社,1972.
[13] 欧阳康.人文社会科学哲学[M].武汉:武汉大学出版社,2001.
[14] 潘云涛.科技评价理论、方法及实证[M].北京:科学技术文献出版社,2008.
[15] 庞景安.科学计量研究方法论[M].北京:科学技术文献出版社,1999.
[16] 戚涌,李千目.科学研究绩效评价的理论与方法[M].北京:科学出版社,2009.
[17] 邱东.多指标综合评价方法的系统分析[M].北京:中国统计出版社,1991.
[18] 邱均平,赵蓉英,等.科学计量学[M].北京:科学出版社,2016.
[19] 邱均平.文献计量学[M].北京:科学技术文献出版社,1988.
[20] 邱均平,谭春辉,任全娥,等.人文社科科学评价理论与实践:上[M].武汉:武汉大学出版社,2012.
[21] 邱均平,谭春辉,任全娥,等.人文社科科学评价理论与实践:下[M].武汉:武汉大学出版社,2012.
[22] 芮明杰,王小沙.中国产业发展年度分析报告:供给改革的视角:2015[M].上海:上海财经大学出版社,2016.
[23] 谭跃进.定量分析方法[M].北京:中国人民大学出版社,2002.
[24] 王斌华.教师评价绩效管理与专业发展[M].上海:上海教育出版社,2005.
[25] 王崇德.社会科学研究方法要论[M].上海:学林出版社,1990.
[26] 王崇德.文献计量学引论[M].桂林:广西师范大学出版社,1997.
[27] 王莲芬,许树柏.层次分析法引论[M].北京:中国人民大学出版社,1990.

[28] 王凭慧.科技项目评价方法[M].北京:科学出版社,2003.

[29] 吴岱明.科学研究方法学[M].长沙:湖南人民出版社,1987.

[30] 许树柏.层次分析法原理[M].天津:天津大学出版社,1988.

[31] 张碧晖.科学学在中国[M].北京:知识产权出版社,2009.

[32] 张德霖.生产率[M].北京:人民出版社,1993.

[33] 蔡曙山.论人文社会科学的科学化、规范化管理:兼析《中华读书报》的不实报道及其错误观点[J].学术界,2001(6):98-109.

[34] 陈俊生,周平,张明妍.高校人文社会科学科研投入产出效率评价:基于DEA二次相对效率和超效率模型的实证分析[J].黑龙江高教研究,2015(12):44-46.

[35] 陈俊生,周平,张明妍.高校人文社会科学科研资源利用效率评价:以江苏省地方综合性大学为例[J].教育与经济,2012(4):58-61.

[36] 陈琳,岳振兴.基于随机前沿分析理论的行业特色型大学科研效率评价研究[J].高校教育管理,2018,12(4):73-80.

[37] 陈露,凌端新,孙雨亭.基于三阶段DEA模型的江苏高等学校人文社会科学科研效率研究[J].科技与经济,2018,31(3):6-10.

[38] 陈巧玲.高校人文社科研究管理工作的困境与对策研究[J].国家教育行政学院学报,2016(9):52-57.

[39] 方上玮."双一流"建设高校人文社会科学研究效率及其影响因素分析[J].上海教育评估研究,2023,12(3):25-30,39.

[40] 冯尧.基于DEA方法的我国高技术产业科技成果转化效率研究[J].学术交流,2011(3):101-105.

[41] 傅晓霞,吴利学.随机生产前沿方法的发展及其在中国的应用[J].南开经济研究,2006(2):130-141.

[42] 韩海彬,李全生.基于AHP/DEA的高校人文社会科学科研效率评价研究[J].高教发展与评估,2010,26(2):49-56,122.

[43] 胡公启.江苏文科第一批次高校人文社会科学研究效率评价研究[J].科学管理研究,2018,36(3):52-55.

[44] 胡咏梅,段鹏阳,梁文艳.效率和生产率方法在高校科研评价中的应用[J].北京大学教育评论,2012,10(3):57-72,189.

[45] 黄钦,司林波,夏芳.理工科高校文科科研效率的DEA评价模型分析[J].科技管理研究,2009,29(10):211-213.

[46] 黄炜,程慧平.我国人文社会科学学科学术论文产出的效率研究[J].情报杂志,2016,35(4):137-140.

[47] 贾明春,张鲜华.高校科研绩效影响因素分析及对审计工作的启示[J].审计研究,2013(3):28-33.

[48] 姜彤彤.高校人文社科研究全要素生产率评价及分析[J].研究与发展管理,2013,25(5):90-97.

[49] 姜彤彤.我国各省高校人文社科科研效率评价及区域差异研究[J].科技管理研究,2014,34(15):92-96,123.

[50] 解伏菊,张红,郑明喜.山东省工业水资源全要素生产率研究:基于DEA方法的实证分析

[J].理论学刊,2010(12):55-58.

[51] 靳书君,王凤,王子滢.马克思主义"生产力"概念中国化考论[J].宁夏党校学报,2019,21(1):65-71.

[52] 阚大学.中部地区本科高校科研投入产出分析:基于不同类型高校[J].新余学院学报,2018,23(2):124-129.

[53] 阚大学.中部地区本科高校人文社会科学科研投入的贡献分析[J].黑龙江高教研究,2018(2):66-70.

[54] 阚大学.中部地区本科高校人文社会科学科研效率评价[J].江西广播电视大学学报,2018,20(1):78-86.

[55] 康乐,陈晓宇.我国高校论文发表的变化趋势:全要素生产率的视角[J].北京大学教育评论,2018,16(1):115-137,190-191.

[56] 雷蕾,孟全省.我国农林院校人文社会科学学科科研绩效分析[J].教育财会研究,2015,26(4):50-56.

[57] 李妮,王建伟,董淑霞,等.理工类高校人文社科竞争力评价体系的构建[J].理论导刊,2010(4):96-98.

[58] 李文利,由由.对高等学校办学效率的实证方法和计量分析技术的探讨[J].教育与经济,2007(2):36-40.

[59] 李湘君,宋慧勇.医药类高校人文社会学科科研效率评价分析[J].南京中医药大学学报(社会科学版),2015,16(3):192-196.

[60] 李晓斌.基于DEA的高校二级院系科研效率评价研究[J].科技管理研究,2013,33(6):55-58.

[61] 李晓慧.生产率分解下流通业内部结构演化及异质性研究[J].商业经济与管理,2019(1):16-24.

[62] 李瑛,任珺楠.高校人文社会科学科研效率评价研究[J].科研管理,2016,37(S1):571-577.

[63] 李媛,郭立宏,任保平.西部地区高等教育综合效率评价研究:以陕西省为例[J].未来与发展,2013,36(11):78,104-110.

[64] 梁文艳,唐一鹏.高校人文社科科研生产效率区域比较研究:基于Malmquist指数的动态评估[J].重庆高教研究,2014,2(2):21-27.

[65] 刘大椿.人文社会科学的学科定位与社会功能[J].中国人民大学学报,2003(3):28-35.

[66] 刘国武,陈少华,贾银芳.知识资本运营绩效评价模型的理论分析[J].财经研究,2005(1):48-61.

[67] 刘华海.科研项目绩效评价模型和指标体系的构建[J].科研管理,2016,37(S1):19-24.

[68] 刘建平,汤兆博."双一流"背景下高校科研资源评价与配置优化研究[J].昆明理工大学学报(社会科学版),2017,17(3):75-81.

[69] 刘莉,季子楹.现实与理想:目标群体认同视角下的高校科研评价制度[J].高等教育研究,2018,39(3):37-44.

[70] 刘莉.英国大学科研评价改革:从RAE到REF[J].科学学与科学技术管理,2014,35(2):39-45.

[71] 刘天佐,许航.我国不同区域高校科研投入产出绩效及其影响因素分析:基于DEA-Tobit

模型的实证研究[J].科技管理研究,2018,38(13):113-118.

[72] 刘兴凯,左小娟.我国高校科研效率的区域性特征及影响因素分析:基于三阶段DEA方法的实证研究[J].国家教育行政学院学报,2015(5):77-83.

[73] 陆根书,刘蕾.高校人文社会科学之研究效率及趋势[J].开放教育研究,2006(1):29-35.

[74] 陆位忠.基于DEA的评价模型及其输入输出指标确定[J].包装工程,2005(6):119-120,123.

[75] 吕连菊.中部地区本科高校人文社会科学科研效率分析:基于不同类型高校[J].新余学院学报,2018,23(1):115-119.

[76] 马延亮.生产率理论进展及生产率的内在关联性研究[J].宏观经济研究,2017(11):180-187.

[77] 牛源渊.基于AHP与DEA的高校科研竞争力评价:以"一省一校"工程院校为例[J].高等财经教育研究,2015,18(3):38-42.

[78] 潘健,宗晓华.中国研究型大学科研生产率分析:基于2003—2011年校级面板数据[J].高教发展与评估,2018,34(1):9-19,119-120.

[79] 潘世磊.基于DEA-Malmquist指数模型的农业全要素生产率分析:以山东省为例[J].农村经济与科技,2015,26(5):37-39,59.

[80] 彭长华.基于DEA方法的人文社科科研管理绩效评价及优化对策分析[J].常熟理工学院学报,2017,31(5):100-108.

[81] 钱和平.基于SE-DEA模型的区域节能减排评价指标体系及分析[J].科技视界,2013(25):145-146.

[82] 任初明,张超.省属"211工程"高校科研发展水平差距的实证研究[J].现代教育管理,2015(5):71-78.

[83] 宋鸿雁,闫亚林.我国高校人文社会科学科研团队建构研究[J].重庆高教研究,2017,5(4):58-63.

[84] 邱均平,陈诚,陈仕吉.我国高校人文社科科研效率的影响因素与多元路径:基于31个省区市的模糊集定性比较分析[J].图书馆理论与实践,2021(5):1-8.

[85] 孙念,张友棠.理工类高校科研经费绩效评价研究:基于灰色关联的实证分析[J].财会月刊,2016(33):92-96.

[86] 孙喜杰,曹荫全.简论马克思的生产力系统理论[J].哲学研究,2006(5):14-18.

[87] 谭涛.基于超效率SBM和Tobit模型的全国区域人文社科类高校科研效率测评及影响因素[J].科技和产业,2023,23(10):38-43.

[88] 王彬,刘海涛.新时代我国高校人文社科科研效率及其制约因素研究[J].安徽理工大学学报(社会科学版),2023,25(4):88-100.

[89] 王彬,刘海涛.长三角区域高校人文社科科研效率动态变化及原因分析:基于非径向DEA超效率及DEA-Malmquist指数[J].沈阳师范大学学报(教育科学版),2023,2(1):81-92.

[90] 许敏,傅亚萍,王慧敏,等.江苏省高校人文社科科研效率评价研究[J].中国高校科技,2023(9):22-28.

[91] 汪彦,陈悦,曹贤忠,等.上海高校科研创新效率与影响因素实证研究:基于DEA-Tobit模型[J].科技管理研究,2018,38(8):100-109.

[92] 王海涛,李巍然,吕伟刚,等.基于超效率分析模型的"985工程"高校建设绩效分析[J].学

位与研究生教育,2016(12):34-38.
[93] 王兰敬,杜慧平.欧美人文社会科学评价的现状与反思[J].南京大学学报(哲学·人文科学·社会科学版),2010,47(1):111-118.
[94] 王灵芝.中国高校人文社科研究的绩效评价[J].软科学,2012,26(4):67-70,81.
[95] 王潇战,胡汉辉,凌端新.基于异质性投入DEA模型的高校人文社科R&D效率研究:以江苏省公办本科高校为例[J].工业工程,2018,21(2):38-46.
[96] 王忠,吕楠华,吴明宇.基于三阶段DEA的"双一流"建设高校人文社会科学科研效率评价[J].中国高校科技,2023(Z1):26-30.
[97] 魏志远,井明霞.对我国科技成果评价问题的认识[J].现代教育科学,2003(3):36-37.
[98] 吴和燊,林青宁,刘瀛弢,等.我国农业高校科技创新效率及影响因素研究[J].黑龙江高教研究,2018,36(7):59-64.
[99] 熊鸿军,李再跃,陈香.关于生产率研究若干理论和实践问题探析[J].科学经济社会,2008(3):80-83,88.
[100] 徐超.基于SFA模型的中国高校人文社科科研效率评价研究[J].科技与经济,2015,28(3):16-19.
[101] 徐军.提升理工类高校人文社会科学科研管理效率的研究[J].教育现代化,2018,5(45):289-292.
[102] 徐良生.高校人文社科研究评价体系的自主创新探索[J].高校教育管理,2015,9(2):48-53.
[103] 许敏,戴朝荣,胡斌.基于模糊数学理论的高校科研能力评价研究[J].科技管理研究,2006(8):185-187.
[104] 许敏,傅亚萍,王慧敏,等.江苏省高校人文社科科研效率评价研究[J].中国高校科技,2023(9):22-28.
[105] 薛红芳,谢守红.长三角工业企业全要素生产率的测算与比较[J].科技和产业,2014,14(10):116-120,161.
[106] 薛仁政,丛万锁,孙振龙,等.基于层次分析法的硕士研究生复试权重研究[J].理论观察,2018(11):126-128.
[107] 杨传喜,张俊飚.湖北自然科学研究与开发机构科技资源配置效率的非参数测度与分析[J].中国科技论坛,2010(12):15-21.
[108] 杨国立,谢萍.基于Malmquist指数的江苏省211高校人文社科科研效率研究[J].图书情报研究,2015,8(4):74-79.
[109] 杨劲松.高职院校科研效率的影响因素分析[J].科技管理研究,2018,38(12):156-162.
[110] 杨衍江.马克思的生产率理论再考察[J].肇庆学院学报,2012,33(3):68-73.
[111] 杨勇兵,方文.马克思生产力理论的绿色意蕴[J].社科纵横,2019,34(1):59-65.
[112] 俞立平.回归盲点下高校人文社科研究效率影响因素研究:基于BP人工神经网络的分析[J].软科学,2021,35(11):130-137.
[113] 俞立平,彭长生.高校人文社科投入与产出互动关系研究:基于PVAR模型的估计[J].科研管理,2013,34(11):147-153.
[114] 袁立华,张超林.银行业竞争、融资约束与企业技术效率:基于随机前沿模型的实证检验[J].云南财经大学学报,2019,35(2):70-79.

[115] 张德霖.论生产率的内涵[J].生产力研究,1990(6):19-26.

[116] 赵蓉英,温芳芳.科研合作与知识交流[J].图书情报工作,2011,55(20):6-10,27.

[117] 郑承军,潘建军."双一流"建设背景下高校科研评价改革的路向[J].北京教育(高教),2018,(10):70-73.

[118] 郑德俊,高风华.高校人文社会科学科研绩效评价指标体系构建[J].科技进步与对策,2009,26(7):150-153.

[119] 郑媚,蒋圆圆,王前强.基于随机前沿分析的中国健康生产效率分析[J].卫生软科学,2019,33(4):29-33.

[120] Cooper W W, Seifordle, Tonek. Date envelopment analysis: a comprehensive text with models, application, reference and DEA-Solver software[M]. New York: Springer Science & Business Media, 2007.

[121] Creswell J W. Measuring Faculty Research Performance. New Directions for Institutional Research[M]. San Francisco: Jossey-Bass, 1986.

[122] Fried Harold O, Knox Lovell C A, Schnidt Shelton S. Themeasruement of produtive efficifency and productivity growth[M]. Oxford: Oxford university Press, 2008.

[123] Moore. Wilbert. Man, time, and Society[M]. New York: Wiley, 1963.

[124] Abramo G, Cicero T, Angelo C D. Revisiting size effects in higher education research productivity[J]. Higher Education, 2012, 63:701-717.

[125] Battese E, Coelli T J. A model of technical inefficiency effects in stochastic frontier production for panel data[J]. Empirical Economics, 1995, 20:325-332.

[126] Battese G E, Coelli T J. fronier production functions, technical efficiency and panel data: with application to paddy farmers in India[J]. Journal of Productivity Analysis, 1992, 3:153-169.

[127] Bellas M L, Toutkoushian R K. Faculty time allocations and research productivity: gender, race and family effects[J]. The Review of Higher Education, 1999, 22:367-390.

[128] Blackburn R T, Behymer C E, Hall D E. Research note: correlates of faculty publications[J]. Sociology of Education, 1978, 51:132-141.

[129] Bonaccorsi A, Daraio C. Age effects in scientific productivity The case of the Italian National Research Council(CNR)[J]. Scientometrics, 2003, 58:49-90.

[130] Cable D M, Murray B. Tournaments versus sponsored mobility as determinants of job search success[J]. Academy of Management Journal, 1999, 42(4):439-49.

[131] Curado C, Henriques P L, Oliveira M, et al. A fuzzy-set analysis of hard and soft sciences publication performance[J]. Journal of Business Research, 2016, 69:5348-5353.

[132] Clark S M. The academic profession and career: perspectives and problems[J]. Teaching Sociology, 1986, 14(1):24.

[133] Clemente F, R Sturgis. Quality of department of doctoral training and research productivity[J]. Sociology of Education, 1974, 47:287-99.

[134] Cole J R, Cole S. The Ortega Hypothesis[J]. Science, 1972, 178(27):368-375.

[135] Cole S. Age and scientific performance[J]. American Journal of Sociology, 1979, 84:958-977.

[136] Costas R, van Leeuwen T N, Bordons M. A bibliometric classificatory approach for the study and assessment of research performance at the individual level: The effects of age on productivity and impact[J]. Journal of the American Society for Information Science and Technology, 2010, 61(8), 1564-1581.

[137] Costas R, van Leeuwen T N, Bordons M. A bibliometric classificatory approach for the study and assessment of research performance at the individual level: The effects of age on productivity and impact[J]. Journal of the American Society for Information Science and Technology, 2010, 61(8): 1564-1581.

[138] Caves D, Hristensen L C, Duewert W E. The economic theory of index numbers and the measurement of input productivity[J]. Econometrica, 1982, 50: 1393-1414.

[139] Diem A, Wolter S C. The use of bibliometrics to measure research performance in education sciences[J]. Research in Higher Education, 2013, 54(1): 86-114.

[140] Dundar H, Lewis D. Determinants of research productivity in higher education[J]. Research in Higher Education, 1998, 39(6): 607-631.

[141] Fabel O, Hein M, Hofmeister R. Research productivity in business economics: an investigation of Austrian, German and Swiss universities[J]. German Economic Review, 2008, 9: 506-531.

[142] Färe R. Shawna G, Mary, et al. Produtivity growth, technical progress, and efficiency change in industrialized countries[J]. American Economic Review, 1994(3): 66-83.

[143] Edgar F, Geare A. Factors ifluencing university research performance[J]. Studies in Higher Education, 2013, 8(5): 774-792.

[144] Fowler A R, Bushardt S C, Brooking S A. An analysis of the authorship of management oriented journals: the relationship between school status, article type, publication outlet, and author academic position[J]. The Journal of Business Communication, 1985, 22(3): 25-36.

[145] Greene W H. A Gamma-Distributed Stochastic Frontier Model[J]. Journal of Econometrics, 1990, 46: 141-164.

[146] Hamovitch W, Morgenstern R D. Children and the productivity of academic women[J]. Journal of Higher Education, 1997, XLVII: 633-645.

[147] Hottenrott H, Lawson C. Fishing for complementarities: research grants and research productivity[J]. International Journal of Industrial Organization, 2017, 51: 1-38.

[148] Johnes G, Johnes. Measuring the research performance of UK economics departments: an application of data envelopment analysis[J]. Oxford Economic Papers, 1993, 2: 332-347.

[149] Judge T A, Cable D M, Boudreau J W, et al. An empirical investigation of the predictors of executive career success[J]. Personnel Psychology, 1995, 48: 485-519.

[150] Jung J. Faculty research productivity in Hong Kong across academic discipline[J]. Higher Education Studies, 2012, 2: 1-13.

[151] Rorstad K, Aksnes D W. Publication rate expressed by age, gender and academic position-a large-scale analysis of Norwegian academic staff [J]. Journal of Informetrics, 2015, 9: 317-333.

[152] Kyvik S. Age and scientific productivity. differences between fields of learning[J]. High

Educ,1990,19(1):37-55.

[153] Levin S G,Stephan P E. Age and research productivity of academic scientists[J]. Research in Higher Education,1989,30(5):531-549.

[154] Long J S. Productivity and academic positions in the scientific career[J]. American Sociological Review,1978,43(11):889-908.

[155] Long R G,Bowers W P,Barnett T,et al. Research productivity of graduates in management: effects of academic origin and academic affiliation[J]. Academy of Management Journal,1998,41(6):704-714.

[156] Over R. High Educ. Does research productivity decline with age? [J]. Higher Education, 1982,11(5):511-520.

[157] Ramsden P, Moses I. Associations between research and teaching in Australian higher education[J]. Higher Education,1992,23(3):273-295.

[158] Stevenson R E. Likelihood functions for generalized stochastic frontier estimation[J]. Journal of Econometrics,1980,13(1):57-66.

[159] Teodorescu D. Correlates of faculty publication productivity: a cross-national analysis[J]. Higher Education,2000,39(2):201-222.

[160] Tien F F, Blackburn R T. Faculty rank system, research motivation, and faculty research productivity[J]. Journal of Higher Education,1996,67(1):2-22.

[161] Useem M, Karabel J. Pathways to top corporate management[J]. American Sociological Review,1986,51:184-200.

[162] Van Heeringen A, Dijkwel P A. The relationships between age, mobility and scientific productivity Part II[J]. Scientometrics,1987,11(5/6):281-293.

[163] Wanner R A, Lewis L S, Gregorio D I. Research productivity in academic: A comparative study of the Sciences[J]. Social Sciences and Humanities. Sociology of Education,1981,54(4):238-253.

[164] Ward K B, Grant L. Gender and academic publishing. In J. Smart(ed.),Higher Education [J]. Handbook of Theory and Research,1996,Vol. XI:172-212.

[165] Warning S. Performance differences in German higher education: empirical analysis of strategic groups[J]. Review of Industrial Organization,2004,24:393-408.

[166] Wood F. Factors influencing research performance of university academic staff[J]. Higher Education,1990,19(1):81-100.

[167] Worthington A C, Lee B L. Efficiency, technology and productivity change in Australian universities,1998-2003[J]. Economics of Education Review,2008,3:285-298.

[168] Ying C N, Sung K L. Efficiency and productivitygrowth in chinese universities during the post-reform period[J]. China EconomicReview,2009,20:183-192.

[169] Zhou Y, Volkwein J F. Examining the influences on faculty department intentions: a comparison of tenured versus non-tenured faculty at research universities using NSOPF-99 [J]. Research in Higher Education,2004,45(2):139-176.

[170] 陈何芳.大学学术生产力引论[D].武汉:华中科技大学,2005.

[171] 陈诚.中国省域高校人文社科科研效率评价及提升路径研究[D].杭州:杭州电子科技大

学,2024.

[172] 程利佳.大兴安岭地区企业精准扶贫绩效考核研究[D].哈尔滨:哈尔滨工业大学,2017.
[173] 董洁.基于DEA方法的高校科研绩效评价研究[D].武汉:华中科技大学,2017.
[174] 管江山.区域创新能力对经济增长质量影响的实证研究[D].南京:南京财经大学,2018.
[175] 黄晓楠.中国旅行社业经营绩效时空差异研究[D].重庆:西南大学,2018.
[176] 金剑.生产率增长测算方法的系统研究[D].大连:东北财经大学,2007.
[177] 李纪生.农业科研投资的生产率增长效应实证分析[D].南京:南京农业大学,2010.
[178] 李季桐.辽宁省公共事业投入产出效率统计分析[D].沈阳:辽宁大学,2014.
[179] 李漫红.英国大学科研评估制度变迁研究[D].沈阳:东北大学,2016.
[180] 李秀娟.基于DEA方法的会计师事务所运营效率研究[D].合肥:合肥工业大学,2018.
[181] 李燕.中国文化创意产业融资效率的测算及其影响因素研究[D].长春:东北师范大学,2018.
[182] 李长虹.基于灰色多层次评价方法的工程项目评标研究[D].重庆:重庆交通大学,2014.
[183] 蔺玉.博士生科研绩效及其影响因素的实证研究[D].合肥:中国科学技术大学,2012.
[184] 刘冰川.财政专项研发资金绩效评价研究[D].南京:南京财经大学,2018.
[185] 刘慧.高校创新团队绩效影响因素及评价研究[D].天津:天津大学,2014.
[186] 刘嘉雯.基于DEA-Malmquist指数模型的湖南省装备制造企业技术创新效率研究[D].株洲:湖南工业大学,2018.
[187] 孟新丽.中国烟草产业全要素生产率变动及其影响因素研究[D].合肥:合肥工业大学,2007.
[188] 钱敏.我国生物医药产业融资效率评价及影响因素研究[D].南京:南京航空航天大学,2018.
[189] 宋莉瑶.人口老龄化对我国工业全要素生产率的影响研究[D].杭州:浙江财经大学,2019.
[190] 孙婧.人力资本与全要素生产率[D].上海:复旦大学,2013.
[191] 王碧云.大学科研创新力评价及中国提升策略研究[D].武汉:武汉大学,2016.
[192] 王丽丽.高校教师科研绩效量化评价研究[D].哈尔滨:哈尔滨师范大学,2017.
[193] 王馨迪.科技投入项目(应用类)绩效评价体系研究[D].北京:北京交通大学,2017.
[194] 燕玉铎.我国高等教育生产率及其增长方式优化研究[D].长春:吉林大学,2011.
[195] 张冬玲.中国科学论文产出与合作状况的计量研究[D].大连:大连理工大学,2009.
[196] 张声毅.景区旅游效率评价[D].厦门:厦门大学,2017.